Élodie Cassan est professeure de philosophie en CPGE et chercheuse associée à l'IHRIM (UMR 5317).
Elle est l'auteure de plusieurs ouvrages et articles consacrés à la théorie de l'esprit et du langage à l'âge classique.

LE LANGAGE DE LA RAISON

DE DESCARTES
À *LA LINGUISTIQUE CARTÉSIENNE*

Lorsque Husserl, dans la *Krisis*, parle après Kant des « problèmes de la raison », il n'assigne pas seulement un certain horizon théorique à la philosophie : il stipule qu'une recherche consciente d'elle-même et pleinement inscrite dans notre temps doit néanmoins s'imposer un détour par l'étude d'une modernité dans laquelle ces problèmes sont apparus pour eux-mêmes. La philosophie de la connaissance, de même qu'une raison pratique assurée de ses tâches, requièrent la compréhension d'une histoire dans laquelle l'époque qui va de la fin de la Renaissance à la fin des Lumières joue un rôle essentiel. Plus qu'une période, cette époque définit au fond le site dans lequel ont été dégagés les problèmes s'imposant à l'exigence rationnelle.

Les ouvrages qui paraîtront dans la présente collection ne se limiteront pas aux thèmes que Husserl avait en vue ; pas davantage n'illustreront-ils la conception téléologique de l'histoire de la philosophie que la *Krisis* devait justifier. Mais ils porteront témoignage, lorsqu'il y aura lieu, de ce même fait théorique : dans un certain nombre de cas, l'invention conceptuelle des auteurs contemporains s'arme d'une référence essentielle à l'âge classique au sens large, qui sert la formulation, voire la prise de conscience des diverses dimensions des problèmes actuels.

Chaque volume comportera donc deux volets diversement articulés. D'une part, en se conformant aux méthodes rigoureuses de l'histoire de la philosophie, on suivra l'élaboration d'un concept, d'une notion ou d'un domaine qui reçoivent une nouvelle expression rationnelle à l'époque moderne. D'autre part, au lieu de suivre les transformations de ces savoirs au-delà de l'âge classique, on montrera comment des figures éminentes de la pensée contemporaine ont eu besoin de cette référence à l'âge classique pour donner corps à leurs propres contributions.

Ainsi verra-t-on *in concreto* à quel point l'invention philosophique est liée à un certain usage de l'histoire de la philosophie.

André Charrak

PROBLÈMES DE LA RAISON

Collection dirigée par André CHARRAK

Élodie CASSAN

LE LANGAGE DE LA RAISON

DE DESCARTES
À *LA LINGUISTIQUE CARTÉSIENNE*

PARIS

LIBRAIRIE PHILOSOPHIQUE J. VRIN

6 place de la Sorbonne, V[e]

2023

© *Librairie Philosophique J. VRIN*, 2023
Imprimé en France
ISSN 2496-6649
ISBN 978-2-7116-3085-1
www.vrin.fr

À la mémoire de Thérèse,
ma grand-tante.

À Quentin. À Louis.

INTRODUCTION

Dans *La linguistique cartésienne*, Chomsky met en perspective historiquement son geste d'analyse de la langue sur le plan mental. Il discute des textes peu nombreux et peu étudiés de Descartes, tout en précisant qu'il sait bien que ce dernier ne fait pas du langage un des objets de son système philosophique. Il y a bien des différences entre ces auteurs. Toutefois, l'intérêt de Chomsky pour la thèse cartésienne de la parole comme signe de la pensée révèle une certaine actualité de la philosophie moderne. Par ailleurs, la lecture que Chomsky fait de Descartes permet une compréhension renouvelée du rapport de celui-ci à la logique et à l'anthropologie. Des enseignements méthodologiquement et philosophiquement fondamentaux peuvent donc être tirés du travail de Chomsky sur Descartes. Leur mise en lumière fait l'objet du présent ouvrage.

Chomsky, qui voit dans la philosophie de l'âge classique des ressources conceptuelles utilisables dans le domaine linguistique, invite, d'une part, à ne pas lire les textes de la modernité philosophique comme les éléments d'une sorte de grand récit figé, mais comme des matériaux à la productivité conservée malgré le passage du temps. D'autre part, en accordant un rôle fondamental à des aspects peu connus de la philosophie de Descartes, et qui touchent à sa compréhension de la nature de l'homme, en tant qu'elle met en jeu la raison et la liberté, Chomsky aide à prendre la mesure de la complexité du concept cartésien d'homme. Il se montre sensible à la conviction de Descartes que le fait que l'homme parle et que le fait que ses paroles expriment ses pensées interdise de le réduire à une machine corporelle et impose de le définir comme un composé d'âme et de corps. Sa prise en compte de la corporéité lui permet de voir que le concept cartésien d'homme n'a rien du sujet désincarné auquel la phénoménologie et la philosophie analytique le réduisent souvent. Il « démythologise » ainsi ce concept en le rattachant à la question, qui l'engendre, de savoir ce qui en l'homme est déterminable mécaniquement et ce qui en lui résiste à toute détermination, et en mettant en lumière les enjeux logiques de cette question.

Nous établirons ces points en étudiant les raisons conduisant Chomsky à faire de l'œuvre de Descartes[1] « un chapitre de l'histoire de la pensée rationaliste » à la suite de laquelle il inscrit son propre travail, ainsi qu'il l'indique dans le sous-titre de *La linguistique cartésienne*. Rappelons que le programme de recherche de Chomsky, la grammaire générative, vise à décrire la compétence mentale dont tout locuteur doit disposer

---

1. Dans ce qui suit, les textes de Descartes et sa correspondance active sont cités dans l'édition de référence, *Œuvres*, C. Adam et P. Tannery (éd.), 11 vol., Paris, Vrin-CNRS, 1964-1974, sous la forme *AT* + tome en romain + page. Nous citons également à chaque fois que c'est possible l'édition des *Œuvres complètes* sous la direction de J.-M. Beyssade et D. Kambouchner, en cours de publication, Paris, Tel-Gallimard, sous la forme *OC* + tome en romain + année de parution + page. Nous mentionnons ponctuellement d'autres éditions des textes de Descartes quand c'est utile au propos.

pour pouvoir produire et interpréter du discours. Il s'agit d'identifier dans la réalité mentale, ce qui explique la « créativité linguistique », c'est-à-dire la capacité des hommes à toujours prononcer et entendre des phrases nouvelles. Ceci revient à développer dans le domaine de la linguistique des questions de théorie de l'esprit et de la connaissance traitées par des philosophes de l'époque moderne et en particulier par Descartes. Chomsky remarque, en effet, que l'aspect « créateur » de l'acte linguistique « a constitué un souci permanent de la philosophie rationaliste du langage et de l'esprit »[1], et il inscrit l'œuvre de Descartes dans ce cadre.

Selon Chomsky, la « théorie rationaliste » remplit deux fonctions dans le domaine linguistique : « elle fournit un système sensoriel pour l'analyse préalable des données linguistiques et un ensemble de schèmes qui détermine, de manière très précise, une certaine classe de grammaires »[2]. Est-il légitime de postuler un lien entre ce rôle du rationalisme en linguistique et la philosophie cartésienne ? C'est ce que nous examinerons dans notre premier chapitre. À supposer que cette philosophie soit réellement rationaliste, comme on l'affirme fréquemment, ce rationalisme postulé a-t-il les contours et l'application linguistique que lui prête Chomsky ? Cette question sera abordée dans notre second chapitre. Que ce soit le cas ou non, si Chomsky s'appuie sur Descartes, n'est-ce pas qu'il y a toujours une actualité conceptuelle et problématique de la conception cartésienne de l'homme ? Tel sera le

1. N. Chomsky, *Aspects de la théorie syntaxique* [1965], trad. fr. J.-Cl. Milner, Paris, Seuil, 1971, p. 9.

2. N. Chomsky, *Réflexions sur le langage* [1977], trad. fr. J. Milner, B. Vautherin et P. Fiala, Paris, Champs-Flammarion, 1981, p. 22.

problème traité dans notre dernier chapitre. La résolution de ces difficultés sera préparée dans cette introduction par une recherche des raisons fondamentales pour lesquelles le linguiste convoque l'histoire de la philosophie moderne et par une enquête sur ses présupposés méthodologiques en matière de lecture des textes philosophiques.

Au terme de ce travail, il apparaîtra que Chomsky fait référence à Descartes parce que son projet linguistique n'est pas à entendre dans les termes de l'implémentation d'un programme dans l'esprit, mais dans ceux d'un innéisme de la créativité linguistique. Chomsky remarque que cette forme d'innéisme est bien présente chez Descartes, parce qu'il est attentif au lien étroit établi par cet auteur entre le langage et la pensée, sans pour autant ramener indûment sa philosophie à une philosophie du langage. Nous verrons que cette lecture de Descartes est fondée, d'une part, d'un point de vue interne, en raison de la présence chez lui d'une logique qui se différencie des logiques traditionnelles. Descartes, bien avant Chomsky, se demande, en effet, quel est le propre de l'homme sur le plan cognitif. Ce que Chomsky fait dire à Descartes éclaire ainsi le point de vue du philosophe sur la logique, souvent sous-estimé par les interprètes. D'autre part, d'un point de vue externe, la réception connue chez les empiristes de l'âge classique par ces travaux de Descartes, montre qu'ils ont des enjeux anthropologiques et politiques qu'il est pertinent d'articuler à des recherches linguistiques.

Linguistique, nature humaine et raison

Chomsky fait du nom de Descartes un instrument pour définir la linguistique comme l'étude des structures cognitives fondant le comportement linguistique. Dès *Current Issues in Linguistic Theory*[1], il relie cet énoncé de l'objectif de la théorie linguistique à l'idée cartésienne que l'homme n'est pas réductible à une machine et que cette irréductibilité se déduit du fait de la possession du langage exprimant une pensée toujours libre et nouvelle. À l'aide de Descartes, il s'agit donc pour lui d'affirmer la nécessité d'étudier le langage en relation avec la pensée.

Descartes est ici l'élément d'une construction historiographique visant à envelopper dans une même condamnation la psychologie behavioriste, les modèles structuralistes et leur philosophie officiellement opération-naliste[2]. Chomsky est en effet convaincu, tout d'abord, qu'on ne peut fournir une analyse du « comportement verbal », en identifiant dans l'environnement physique du locuteur les variables qui régissent ce comportement et permettent de le prédire. Cette hypothèse behavioriste lui paraît stérile, en tant qu'elle postule le caractère entièrement prévisible du comportement humain. Elle est thématisée dans le domaine linguistique par Léonard Bloomfield en référence au concept de *mécanisme* :

1. N. Chomsky, *Current Issues in Linguistic Theory* [1964], La Haye, De Gruyter, 1975, p. 8.

2. Chomsky forge cette distinction de manière opératoire dans *La linguistique cartésienne. Un chapitre de l'histoire de la pensée rationaliste* [1966], trad. fr. N. Delanoë et D. Sperber, Paris, Seuil, 1969 : « On pourrait [opposer] la linguistique cartésienne à un ensemble de doctrines et d'hypothèses qu'on pourrait qualifier de "linguistique empiriste", et qu'illustrent la linguistique moderne, structuraliste et taxinomique, aussi bien que les développements de la psychologie et de la philosophie contemporaines », p. 17, note 3.

Les mentalistes complèteraient les faits du langage par une approche psychologique – conception qui diffère selon les nombreuses écoles de psychologie mentaliste. Les *mécanistes* exigent que les faits soient présentés sans l'aide d'aucun facteur auxiliaire. J'ai essayé de tenir compte de cette idée non seulement parce que je crois que le *mécanisme* est la forme nécessaire d'une étude scientifique, mais aussi parce qu'un exposé qui tient sur ses propres bases est plus solide et plus aisément appréhendé qu'un exposé étayé en de nombreux points par une doctrine autre et changeante[1].

Selon Bloomfield, une étude du langage méthodique et scientifique requiert de ne prendre en compte que ce qui est observable et quantifiable et de mettre entre parenthèses tout ce qui pourrait relever des états mentaux.

Cette logique est invalidée par Chomsky dans le compte rendu qu'il donne en 1959 de *Verbal Behavior* de Burrhus Frederic Skinner, chef de file de la psychologie behavioriste américaine. Il objecte que : « c'est perdre son temps que d'étudier les causes du comportement verbal tant qu'on n'en sait pas plus sur la nature spécifique de ce comportement ; et il n'y a pas grand intérêt à formuler des hypothèses sur le processus de l'acquisition tant qu'on ne sait pas mieux ce qui est acquis »[2]. Selon Chomsky, il y a du sens à observer dans des expérimentations faites en laboratoire la manière dont des animaux, comme des rats, réagissent à leur environnement, et, par suite, il y a du sens à manipuler à cette fin des notions techniques précises comme celles de *stimulus*, de renforcement ou

1. L. Bloomfield, *Le langage* [1933], trad. fr. J. Gazio, avant-propos de F. François, Paris, Payot, 1970, préface, p. 8. Nous soulignons.
2. N. Chomsky, « Un compte rendu de *Verbal Behavior* de B. F. Skinner » [1959], trad. fr. F. Dubois-Charlier, *Langages* 16, 1969, p. 46.

de déprivation. Mais il ne va pas de soi de s'en tenir à un relevé des stimulations extérieures quand on entend étudier cet organisme complexe qu'est l'homme. Dans ce cadre avant toutes choses, « une connaissance de la structure interne de cet organisme, de la manière dont il traite l'information reçue et organise son propre comportement »[1] est requise.

Les limites explicatives de la notion de *stimulus* appliquée à la prédiction du comportement verbal justifient cette thèse. Soit un homme qui répond « Mozart » à un morceau de musique qu'il entend ou « hollandais » à un tableau qu'il voit. Ces réponses sont-elles régies par les propriétés de chacun de ces objets ? Il aurait été possible de répondre tout autre chose, n'importe quoi qui vienne à l'esprit (par exemple, pour un tableau : « ne va pas avec le papier mural », « je croyais que vous aimiez l'art abstrait », « je ne l'avais jamais vu », « penché, accroché, trop bas »). Le simple fait de cette possibilité atteste que l'explication du comportement verbal par le *stimulus* n'en est pas une : si nous identifions un *stimulus* seulement après avoir entendu la réponse qu'il est censé provoquer, c'est qu'il ne remplit plus la fonction prédictive qui est théoriquement la sienne, c'est-à-dire que du *stimulus*, il n'a plus que le nom, apparemment scientifique, et un sens purement métaphorique. Par suite, si la prise de parole est déterminée non par des *stimuli* auquel réagir mécaniquement, mais par ce que l'on pense, le modèle théorique de Skinner ne permet pas de saisir la complexité du comportement linguistique de l'homme.

Aux yeux de Chomsky, rendre compte du langage commande donc un changement de méthode et de

---

1. *Ibid.*, p. 16.

terrain : une enquête sur le fonctionnement linguistique de l'esprit, c'est-à-dire sur ce qu'il appelle la « nature humaine ». Chomsky entend par nature humaine les mécanismes innés d'organisation mentale qui rendent tout homme capable d'exprimer sa pensée et de comprendre les paroles des autres hommes, c'est-à-dire de maîtriser une langue après avoir été exposé, étant enfant, à des données linguistiques en nombre restreint et de qualité inégale [1].

Pour Chomsky, la philosophie cartésienne, en tant qu'elle est innéiste, fonde ce modèle. L'association du nom de Descartes à la catégorie d'innéisme permet à Chomsky de qualifier conceptuellement sa démarche linguistique de mise en rapport de la capacité humaine de parler et de comprendre une langue avec la possession de structures mentales innées, dotées de propriétés génératives sur le plan linguistique. Chomsky, sans faire de Descartes le philosophe du langage qu'il n'est pas, voit en effet dans son œuvre des raisons de penser qu'il y a quelque chose comme des lois universelles du langage. Il est très clair sur ce point dès *Current Issues in Linguistic Theory* [2]. Selon ce texte, le phénomène central à analyser en linguistique est celui selon lequel un locuteur peut produire une phrase nouvelle dans sa langue à une occasion appropriée, et d'autres, la comprendre, même si elle est nouvelle pour eux aussi. Cette recherche sur la créativité linguistique ne peut s'effectuer qu'en postulant l'esprit comme une structure cognitive fixe. Chomsky estime que cette démarche est déjà celle de Descartes.

---

1. N. Chomsky, M. Foucault, *De la nature humaine : justice contre pouvoir*, entretien dirigé par F. Elders, trad. fr. A. Rabinovitch, dans M. Foucault, *Dits et écrits II, 1954-1988*, D. Defert et F. Ewald (éd.), Paris, Gallimard, 1994, p. 472-473.

2. *Current Issues, op. cit.*, p. 7-8.

Cette mobilisation de la référence à Descartes ne va pas sans des déplacements. Des observations sur les conditions dans lesquelles l'homme apprend à parler induisent en effet Chomsky à penser le langage comme un « organe mental » ; c'est un point de vue non cartésien. À l'instar de Russell, qui se demandait comment il se fait que « les êtres humains, dont les contacts avec le monde sont éphémères, particularisés, limités, soient néanmoins capables d'avoir autant de connaissances »[1], Chomsky s'étonne du fossé entre le caractère fragmentaire des données linguistiques disponibles pour apprendre le langage et l'étendue et la complexité des connaissances que l'on en tire. Le fait que la langue acquise par chaque individu soit « une construction riche et complexe qui malheureusement est loin d'être déterminée par les faits fragmentaires dont nous disposons » le conduit à faire l'hypothèse que « le développement du langage est analogue à la croissance d'un organe physique »[2]. Il présuppose ainsi que l'acquisition de cette structure cognitive qu'est le langage peut être étudiée à peu près comme on étudie un organisme physique complexe, c'est-à-dire, que l'introspection ne suffit pas à donner accès à la connaissance que l'individu a de sa langue[3]. Les processus mentaux ramenés à des processus

1. *Réflexions sur le langage*, *op. cit.*, p. 13.
2. *Ibid.*, respectivement p. 20 et 21. Voir encore p. 28 : « Je ne vois pas pourquoi on ne devrait pas étudier les structures cognitives de la même façon que les organes physiques. Le chercheur en sciences naturelles s'occupe principalement de la structure de base, génétiquement déterminée, de ces organes, et de leur interaction ; et, dans le cas le plus intéressant, quand on fait abstraction de la taille, des variations dans les rythmes de développement, etc., il s'agit d'une structure commune à l'espèce ».
3. « Le langage est un miroir de l'esprit en un sens profond et non trivial » (*ibid.*, p. 13).

de traitement de l'information, Chomsky oriente la linguistique vers une étude du mécanisme mental qui rend un individu, c'est-à-dire, le plus souvent, un enfant, capable d'apprendre une langue. Dans ce cadre, le nom de Descartes est alors une sorte de label dans lequel se dépose l'idée qu'apprendre une langue reviendrait à mettre en action la faculté de langage innée qui est en soi.

L'adoption de cette perspective innéiste, incarnée exemplairement par Descartes, conduit Chomsky à soutenir dans *Aspects de la théorie syntaxique* que l'enjeu pour le linguiste n'est pas tant l'étude de la performance, « l'emploi effectif de la langue dans des situations concrètes », que celle de la compétence, « la connaissance que le locuteur-auditeur a de sa langue »[1]. Comme Saussure[2], Chomsky différencie deux niveaux de compréhension dans l'analyse du langage : la langue et la parole. Selon Saussure, en effet, il y a d'une part, un ensemble de règles de construction d'énoncés, et, d'autre part, l'action individuelle de maniement des ressources de cette langue. Mais Chomsky rejette le concept saussurien de langue, « un produit social de la faculté du langage et un ensemble de conventions nécessaires, adoptées par le corps social pour permettre l'exercice de cette faculté chez les individus »[3].

---

1. N. Chomsky, *Aspects de la théorie syntaxique*, *op. cit.*, p. 13. Sur les travaux de Gall et de Broca, en tant qu'ils préparent l'émergence du concept de compétence linguistique, voir G. Bergounioux, *Le moyen de parler*, Paris, Verdier, 2004, p. 47-60.

2. *Ibid.*, p. 14.

3. F. de Saussure, *Cours de linguistique générale*, publié par Ch. Bally et A. Séchehaye avec la collaboration d'A. Riedlinger, édition critique préparée par T. de Mauro, postface de L.-J. Calvet, Paris, Payot, 2005, p. 25.

Cette définition structurale de la langue, fondée sur ces « entités concrètes de la langue »[1] que sont les signes, pose problème. D'une part, Saussure étudie ces signes en eux-mêmes, en recourant notamment aux concepts de signifié et de signifiant. D'autre part, il les étudie en tant qu'ils sont liés les uns aux autres aussi bien par des rapports syntagmatiques que par des rapports associatifs[2], selon un principe de classement qu'il met à la base du système grammatical[3]. Saussure aborde ainsi la linguistique en tant qu'elle relève de la sémiologie, c'est-à-dire de la « science qui étudie la vie des signes au sein de la vie sociale »[4]. Il pense les signes linguistiques à la fois du point de vue de l'arbitraire qui les fonde et du point de vue du principe d'ordre et de régularité qui les organise et qui permet de les utiliser correctement. Partant, il adopte, selon Chomsky, un point de vue partiel et erroné sur la faculté de langage. En particulier, il ne dit rien des causes mentales de l'apprentissage d'une langue. Chomsky impute en effet ce silence de Saussure à une évaluation incorrecte du fonctionnement de la langue, fondée sur l'idée selon laquelle « la langue existe dans la collectivité sous la forme d'une somme d'empreintes déposées dans chaque cerveau, à peu près comme un dictionnaire dont tous les exemplaires, identiques, seraient répartis entre les individus [...]. C'est donc quelque chose qui est dans chacun d'eux, tout en étant commun à tous et placé en

1. *Ibid.*, p. 144.
2. *Ibid.*, voir respectivement p. 97-113 et p. 170-175.
3. *Ibid.*, p. 187.
4. *Ibid.*, p. 33. Pour une présentation synthétique du rôle de la distinction entre parole et langue effectuée par Saussure, voir R. Barthes, « Éléments de sémiologie », *L'aventure sémiologique*, Paris, Seuil, 1985, p. 28-36.

dehors de la volonté des dépositaires »[1]. L'image de la langue comme dictionnaire, c'est-à-dire comme ensemble de termes connus par les individus, en tant qu'ils sont dotés d'une définition propre et classés selon un critère arbitraire, alphabétique en l'occurrence, révèle qu'aux yeux de Saussure, une langue est un agencement de mots antérieurs logiquement aux règles de grammaire qui commandent leur articulation. C'est là, pour Chomsky, une idée fausse, dont l'étude de l'apprentissage du langage, totalement négligée par l'auteur du *Cours de linguistique générale*, permet de prendre toute la mesure, étant donné qu'elle établit le primat des règles de syntaxe sur les concepts sémantiques.

Chomsky, postulant une autonomie de la syntaxe[2], soutient, d'une part, que les phrases, en tant qu'elles sont prononcées dans quelque langue que ce soit, sont dérivées de structures syntaxiques sous-jacentes et produites à l'aide de règles transformationnelles. Il aborde ainsi la grammaire en tant qu'elle est générative, c'est-à-dire en tant qu'un système computationnel se trouve au cœur de la faculté de langage. D'autre part, il se met en quête des conditions auxquelles doivent satisfaire toutes ces grammaires, c'est-à-dire qu'il enquête aussi sur les propriétés de la grammaire universelle, qu'il situe dans

1. *Cours de linguistique générale*, *op. cit.*, p. 38.
2. « L'affirmation de l'autonomie de la syntaxe est à relier de ce point de vue à la distinction entre compétence et performance : c'est parce que les représentations sémantiques au sens large du locuteur engagent ses croyances sur le monde et varient en fonction de l'intention du locuteur qu'elles relèvent, selon Chomsky, du domaine de la performance et échappent, comme telles, à toute modélisation » (D. Blitman, *Le langage est-il inné ? Une approche philosophique de la théorie de Chomsky sur le langage*, préface de J.-Y. Pollock, Besançon, Presses Universitaires de Franche-Comté, 2015, p. 39).

l'esprit. Il élabore ainsi un programme de travail sur la structure logique et sur les fondements psycho-physiques de la grammaire générative, qui évolue au fil du temps. Il passe d'une « Théorie Standard » de la grammaire générative à une « Théorie Standard Étendue », puis au modèle des « Principes et Paramètres » et au « Programme Minimaliste »[1]. La figure de Descartes, au cœur de *La linguistique cartésienne*, l'ouvrage qui nous occupera principalement dans le volume, émerge au cours de l'élaboration de cette première théorie[2].

Mais dans ce cadre Chomsky ne se contente pas de faire des mentions ponctuelles du nom de Descartes. Pourquoi prend-il appui sur cet auteur pour soutenir qu'une langue n'est pas présente à l'esprit sur le mode d'un enregistrement des données de l'usage, à la façon d'une histoire naturelle ? Formulons précisément la difficulté à prendre en vue, à l'aide d'une formule saisissante de Saussure. Même si Chomsky ne construit pas tout

---

1. Voir la présentation déjà citée du programme biolinguistique de Chomsky par D. Blitman, la première parue en langue française. Voir également P. Gillot, *L'esprit, figures classiques et contemporaines*, Paris, CNRS Éditions, 2007, p. 191-202, et V. Reynaud, *Les idées innées : de Descartes à Chomsky*, Paris, Classiques Garnier, 2018.

2. Dans ce chapitre, en plus de *La linguistique cartésienne*, nous évoquons essentiellement l'ouvrage qui le précède immédiatement, *Aspects de la théorie syntaxique, op. cit.*, et l'un de ceux qui le suit, *Le langage et la pensée* [1968], trad. fr. J.-L. Calvet, Paris, Payot, 2001. Nous nous concentrons en effet sur les textes linguistiques de Chomsky qui mobilisent le plus longuement la référence à Descartes. Nous ne nous interdisons pas des incursions dans d'autres textes linguistiques de Chomsky comme les *Réflexions sur le langage* [1975], trad. fr. J. Milner, B. Vautherin et P. Fiala, Paris, Champs-Flammarion, 1981. Nous ne faisons pas fi non plus des textes politiques de Chomsky. Nous prenons appui sur eux dans la conclusion de notre chapitre quatre, en lien avec le débat de Chomsky avec Foucault.

son programme de recherche contre le structuralisme de ce dernier, il ne saurait en effet accepter son idée selon laquelle la langue serait un « trésor déposé par la pratique de la parole dans les sujets appartenant à une même communauté, *un système grammatical existant virtuellement dans chaque cerveau, ou plus exactement dans les cerveaux d'un ensemble d'individus* ; car la langue n'est complète dans aucun, elle n'existe parfaitement que dans la masse »[1]. Pour Chomsky, Saussure a tort d'aborder en termes métaphoriques la question de la relation entre le langage et la pensée, car cette relation est en réalité structurelle et donc fondatrice d'un point de vue linguistique. Selon lui, le fonctionnement même de la pensée explique que le langage consiste dans un ensemble de règles intériorisées par l'individu et qui ont des propriétés récursives. À ses yeux, le langage est un système cognitif qu'il est possible de délimiter, et la langue, un processus génératif.

Chomsky considère en ce sens la grammaire comme la condition naturelle de l'action discursive, autrement dit, comme une série de dispositifs internes aptes à engendrer des phrases complexes, reflétant la pensée. La grammaire a un composant syntaxique, qui gouverne la combinaison des mots dans une phrase, un composant sémantique, qui donne le sens des mots et des phrases, et un composant phonologique, qui traite de l'utilisation des sons dans cette langue. D'après Chomsky, tous ces composants concourent, chacun à leur façon, à l'engendrement des phrases de cette langue. Cet engendrement se fait avant tout sur le plan mental. Tout d'abord, des règles de base (règles syntagmatiques,

---

1. *Cours de linguistique générale*, *op. cit.*, p. 30. Nous soulignons.

de sous-catégorisation et d'insertion lexicale, mais aussi règles de la composante sémantique) génèrent la structure profonde des phrases de cette langue[1]. Cette structure contient toute l'information relative à son interprétation sémantique. Les règles transformationnelles (par exemple morpho-phonologiques) réarrangent les éléments de contenu de la structure profonde dans la forme réelle des phrases. Elles font ainsi de structures d'entrée des structures de sortie interprétables phonétiquement. Chomsky postule même qu'« il n'est pas nécessaire que la structure profonde et la structure de surface soient identiques. L'organisation sous-jacente d'une phrase, sujette à une interprétation sémantique, ne se révèle pas nécessairement dans l'agencement effectif et le tour donné aux parties qui la composent »[2]. Un ensemble infini de phrases dotées de propriétés formelles et sémantiques voit donc le jour à partir d'un nombre délimité de règles et de principes. C'est cela la « créativité linguistique », la possibilité d'appliquer sans cesse à des phrases toujours nouvelles des lois universelles du langage, qui sont en quantité finie. Certes, les opérations langagières effectuées par un locuteur échappent à sa volonté et à sa conscience. Mais il en a une connaissance au moins tacite. Sans cela, il ne pourrait ni fabriquer d'énoncés ni comprendre ceux qu'il entend ou qu'il voit écrits. L'objet du linguiste est donc d'examiner de manière systématique les fondements et les ressorts de l'activité de ce locuteur.

1. « Le terme de "structure profonde" s'est malheureusement révélé source de malentendus. Ainsi, on a souvent supposé que les structures profondes et leurs propriétés seraient seules vraiment « profondes » au sens trivial, et que le reste serait superficiel, sans importance, variant de langue à langue. Pourtant, ce n'avait jamais été ce que je voulais dire » (*Réflexions sur le langage*, *op. cit.*, p. 102).

2. *La linguistique cartésienne*, *op. cit.*, p. 62.

Pourquoi convoquer Descartes en lien avec cette définition de la linguistique ? Ce philosophe avait certes pris lui-même position contre de nombreuses traditions intellectuelles de son temps. Pour autant, ni son caractère novateur, ni son lien avec la linguistique ne vont de soi au milieu du xxᵉ siècle. Pourquoi, d'une part, Chomsky a-t-il besoin de mettre des concepts, des démarches et des thèses d'un auteur fondateur de la modernité philosophique au service de la fabrique de sa position en matière de théorie linguistique ? Comment peut-il faire jouer à l'histoire de la philosophie moderne un rôle structurant dans un domaine comme la linguistique ? Pourquoi, d'autre part, élabore-t-il son geste en référence à la catégorie doxographique de rationalisme, tout en faisant de Descartes son incarnation exemplaire ? Quelle actualité la conception cartésienne de la raison peut-elle bien avoir à ses yeux ?

CHOMSKY FACE À L'HISTOIRE DE LA PHILOSOPHIE

L'action de reprendre des éléments d'un édifice théorique à l'autorité communément reconnue pour les insérer dans un autre en cours d'élaboration et objet de discussions, est un geste banal. Mais en l'occurrence, pour Chomsky cela veut dire que les termes selon lesquels les objets et les questions structurant le champ de la linguistique au xxᵉ siècle sont envisagés, sont déterminés par les débats de la philosophie classique dans le domaine de la théorie de l'esprit et, plus particulièrement, par les propositions de Descartes dans ce domaine.

Chomsky fait référence à Descartes pour justifier conceptuellement ses innovations dans le domaine du langage et de la pensée, parce qu'il considère que la richesse du concept cartésien de raison est telle qu'il peut s'appliquer à des objets non pris en vue par son inventeur. En revendiquant son inscription dans les traces de Descartes, il rend intelligible en termes historiques la nécessité conceptuelle qu'il y a, à ses yeux, d'adosser l'étude du langage à une théorie de l'esprit, tout en jetant une lumière nouvelle sur l'approche cartésienne de la raison, essentielle historiquement et philosophiquement. Relever que chez Descartes, le langage est intimement lié à la pensée l'autorise à construire son idée de lois universelles du langage en présentant son approche de la question comme préparée par Descartes. Sa lecture de Descartes montre qu'il est attentif à la présence dans sa philosophie d'une logique, même si elle est différente des logiques traditionnelles. C'est un aspect de la philosophie cartésienne ne recevant pas souvent une grande attention.

Il est tentant d'objecter que Chomsky, qui n'est pas historien de la philosophie, ne peut vraiment tenir un discours philosophiquement consistant sur un auteur dont l'importance communément reconnue conduit souvent à l'insérer dans des récits « mythologiques » sur les origines de la modernité, que l'on entendra ici comme l'articulation d'une catégorie historique désignant les XVIIe et XVIIIe siècles et d'une démarche de rupture philosophique et scientifique avec les acquis aristotéliciens. De fait, les propositions de Descartes en matière de théorie de la connaissance, en tant qu'elles ont été souvent interprétées par le truchement d'un usage réifié des catégories de méthode et de métaphysique par lesquelles il pense la science, ont été souvent réduites à un ensemble de thèses figées, à la cohérence revendiquée *a priori*, et desquelles la modernité émergerait comme par miracle [1]. Inscrire Descartes tantôt dans une préhistoire du criticisme, comme le font Natorp et Cassirer, tantôt dans une histoire de la métaphysique, comme le fait Heidegger, tout en secondarisant la question de savoir comment il s'y prend très concrètement pour élaborer le discours de la science, c'est se préoccuper d'abord et avant tout de situer sa philosophie au commencement des grands récits de la naissance de la philosophie des temps modernes. Ces derniers, qui vont du *Discours préliminaire* de l'*Encyclopédie* de D'Alembert [2] au *Cours de philosophie positive* d'Auguste Comte [3], en passant par les manuels de Victor Cousin [4], traduisent une préférence pour le récit des origines, c'est-à-dire le mythe, au détriment de l'histoire.

La manière dont Chomsky mobilise la référence à Descartes ne revient cependant pas à l'inscrire à la suite de ces récits « mythologiques ». Chomsky considère simplement, dans la suite de Descartes, qu'il ne faut pas faire l'économie de la question de savoir ce que cette chose pensante qu'est minimalement un homme peut bien avoir à dire et à écrire. Il est fondé à soutenir cette thèse parce qu'il pense que Descartes lui-même ne peut pas ne pas s'être posé la question.

---

1. Pour plus de développement sur ce point, nous renvoyons à nos *Chemins cartésiens du jugement*, Paris, Champion, 2015.

2. J. Le Rond d'Alembert, *Discours préliminaire de l'*Encyclopédie, M. Malherbe (éd.), Paris, Vrin, 2000, p. 125-130.

3. A. Comte, *Cours de philosophie positive*, Première Leçon, Présentation et notes par M. Serres, F. Dagognet, A. Sinaceur, Paris, Hermann, 1975, p. 27.

4. V. Cousin, *Histoire générale de la philosophie depuis les temps les plus anciens jusqu'à la fin du XVIII* siècle, 7e leçon, Paris, Didier, 1863, p. 307-308.

Certes, cette approche de la philosophie cartésienne ne va pas de soi. Dans les passages de son œuvre où Descartes aborde la raison dans les termes d'un pouvoir de connaître tout puissant, il ne paraît pas se soucier du langage. Il affirme dans le *Discours de la méthode* que « la puissance de bien juger et distinguer le vrai d'avec le faux, qui est proprement ce qu'on nomme le bon sens ou la raison, est naturellement égale en tous les hommes »[1]. Il écrit dans les *Méditations métaphysiques* : « je n'admets maintenant rien qui ne soit nécessairement vrai : je ne suis donc, précisément parlant, qu'une chose qui pense, c'est-à-dire un esprit, un entendement ou une raison »[2]. Contre les sceptiques anciens et modernes, il pose une capacité de l'esprit à accéder au vrai. Contre les logiciens de son temps qui distinguent trois actes de l'esprit, la conception, le jugement et le raisonnement, il ramène la raison au jugement sans donner les causes de son refus de considérer l'inférence comme un pôle logique à part entière. Il se place sur le plan psychologique, sans qualifier celui-ci en termes linguistiques.

Ce point n'a échappé à aucun des interprètes du cartésianisme les plus autorisés. Leur technique d'analyse a consisté à mettre au jour les éléments constituants de la raison cartésienne, soit, pour ainsi dire, à regarder à l'intérieur de celle-ci pour dégager les opérations mentales sur lesquelles elle repose et les objets qu'elle peut prendre en vue. Ces tentatives de décomposition de la mécanique intellectuelle d'après Descartes ont été effectuées dans des perspectives diverses, empiriques ou

---

1. *Discours de la méthode*, AT VI, p. 2 ; *OC* III, p. 81.
2. AT IX, p. 21.

structurales[1]. Il s'est agi d'examiner la raison dans sa globalité en tant qu'elle est identique à l'esprit, et dans la mesure où ce dernier concept est synonyme du concept d'âme aux yeux de Descartes[2].

Dans ces travaux, la dimension métaphysique de la raison cartésienne ainsi que son enjeu anthropologique ont été soulignés. Il est apparu en effet 1) que ce concept de raison s'inscrit dans le cadre des multiples réélaborations de la notion de substance à l'âge classique : il sert à Descartes de prémisse à une interrogation sur le concept de substance pensante. Celle-ci connaît immédiatement une importante réception. Il est apparu 2) qu'en tant que le concept cartésien de raison est développé en lien avec des préoccupations épistémologiques, il participe d'une requalification de la métaphysique dans le sens d'une théorie de la connaissance. Pour ces deux raisons, ce concept a aussi une portée anthropologique, l'homme étant le seul être vivant doué d'une capacité de penser. C'est ainsi qu'une question a été fréquemment traitée par les interprètes : celle de savoir ce que signifie le philosophe quand il parle de vivre sous la conduite de la raison et qu'il soutient notamment qu'« il suffit de bien juger pour bien faire, et de juger le mieux qu'on puisse, pour faire ainsi tout son mieux, c'est-à-dire pour acquérir toutes les vertus, et ensemble tous les autres biens, qu'on puisse acquérir »[3]. Mais la question du langage

1. Nous pensons ici en particulier à l'opposition entre J. Laporte, *Le rationalisme de Descartes*, Paris, P.U.F., 1945 et M. Gueroult, *Descartes selon l'ordre des raisons*, 2 vol., Paris, Aubier, 1953.

2. Pour un point sur la question de la psychologie chez Descartes, voir Ph. Desoche : « *Ego sum res cogitans*. La philosophie de l'esprit chez Descartes », dans F. de Buzon, É. Cassan et D. Kambouchner (dir.), *Lectures de Descartes*, Paris, Ellipses, 2015, p. 253-277.

3. *Discours de la méthode*, AT VI, p. 28 ; *OC* III, p. 99-100.

a été souvent mise entre parenthèses par les lecteurs de Descartes[1].

Chomsky fait donc œuvre neuve quand il soutient que l'homme cartésien, qui vit sous la conduite de la raison, ne peut pas ne pas se soucier de questions d'ordre linguistique, et qu'il analyse le concept cartésien de raison dans l'élément du langage. Pour autant, l'usage qu'il fait des travaux de Descartes comme d'un point de départ théorique de son propre travail ne relève pas d'une gageure. 1) La modestie épistémologique qui sous-tend sa lecture de Descartes, c'est-à-dire la claire revendication d'un regard qui n'est pas celui de l'historien de la philosophie, lui permet de mettre en lumière plusieurs aspects structurant *la démarche philosophique* de cet auteur. Chomsky, en se montrant sensible à quelques-unes des questions auxquelles s'est confronté Descartes, aux raisons pour lesquelles il les a élaborées, et aux concepts à l'aide desquels il les a instruites, les donne à voir dans leur nécessité, que le passage du temps n'a pas abolie. 2) Il décide d'aborder le travail de Descartes, qui se donne la capacité humaine de connaissance comme sujet central de recherche[2], en prenant en compte un problème essentiel aux yeux du philosophe dans ce cadre, celui de la distinction entre l'âme et le corps, parce que *sur le fond* il considère le travail de ce dernier éclairant en tant que tel, pour toute personne qui cherche à examiner la relation entre le langage et la pensée.

---

1. Nous proposons une interprétation historique de ce quasi-silence dans notre premier chapitre.

2. « Dans l'époque moderne, essentiellement sous l'influence de la pensée cartésienne, la capacité humaine de connaissance est redevenue un sujet central de recherche » (*Réflexions sur le langage, op. cit.*, p. 14).

Les critères de lecture de Chomsky

Cette approche de Descartes revient à mettre en œuvre des principes paradoxaux de lecture des textes philosophiques. Chomsky formule ces principes lors d'une discussion avec Foucault[1], à l'occasion d'une référence au rationalisme classique tel qu'il est, selon lui, illustré par Descartes.

D'un côté, à la posture de « l'antiquaire », désireux de rendre compte avec précision de la pensée des philosophes de l'âge classique, Chomsky soutient qu'il convient de préférer celle de « l'amoureux de l'art qui étudierait le XVIIᵉ siècle afin d'y découvrir des choses d'une valeur particulière, valeur rehaussée par le regard qu'il porte sur elles »[2]. Il croit « parfaitement possible de revenir à des étapes antérieures de la pensée scientifique à partir de notre compréhension actuelle, et de saisir comment de grands penseurs tâtonnaient, dans les limites de leur époque, vers des concepts et des idées dont ils n'étaient pas vraiment conscients »[3]. En d'autres mots, il s'agit pour Chomsky de considérer les textes philosophiques du passé en tant qu'ils fournissent l'armature logique, c'est-à-dire les concepts, les méthodes et les questions, sans l'aide desquels personne ne peut construire ses objets de recherche. Selon Chomsky, « n'importe qui peut procéder de cette manière pour analyser sa propre réflexion. Sans vouloir se comparer aux grands penseurs du passé, n'importe qui peut considérer ce qu'il sait aujourd'hui et se demander ce qu'il savait il y a 20 ans, et voir qu'il s'efforçait confusément de découvrir

1. *Sur la nature humaine*, *op. cit.*
2. *Ibid.*, p. 476-477.
3. *Ibid.*, p. 477.

quelque chose qu'il comprend seulement à présent [...] s'il a de la chance »[1]. L'engagement d'un chercheur dans une voie plutôt que dans une autre dépend de la nature et de la structure de ses intuitions passées ; même si ce chercheur ne pouvait pas mesurer toutes les implications logiques de celles-ci au moment où il les formulait, il peut reconstituer *a posteriori* le lien entre ses intuitions initiales et ses conclusions. Cette reconstitution a une portée réflexive : elle rend sensible le progrès qui a été accompli dans la formulation d'une question et dans sa résolution.

La mise en regard du *terminus a quo* et du *terminus ad quem* ne relève ni d'une histoire culturelle des idées, ni d'une histoire des pratiques scientifiques. Il ne s'agit ni d'analyser le cadre institutionnel qui a servi de support à un travail, ni de démystifier l'idée qu'un scientifique avancerait dans ses investigations par le biais de fulgurances géniales. Il faut parvenir à comprendre ce qu'il a été possible de faire des données d'où l'on est parti, parce que connaître requiert une remontée aux principes une fois des conclusions atteintes, c'est-à-dire une présence à l'esprit des raisons desquelles on est parti.

C'est cette exigence qui est en jeu dans la référence de Chomsky à l'histoire de la philosophie moderne. Soit donc l'individu faisant retour sur ses idées, évoqué dans le débat avec Foucault. Replaçons cet individu dans l'histoire en général : ses toutes premières intuitions sont dans une certaine mesure le fruit d'un certain état des savoirs. Ce dernier est lui aussi le produit d'une histoire. Pour Chomsky, cette histoire est d'abord et avant tout celle de la philosophie moderne. D'où la citation de Whitehead

---

1. *Ibid.*, p. 477.

mise en exergue dans *La linguistique cartésienne* : « On peut décrire de façon brève et suffisamment exacte la vie intellectuelle des races européennes durant les dernières deux cent vingt-cinq années en disant qu'elles ont vécu sur le capital accumulé des idées que leur léguait le génie du XVIIᵉ siècle »[1]. En d'autres mots, au XXᵉ siècle, un érudit, dans quelque domaine qu'il travaille, et qu'il en ait ou non conscience, serait redevable dans ses idées et dans sa démarche au « génie du XVIIᵉ siècle ».

C'est ce que Chomsky revendique pour son propre compte, quand il appréhende son travail dans ce champ qu'est la linguistique en lien avec des travaux philosophiques, c'est-à-dire techniquement extérieurs à ce champ. Il va ainsi jusqu'à s'appuyer sur des textes philosophiques élaborés à une époque qui n'est pas celle de l'invention de la linguistique comme discipline, puisqu'elle lui est antérieure de deux siècles. En ce sens, dans *La linguistique cartésienne* il prend position contre « les linguistes professionnels [qui] se sont en général peu intéressés aux contributions apportées à la théorie linguistique par la tradition européenne antérieure »[2]. Certes, d'autres avant lui ont entrepris « une histoire de la linguistique avant qu'il y ait une linguistique »[3]. D'autres encore, l'ont poursuivie. La perspective selon laquelle Chomsky embrasse cette histoire n'est pas moins spécifique : selon lui, les progrès qui se font à pré-

---

1. A. N. Whitehead, *Science and the Modern World*, New York, Macmillan, 1925, p. 13.

2. *La linguistique cartésienne, op. cit.*, p. 15.

3. G. Harnois, *Les théories du langage en France de 1660 à 1821, Études françaises* 17, 1929, p. 13. Chomsky cite cet auteur en rappelant que pour ce dernier « la linguistique plus ancienne mérite à peine le nom de "science" ».

sent dans le champ de la linguistique procèdent en partie de l'incorporation de concepts forgés dans le passé dans des domaines dont le lien avec elle est tout sauf direct, et ces progrès sont l'expression d'une meilleure compréhension des problèmes qu'il s'agissait alors d'étudier.

Cette approche de la rationalité scientifique prend son départ dans trois observations touchant l'époque moderne. 1) Au XVIIᵉ siècle, sont établis les fondements de la science moderne et formulées des questions philosophiques qui se posent encore de nos jours. Cet apport épistémologique et philosophique de l'âge classique commande de le prendre en compte. 2) À cette époque, la philosophie embrasse la science ; il n'y a pas de cloisonnement disciplinaire strict entre la métaphysique, d'un côté, et la science, de l'autre. Selon Chomsky, cette absence de séparation autorise à se servir des considérations métaphysiques de l'âge classique dans la construction de la science du présent. En effet, ces considérations ne sont dénuées d'application scientifique qu'aux yeux des ignorants. 3) Chomsky relève que les scientifiques du XVIIᵉ siècle, qui sont aussi des philosophes, dépassent la science de leur temps en expliquant des phénomènes donnés pour inintelligibles. Il souligne que ces changements reconfigurent le domaine scientifique, tout en étant porteurs d'un renouveau conceptuel. Selon lui, la logique de la science qui s'illustre chez ces auteurs, aux travaux responsables, pour une large part, de la reconfiguration actuelle des savoirs, ne peut pas ne pas être mise en œuvre dans le présent, en raison même de sa productivité.

Prenons l'exemple de la physique mécaniste évoqué par Chomsky face à Foucault, et qui est topique chez lui [1], celui de l'explication de la matière en mouvement. Cette explication, telle qu'il la présente, est fondée d'abord sur l'analyse cartésienne du choc des corps qui se heurtent, c'est-à-dire sur une invalidation des concepts scolastiques de forme substantielle et de qualités réelles, en raison de leur obscurité. Elle engage ensuite, avec Newton, le postulat d'une force d'attraction à distance, un concept apparemment obscur. Ce second temps est possible grâce à un retour méthodologique sur les critères de clarté ou d'obscurité d'un concept. De Descartes à Newton, alors qu'il y a des ruptures dans les méthodes de la science, le nombre de phénomènes étudiés par la physique augmente ainsi, en même temps que la notion de corps change.

Cet exemple montre que le progrès scientifique n'est pas « une question d'accumulation de connaissances nouvelles, d'absorption de nouvelles théories […] il suit la voie du zigzag […] oubliant certains problèmes pour s'emparer de théories nouvelles » [2]. La science progresse grâce à la mise à l'épreuve sur de nouveaux objets de la capacité explicative de concepts appartenant à la science établie. Cette conviction sous-tend la conceptualisation du projet linguistique de Chomsky et son articulation à une « linguistique cartésienne ».

---

1. *Sur la nature humaine*, *op. cit.*, p. 477-478. Voir aussi *Le Langage et la pensée*, *op. cit.*, p. 24-31.
2. *Sur la nature humaine*, *op. cit.*, p. 487.

L'application des critères de Chomsky
au rationalisme

Le problème est que cette revendication d'un usage réflexif de la philosophie moderne n'est pas associée à un énoncé de règles herméneutiques précises permettant de la lire. Cela fait difficulté, si l'on examine l'emploi que fait Chomsky du concept de rationalisme. À Fons Elders, modérateur de son débat avec Foucault, qui lui demande d'illustrer son approche du langage « avec des exemples du XVIIe et du XVIIIe siècle », il répond : « je dois d'abord dire que je traite le rationalisme classique non comme un historien des sciences ou un historien de la philosophie »[1].

L'emploi de la catégorie de « rationalisme classique » est problématique d'un point de vue historique.

1) Il est bien établi que cette catégorie ne saurait s'appliquer à l'ensemble des textes de l'âge classique, car ils relèvent, pour un certain nombre d'entre eux, de l'empirisme, c'est-à-dire d'une théorie de la connaissance alternative, qu'on caractérisera provisoirement ici en disant qu'elle fait dériver le savoir des sens et non pas d'une structure mentale qui préexiste à la rencontre des choses extérieures.

2) C'est moins à l'empirisme classique qu'à celui de ses contemporains que Chomsky veut s'en prendre quand il élabore son projet linguistique. Ainsi par exemple, dans ses *Réflexions sur le langage*, il se montre très clair sur le fait qu'il n'a aucun intérêt pour Locke. À Barnes, qui affirme « Chomsky répète avec emphase que son adoption de l'hypothèse de l'innéité reprend le rationalisme de Descartes et de Leibniz et rejette l'empirisme de Locke »,

---

1. *Ibid.*, p. 476.

il répond : « En fait, je n'ai jamais même discuté – et moins encore « rejeté » l'empirisme de Locke »[1]. Certes, il le mentionne ponctuellement, par exemple dans *Aspects de la théorie syntaxique*, pour souligner a) qu'« il ne réfute pas la doctrine des idées innées, telles que les a présentées Descartes », et b) que ses remarques « sur l'origine des idées semblent comparables à certains égards à celles de Cudworth »[2]. Mais il se concentre sur l'empirisme de ses contemporains, au motif qu'ils ont oublié une position de la question de l'apprentissage du langage qui est pourtant très légitime et éclairante, et que cet oubli les a conduits à la formulation de conclusions fausses. Parce qu'il trouve le rationalisme manquant en son temps à lui[3] il revient à l'incarnation exemplaire que ce courant a eue, d'après lui, chez Descartes, et il se penche de façon presque exclusive sur le rationalisme, quand il lit les textes de l'âge classique.

3) Ce faisant, il ne rappelle pas au lecteur que cette catégorie est d'invention relativement tardive, puisqu'elle date du milieu du XVIIIe siècle. Les termes d'empirisme et de rationalisme émergent en effet alors qu'il s'agit de construire des outils de classification des corpus et des éléments de description des enjeux théoriques qui se laissent lire dans les textes de l'âge classique. Chomsky passe sous silence le fait que les termes d'empirisme et de rationalisme ne correspondent pas littéralement à ceux à l'aide desquels les auteurs de l'âge classique prennent position les uns par rapport aux autres, alors même que

1. *Réflexions sur le langage, op. cit.*, p. 259.
2. *Ibid.*
3. « Je pense qu'il est juste de dire que l'étude des propriétés et de l'organisation de la pensée fut prématurément abandonnée, en partie pour des raisons fausses »., *Le langage et la pensée, op. cit.*, p. 30-31.

ce phénomène général se vérifie particulièrement bien à propos de Descartes.

Soit la théorie cartésienne des idées telle qu'elle est lue dans le Livre III et dans le Xe *Éclaircissement* de la *Recherche de la vérité*, avec une critique de « ceux qui prétendent que toutes les idées sont innées ou créées avec nous »[1]. Malebranche s'oppose notamment à l'argument selon lequel l'esprit ne tient pas de lui-même d'être une chose pensante, étant donné qu'il naît ainsi et que c'est sa nature[2]. Malebranche exprime en effet de fortes réserves quant à l'applicabilité du concept de nature à l'âme :

> Je m'étonne que messieurs les cartésiens, qui ont avec raison tant d'aversion pour les termes généraux de *nature* et de *faculté*, s'en servent si volontiers en cette occasion. Ils trouvent mauvais que l'on dise que le feu brûle par sa *nature*, et qu'il change certains corps en verre par une *faculté* naturelle : et quelques-uns d'entre eux ne craignent point de dire que l'esprit de l'homme produit en lui-même les idées de toutes choses par sa *nature* et parce qu'il a la *faculté* de penser. Mais ne leur en déplaise ces termes ne sont pas plus significatifs dans leur bouche, que dans celle des péripatéticiens. Il est vrai que notre âme est telle par sa nature, qu'elle aperçoit nécessairement ce qui l'affecte mais Dieu seul peut agir en elle. Lui seul peut l'éclairer, la toucher, la modifier par l'efficace de ses idées[3].

---

1. N. Malebranche, *De la recherche de la vérité*, III, II, 4, texte établi, présenté et annoté par G. Rodis-Lewis, Paris, Gallimard, « Bibliothèque de la Pléiade », 1979, p. 332.

2. Voir par exemple la lettre à Arnauld du 29 juillet 1648, AT V, p. 221 ; *OC* VIII-2, p. 815.

3. N. Malebranche, *De la recherche de la vérité*, *op. cit.*, Xe *Éclaircissement*, p. 916-917.

Pour Malebranche, la physique mécanique ayant montré l'impossibilité d'attribuer le statut de cause efficiente à la nature définie comme puissance, Descartes, ardent partisan de cette physique, n'est pas fondé à expliquer le fonctionnement de l'esprit sur le modèle qu'il rejette, quand il cherche à rendre intelligible la matière ; il se contredit et cette contradiction invalide le résultat auquel il prétend parvenir. Il ne voit pas que l'âme pense parce qu'elle est agie par Dieu, dont les illuminations lui donnent accès au vrai.

Ce propos de Malebranche montre a) que des réflexions sur la pertinence des voies empiriste et rationaliste dans le domaine de l'étude des idées ont bel et bien lieu avant la mise au point des termes d'empirisme et de rationalisme comme catégories bien établies ; b) que la tenue de ces débats mobilise des concepts spécifiques, en l'occurrence celui de nature, en tant qu'elle désigne étymologiquement ce dont on dispose à la naissance. Il montre enfin c) que ce qui relèvera par la suite des catégories d'empirisme et de rationalisme, commence à être catégorisé ainsi, parce qu'il s'agit d'ennemis à abattre.

L'usage par Chomsky de la catégorie de rationalisme paraît ainsi relever à la fois de la généralisation abusive, de l'illusion rétrospective et de la préférence facile pour le maniement du label abstrait, au détriment de l'analyse précise d'un programme philosophique nécessairement singulier. Un chapitre d'histoire de la philosophie moderne fait par un auteur n'endossant pas le point de vue de l'historien de la philosophie, peut-il être autre chose qu'une fiction, c'est-à-dire une sortie de l'histoire de matériaux philosophiques donnés ? Qu'a de cartésien la linguistique cartésienne ?

CHOMSKY LECTEUR DE DESCARTES

Au début de *La linguistique cartésienne*, Chomsky écrit :

> En construisant la notion de « linguistique cartésienne », j'entends caractériser une constellation d'idées et d'intérêts apparue d'abord dans la tradition de la « grammaire universelle » ou « philosophique », inaugurée par la *Grammaire générale et raisonnée* de Port-Royal (1660) ; puis reprise dans la *linguistique générale* contemporaine de la période romantique ou immédiatement postérieure ; ainsi que dans la philosophie rationaliste de l'esprit qui, dans une certaine mesure, a constitué l'arrière-plan commun à ces deux orientations [1].

Il présente la linguistique cartésienne comme son œuvre et non celle de Descartes, présent en creux comme « l'arrière-plan » de deux « orientations », la *Grammaire* de Port-Royal et la linguistique de Humboldt. Descartes interviendrait à double titre, en tant qu'il serait porteur de deux suggestions développées par des auteurs postérieurs : 1) l'hypothèse de « l'aspect créateur de l'utilisation du langage », 2) l'hypothèse d'une distinction réelle entre le corps et l'esprit. La première de ces hypothèses a en elle-même un lien avec la question du langage, que nous avons mis en lumière dès le commencement de cette introduction. La seconde entretient avec le langage une relation d'application, qui aurait été vue très tôt par les lecteurs de Descartes :

> Développant la distinction fondamentale entre le corps et l'esprit, la linguistique cartésienne présume, de façon caractéristique, que le langage a, de son côté, deux aspects. Il est possible, en particulier, d'étudier un signe

1. *La linguistique cartésienne*, *op. cit.*, note 3, p. 16-17.

linguistique du point de vue des sons qui le constituent et des caractères qui représentent ces signes, ou du point de vue de leur « signification », à savoir de « la manière dont les hommes s'en servent pour signifier leurs pensées » (*Grammaire générale et raisonnée*, p. 5)[1].

Le concept de linguistique cartésienne trouve ainsi son départ dans l'articulation par Chomsky de deux séries de remarques de Descartes qui n'ont pas le même statut conceptuel chez cet auteur : si la première porte explicitement sur le langage, la seconde est marquée par un souci pour ce qui fait la réalité propre de l'esprit, laquelle n'aurait de portée linguistique qu'extrinsèque. Chomsky ne cherche pas, d'abord et avant tout, à exploiter le lien doctrinal entre les deux éléments qu'il relève, alors même que ce lien est bien attestable textuellement, étant donné que, pour Descartes, la créativité linguistique, même s'il n'emploie pas ce mot, est la manifestation du fait que l'homme est doté de pensée, et donc qu'il est à la fois un corps et une âme. En réalité, Chomsky développe surtout le second de ces deux points, en analysant ses enjeux linguistiques tels qu'ils sont formulés par des philosophes de la seconde moitié du XVIIe siècle, du XVIIIe et du XIXe siècles.

C'est sur cette démarche qu'a porté le gros des critiques faites au concept de linguistique cartésienne. Il a concerné l'assignation par Chomsky d'une filiation cartésienne aux travaux des Messieurs de Port-Royal et à Humboldt. Il a engagé des discussions sur la capacité du concept de linguistique cartésienne à éclairer l'ensemble des textes d'une période de la préhistoire de la linguistique, peu prise en considération jusqu'alors.

---

1. *La linguistique cartésienne, op. cit.*, p. 62.

Chomsky a notamment estimé que la *Grammaire* de Port-Royal prend son départ dans une interprétation linguistique de la distinction métaphysique cartésienne entre l'esprit et le corps. Arnauld et Lancelot faisant, après de nombreux auteurs, l'hypothèse qu'il y a trois opérations de l'esprit, la conception, le jugement et le raisonnement, avancent « que la connaissance de ce qui se passe dans notre esprit est nécessaire pour comprendre les fondements de la grammaire; et que c'est de là que dépend la diversité des mots qui composent le discours »[1]. Selon Chomsky, en retravaillant Descartes pour dégager les conditions logiques qui font des mots l'expression de la pensée, Arnauld et Lancelot en viennent à distinguer deux niveaux dans la formation d'une phrase : sa « structure profonde » et sa « structure de surface ». Tandis que la première « est la structure abstraite et sous-jacente qui détermine l'interprétation sémantique; la seconde est l'organisation superficielle d'unités qui détermine l'interprétation phonétique et qui renvoie à la forme physique de l'énoncé effectif, à sa forme voulue ou perçue »[2]. Les Messieurs de Port-Royal démontrent ainsi que le langage a un aspect mental et un aspect physique, et que le premier préexiste logiquement au second, qui a pour fonction de l'extérioriser.

Cette conclusion est essentielle aux yeux de Chomsky : si « on peut étudier une phrase à partir de la façon dont elle exprime une pensée ou à partir de sa forme physique, en d'autres termes, du point de vue de l'interprétation sémantique ou du point de vue de l'interprétation phonétique »[3], Arnaud et Lancelot sont les ancêtres de

---

1. C'est le titre du chap. I de la seconde partie de la *Grammaire générale et raisonnée*.
2. *La linguistique cartésienne*, op. cit., p. 62.
3. *Ibid.*, p. 62.

la grammaire générative, en tant que « description de la compétence tacite du locuteur-auditeur, compétence qui sous-tend sa performance effective dans la production et la perception (compréhension) du discours »[1].

La stratégie la plus commune utilisée pour critiquer cette lecture a consisté à souligner la légèreté de l'héritage cartésien de la *Grammaire*, les interprètes les plus autorisés se proposant de montrer tantôt que les Messieurs de Port-Royal ne doivent pas tout à Descartes[2], tantôt que leur dette à son égard ne saurait se mesurer dans les termes choisis par Chomsky[3]. Il s'est agi pour eux de soutenir que le projet de Chomsky consistant à évoquer des auteurs du passé dans lesquels il voit des prédécesseurs est dénué de pertinence parce qu'il serait discutable méthodologiquement, l'expression d'une culture philosophique plus que sommaire[4]. La démarche de Chomsky revenant à faire entrer Descartes dans la linguistique est ainsi souvent apparue comme nulle et non avenue. Relier Descartes à des auteurs postérieurs

1. *La linguistique cartésienne, op. cit.*, note 2, p. 16.

2. *Cf.* la recension de *La linguistique cartésienne* par V. Salmon (*Journal of Linguistics*, 1969, P. 165-187); voir la recension de la *Grammaire générale et raisonnée* de Port-Royal de R. Lakoff (*Language* 45, n°2, 1969, P. 343-364); H. Aarsleff « The History of Linguistics of Professor Chomsky », *From Locke to Saussure. Essays in the study of Language and Intellectual History*, Minneapolis, University of Minnesota Press, 1982, p. 101-119 (repris de *Language* 46, 1970, p. 570-585).

3. *Cf.* J.-Cl. Pariente, « Grammaire générale et grammaire générative », *L'analyse du langage à Port-Royal. Six études logico-grammaticales*, Paris, Minuit, 1985, p. 17-48 (première parution dans *Actes de la recherche en sciences sociales* 5-6, novembre 1975, p. 36-49).

4. *Cf.* H. Aarsleff, *From Locke to Saussure. Essays in the Study of Language and Intellectual History*, Minneapolis, University of Minnesota Press, 1982, et S. Auroux, *La raison, le langage et les normes*, Paris, P.U.F., 1998, p. 2.

qui témoignent d'une connaissance et d'un rapport non critique à quelques-unes de ses thèses et des concepts qui les sous-tendent, n'aurait pas de sens.

La linguistique cartésienne n'est cependant pas le produit d'une forme de bricolage intellectuel. Certes, comme Chomsky le relève, « Descartes lui-même n'accorda que peu d'attention au problème du langage »[1]. Quand il analyse son système philosophique dans la lettre-préface aux *Principes de la philosophie*, il indique qu'il convient de se consacrer, dans l'ordre, à la métaphysique, à la physique, à la médecine, à la mécanique et à la morale ; il ne caractérise le langage ni comme un objet philosophiquement premier ni même comme un domaine philosophique en tant que tel. Mais, cela ne veut pas dire qu'il ne parle pas du langage.

De ce phénomène, on peut prendre paradoxalement la mesure grâce aux remarques d'historiens de la linguistique[2] qui pointent que conférer à Descartes à partir de Port-Royal le statut de chef de file dans le domaine de la philosophie du langage de la période, comme ils estiment que Chomsky le fait, revient à se tromper quant à l'identité de la vraie figure marquante : celle de Condillac. Selon eux, d'une part, dans la perspective d'une histoire de la philosophie comprise comme une histoire de figures tutélaires, si Chomsky avait voulu rendre compte correctement de l'histoire

---

1. *La linguistique cartésienne*, op. cit., p. 17-18.
2. H. Aarsleff, *From Locke to Saussure. Essays in the Study of Language and Intellectual History*, op. cit., et S. Auroux, *La raison, le langage et les normes*, op. cit. ; A. Joly, « La linguistique cartésienne : une erreur mémorable », dans A. Joly et J. Stefanini (éd.), *La grammaire générale des modistes aux idéologues*, Lille, Publications de l'université de Lille III, 1977, p. 165-199 ; « Cartesian or Condillacian Linguistics ? », *in* S. Auroux et D. Buzzetti (eds.), *Language and Logic in the XVIIIth century*, Topoi 4, n°2, , 1985, p. 145-149.

de la linguistique du milieu du XVIIe siècle au début du XIXe siècle, il aurait convenu, d'abord et avant tout, qu'il évoque les travaux de Condillac, en raison de leur caractère essentiel à la fois du point de vue théorique et du point de vue de leur influence. Pour eux, d'autre part, dans la perspective d'une histoire de la philosophie comprise comme une histoire des problèmes, Chomsky aurait dû avoir en tête que c'est l'approche empiriste du langage, initiée par Locke, mais surtout développée par Condillac, qui est structurante en matière de théorie de la grammaire à l'âge classique, parce que plus développée.

Ces objections n'ont pourtant rien de rédhibitoire, si on relève que les coordonnées condillaciennes du problème du rapport entre le langage et la pensée sont aux antipodes de la perspective cartésienne, au moins telle qu'elle peut être représentée à partir de Port-Royal. En effet, « alors que Port-Royal regardait la grammaire comme l'art de parler et la logique comme l'art de penser, Condillac considère la grammaire comme la première partie de l'art de penser »[1]. Ceci apparaît clairement dès l'*Essai sur l'origine des connaissances humaines*, texte où il s'agit de rechercher les raisons qui conduisent des hommes à parler et les apports de la parole, d'un point de vue intellectuel et moral. Condillac établit dans ce livre que le recours aux mots permet aux hommes de diriger l'attention de leur esprit sur des objets de pensée choisis librement. À cette fin, il fait la distinction entre trois sortes de signes :

---

1. S. Auroux, « Condillac ou la vertu des signes », introduction à la *Langue des calculs*, Lille, Presses universitaires de Lille III, 1981, p. IX. Cité par A. Charrak, dans *Empirisme et métaphysique : l'*Essai sur l'origine des connaissances humaines *de Condillac*, Paris, Vrin, 2003, p. 84.

1° les signes accidentels, ou les objets que quelques
circonstances particulières ont liés avec quelques-unes
de nos idées, en sorte qu'ils sont propres à les
réveiller. 2° Les signes naturels, ou les cris que la
nature a établis pour les sentiments de joie, de crainte,
de douleur, etc. 3° Les signes d'institution, ou ceux que
nous avons nous-mêmes choisis, et qui n'ont qu'un
rapport arbitraire avec nos idées [1].

L'usage de signes institutionnels permet l'exercice de
la réflexion, « cette manière d'appliquer de nous-mêmes
notre attention tour à tour à divers objets, ou aux
différentes parties d'un seul »[2]. À ce point en effet, la
pensée n'est plus redevable pour son déploiement au
hasard des rencontres, c'est-à-dire aux signes accidentels,
et elle peut ne plus se concentrer seulement sur des
problématiques physiologiques et passionnelles, ce qui
ne serait pas le cas si elle disposait seulement de signes
naturels. « Si, maître de son attention, on la guide selon
ses désirs, l'âme alors dispose d'elle-même, en tire des
idées qu'elle ne dit qu'à elle, et s'enrichit de son propre
fonds »[3]. L'usage des mots développe les opérations de
l'entendement[4], dont le déploiement réflexif constitue

1. Condillac, *Essai sur l'origine des connaissances humaines*, éd.,
présent. et notes J.-Cl. Pariente et M. Pécharman, Paris, Vrin, 2014, I,
2, 4, § 35, p. 100.
2. *Ibid.*, I, 2, 5, § 48, p. 106.
3. Condillac, *Essai sur l'origine des connaissances humaines*,
op. cit., I, 2, 5, § 51, p. 108.
4. « Il faut dire que l'entendement n'est que la collection ou la
combinaison des opérations de l'âme. Apercevoir ou avoir conscience,
donner son attention, reconnaître, imaginer, se ressouvenir, réfléchir,
distinguer ses idées, les abstraire, les comparer, les composer, les
décomposer, les analyser, affirmer, nier, juger, raisonner, concevoir :
voilà l'entendement » (Condillac, *Essai sur l'origine des connaissances
humaines*, *op. cit.*, I, 2, 8, § 73, p. 120-121).

la raison, « connaissance de la manière dont nous devons régler les opérations de notre âme »[1]. Les mots décomposant ce qui fait l'expérience en objet sensible, ou notion complexe de substance, en qualités sensibles de cet objet, et en état de l'âme quand elle agit ou pâtit[2], permettent de la penser. En prenant l'habitude de se communiquer ces idées, les hommes s'accoutument à les déterminer c'est-à-dire à les lier à d'autres signes d'institution, et cette liaison des idées avec des signes d'institution produit des idées nouvelles. Ainsi, selon Condillac :

> le langage est ce qui permet d'analyser la pensée, aux deux sens où il représente nécessairement une pensée analysée, c'est-à-dire décomposée en éléments exprimés successivement, et où, par le caractère particulier de son arbitraire, il rend possible l'analyse de la pensée, c'est-à-dire la suite des compositions et décompositions qui, obéissant à l'ordre naturel, constituent le véritable raisonnement[3].

Que les mots puissent constituer la pensée, et pas simplement servir à exprimer une pensée déjà constituée, qu'ils aient un pouvoir analytique[4], est une thèse à l'opposé de ce que Chomsky vient chercher dans les textes de Descartes. Autant dire que ce n'est pas par erreur que Chomsky ne parle pas de Condillac ; c'est parce qu'il

1. Condillac, *Essai sur l'origine des connaissances humaines*, *op. cit.*, I, 2, 9, § 92, p. 132.

2. *Ibid.*, II, 1, 9, § 82, p. 253.

3. S. Auroux, *La sémiotique des Encyclopédistes*, Paris, Payot, 1979, p. 107.

4. Sur l'insuffisance d'une définition du langage par la fonction de communication selon Condillac, voir A. Charrak, *Empirisme et métaphysique*, *op. cit.*, p. 85-88 ; S. Auroux, *La sémiotique des Encyclopédistes*, *op. cit.*, p. 107.

fait porter son attention sur une autre configuration de la relation du langage et de la pensée, qu'il situe chez Descartes.

Pour comprendre le sens du projet de la linguistique cartésienne, il faut donc procéder à un examen systématique de la manière dont Chomsky parle de Descartes, c'est-à-dire, 1) à une description du corpus des textes cartésiens qu'il prend en vue, 2) à une analyse des raisons de son choix de ces textes, et 3) à une évaluation de ce qu'il leur fait dire, effectuée à l'aune d'une confrontation de cette lecture à ces textes pris dans leur intégralité.

Cela revient à faire un pas de côté par rapport à l'orientation générale des remarques consacrées à Descartes par les lecteurs de Chomsky, et conduites tantôt sur le mode de l'allusion aux thèses de Descartes sur le langage, tantôt sur celui de la caricature de celles-ci dans le sens de l'expression d'un inintérêt total du philosophe pour les questions linguistiques[1]. Si les propositions cartésiennes ne reçoivent pas d'attention en elles-mêmes et pour elles-mêmes, comment peut-on légitimement mettre en cause la pertinence du concept de linguistique cartésienne, comme on se le propose souvent?

Il s'agira donc ici de procéder à une étude des paramètres textuels, problématiques et conceptuels selon lesquels Chomsky fait référence à Descartes. L'enjeu est de faire droit à ce qu'il y a à penser chez Descartes en matière de langage et de langue, tout en s'assurant que ce que Chomsky voit en rapport avec le langage dans la philosophie cartésienne lui est effectivement lié.

1. Voir dans l'ordre J.-Cl. Pariente, « Grammaire générale et grammaire générative », *op. cit.*, et A. Joly, « La linguistique cartésienne : une erreur mémorable », *op. cit.*

Dans la mesure où Chomsky ne pense pas son rapport au passé dans les termes qui sont celui de l'historien de la philosophie, il n'y a plus de sens à débattre de la question de savoir si le concept de linguistique cartésienne est un outil herméneutique à même d'éclairer les difficultés auxquelles les philosophes de l'époque moderne se confrontent quand ils prennent en vue le langage. Il convient de poser le problème dans l'autre sens : qu'est-ce que Chomsky voit chez Descartes qui soit pertinent dans une perspective linguistique? Il est clair que les préoccupations d'ordre langagier sont loin d'être totalement étrangères à Descartes. Celui-ci, dans le mouvement même de l'écriture de sa philosophie, réserve en effet de la place à la question de savoir quel est le meilleur moyen de la communiquer. Ce peut être dans les *Règles pour la direction de l'esprit*, où il critique la rhétorique[1], dans les *Méditations Métaphysiques*, quand il analyse la manière dont ordonner un discours philosophique afin de produire de la conviction dans le domaine métaphysique[2], ou encore, dans le passage de la lettre-préface aux *Principes de la philosophie* où il donne des conseils au lecteur pour lire son œuvre[3]. À partir de

---

1. *Règle X* dans *Règles pour la direction de l'esprit*, AT X, p. 406; *OC*, I, p. 399.
2. *Secondes Réponses*, AT VII, p. 157-159; AT IX, p. 121-123.
3. « J'aurais aussi ajouté un mot d'avis touchant la façon de lire ce livre, qui est que je voudrais qu'on le parcourût d'abord tout entier ainsi qu'un roman, sans forcer beaucoup son attention, ni s'arrêter aux difficultés qu'on y peut rencontrer, afin seulement de savoir en gros quelles sont les matières dont j'ai traité; et qu'après cela, si on trouve qu'elles méritent d'être examinées, et qu'on ait la curiosité d'en connaître les causes, on le peut lire une seconde fois, pour remarquer la suite de mes raisons; mais qu'il ne se faut pas derechef rebuter, si on ne la peut assez connaître partout, ou qu'on ne les entende pas toutes; il faut seulement marquer d'un trait de plume les lieux où l'on trouvera

là, le problème est de savoir ce que Chomsky retient de Descartes. Comment la rencontre de Chomsky avec des textes de Descartes le conduit-elle à forger le concept de linguistique cartésienne ?

DESCARTES ET LA QUESTION DU LANGAGE

Nous traiterons cette question en référence bien sûr à *La linguistique cartésienne*, mais aussi à deux autres ouvrages de Chomsky, l'un, qui le précède immédiatement, *Aspects de la théorie syntaxique*, l'autre, qui le suit, à savoir, les trois conférences réunies sous le titre de *Le langage et la pensée*. Tandis que dans le premier de ces textes, Chomsky explique dans quel ordre de problèmes il se situe quand il aborde Descartes, dans le second, il dégage les enjeux linguistiques du complexe problématique qu'il a identifié chez l'auteur du *Discours de la méthode* et, dans le troisième, il tire une conclusion méthodologique générale s'agissant de la contribution de Descartes à la philosophie moderne et de l'usage qui peut être fait de ce dernier.

Dans *Aspects de la théorie syntaxique*, la référence à Descartes a un rôle méthodologique. Quand Chomsky prend position contre l'approche empiriste du dispositif permettant l'apprentissage du langage, en tant que ce dernier consistait dans des « mécanismes périphériques d'organisation »[1], chez Quine, Hull, Bloch et Skinner, il

---

de la difficulté, et continuer de lire sans interruption jusqu'à la fin ; puis, si on reprend le livre pour la troisième fois, j'ose croire qu'on y trouvera la solution de la plupart des difficultés qu'on aura marquées auparavant ; et que, s'il en reste encore quelques-unes, on en trouvera enfin la solution en relisant » (Lettre-préface à la traduction française des *Principes de la philosophie*, AT IX, p. 11-12).

1. *Aspects de la théorie syntaxique, op. cit.*, p. 69.

reconnaît en effet en Descartes celui des auteurs de l'âge classique chez qui se met en place l'approche rationaliste du problème de l'acquisition de la connaissance. Descartes n'est que le premier nom d'une liste d'auteurs de l'âge classique. Ce nom est suivi de ceux d'Herbert de Cherbury, de Cudworth, de Locke, de Leibniz, d'Arnauld et de Nicole, et de Humboldt. L'attribution à Descartes d'une première place dans cette série doit néanmoins être relevée, car elle ne se justifie pas par des questions d'antériorité chronologique. De fait, la citation que Chomsky, juste après avoir parlé de Descartes, donne de Lord Herbert est de 1624. Elle est donc antérieure à celles qu'il emprunte à Descartes (1647). Par ailleurs, l'ordre des auteurs évoqués montre clairement que Chomsky ne se sent pas tenu au respect à la lettre de la chronologie, sinon il ne placerait pas Cudworth avant Locke. La primauté reconnue à Descartes est donc d'ordre logique.

Selon Chomsky, les facultés mentales de traitement des données leur préexistent logiquement :

> en plus des mécanismes d'organisation périphériques, il existe des idées et des principes innés de types divers qui déterminent la forme de la connaissance acquise, d'une façon éventuellement assez restrictive et très organisée. Pour que les mécanismes innés soient mis en branle, il faut que se présente un stimulus approprié [1].

Sous le terme de rationalisme se trouve donc un schéma cognitif innéiste. Les *Notae in programma* sont là pour illustrer ce schéma, en proposant une récapitulation, un résumé de la position cartésienne en matière de théorie de la cognition. Chomsky cherche à savoir ce qui permet

---

1. *Aspects de la théorie syntaxique, op. cit.*, p. 71.

à l'esprit de percevoir les sons qu'il entend comme les signes d'idées. Il réélabore une question qui trouve au XVIIᵉ siècle ses premières formulations.

Il expose cette question en procédant à un montage de citations empruntées aux *Notae in programma*. La première de ces citations sert à rappeler l'opposition de Descartes à l'idée d'une genèse sensible des idées, et les soubassements scientifiques de sa position : sa critique de la théorie scolastique des espèces intentionnelles[1]. Selon celle-ci, nous connaissons les choses matérielles avec lesquelles nous sommes en contact sensoriel, parce que quelque chose de matériel passe d'elles jusqu'à nos yeux, ce qui fait que les propriétés des choses s'identifient à leurs propriétés sensibles. Chomsky évoque ainsi la thèse de Descartes que les idées du sensible, objet à la fois de sensation et de sentiment, se forment à l'occasion d'excitations physiologiques mesurables, sans être déterminées par celles-ci du point de vue de leur contenu[2]. Il mobilise par-là de manière opératoire deux distinctions conceptuelles cartésiennes essentielles : entre le corps et l'âme, et entre une idée et une image. Descartes

1. *Dioptrique*, AT VI, p. 85, p. 112-113 ; *OC* III, p. 150-151 et p. 169-170.

2. « Rien des objets extérieurs ne parvient à notre âme par l'intermédiaire des organes des sens, sinon certains mouvements corporels…, mais même ces mouvements, ou les figures qui en proviennent, ne sont pas conçus par nous tels qu'ils se produisent dans les organes des sens… D'où il suit que les idées des mouvements et des figures sont elles-mêmes innées en nous. Quant aux idées de la douleur, de la couleur, du son, etc., il est plus nécessaire encore qu'elles soient innées, dans la mesure où notre âme peut se les représenter à l'occasion de certains mouvements corporels ; il n'y a, en effet, aucune ressemblance entre elles et les mouvements corporels » (*Notae in programma*, AT VIII, p. 359. Cité dans *Aspects de la théorie syntaxique*, p. 71-72).

présuppose en effet que le rapport cognitif d'un individu à ce qui l'entoure ne peut être pensé dans les termes d'une conservation en l'esprit de tout ce qui est dans son environnement physique immédiat, étant donné que cet individu dispose d'idées des choses, et que les idées, qui sont représentatives, ne représentent pas les choses sur lesquelles elles portent sur le mode de l'image. Pour Chomsky, Descartes a raison de dire que c'est parce que l'homme a la capacité de penser ce qui lui est donné à observer, qu'il y parvient en effet, et que cette pensée n'est pas un décalque mental des choses, mais le produit d'une élaboration intellectuelle qui s'effectue à l'occasion de la rencontre de ces choses, et qui y renvoie sans les singer.

C'est pourquoi, dans un second temps, en glosant sans le citer un passage des *Notae* qui suit immédiatement celui qu'il vient de donner à lire, Chomsky souligne la pertinence de l'idée cartésienne du caractère fondateur de l'activité organisatrice de l'esprit en matière de construction de connaissance, c'est-à-dire de l'idée que toutes les choses individuelles externes peuvent être connues à partir des données innées. À cette fin, il indique que pour Descartes la dissymétrie entre la particularité des rencontres que nous faisons et l'universalité des concepts à notre disposition pour les penser est telle que ceux-ci ne peuvent pas ne pas procéder de la faculté que nous avons de penser. La rencontre des choses extérieures n'est que l'occasion d'appliquer ces idées à des phénomènes bien délimités.

Cet usage de la thèse cartésienne est un point essentiel dans l'économie de la pensée de Chomsky. C'est pourquoi, il la rappelle dans la séquence finale de *La linguistique cartésienne*, consacrée à l'acquisition et à l'utilisation du langage. Dans ce passage, il prend appui sur Herbert de Cherbury, en tant que dans son *De Veritate* est développée la thèse de l'existence de notions en l'esprit données par la nature et de la nécessité de leur emploi pour les faire porter sur les objets. Il reprend l'extrait des *Notae in programma* cité dans *Aspects de la théorie syntaxique*. Il convoque également un passage des *Réponses* aux *Cinquièmes Objections* :

> Et partant, lorsque nous avons la première fois aperçu en notre enfance une figure triangulaire tracée sur le papier, cette figure n'a pu nous apprendre comment il fallait concevoir le triangle géométrique, parce qu'elle ne le présentait pas mieux qu'un mauvais crayon une image parfaite. Mais d'autant que l'idée véritable du triangle était déjà en nous, et que notre esprit la pouvait plus aisément concevoir que la figure moins simple ou plus composée d'un triangle peint, de là vint qu'ayant vu cette figure composée nous ne l'avons pas conçue elle-même, mais plutôt le véritable triangle[1].

L'enjeu est clair : à travers l'exemple canonique du triangle, réalité qui ne peut se trouver comme telle dans la nature, où elle n'existe qu'à travers des réalisations irrégulières, Descartes réaffirme le caractère fondateur de l'activité organisatrice de l'esprit en matière de construction de connaissance. Ce n'est qu'à partir des données innées que toutes les choses individuelles externes peuvent être connues.

Le problème est alors celui des conditions logiques de l'articulation des idées innées et des éléments perçus : comment de telles idées peuvent-elles rendre possible une connaissance de l'expérience ?

---

1. Cette citation est donnée dans *La linguistique cartésienne*, *op. cit.*, p. 108. Elle vient d'AT VII, 382.

Afin de répondre à cette question, Chomsky procède à un montage de deux extraits des *Notae*[1]. Dans ces passages, Descartes reprend, en l'appliquant aussi à l'ouïe, l'une des principales conclusions de la *Dioptrique*, concernant la vision, et selon laquelle il n'y a pas de donation à l'âme de la figure des choses perçues. Dans ce texte, il a expliqué la formation d'images mentales par l'excitation des nerfs et la transmission au cerveau des informations qu'ils véhiculent. Ceci l'a conduit à montrer que la figure d'un objet n'est jamais donnée mais toujours construite. Il a imputé cette construction à un jugement formé à partir de la saisie de ces propriétés sensibles que sont la distance et la situation, dans un cadre conceptuel où les propriétés des corps se ramènent à deux sensibles propres à la vue[2], la lumière et la couleur, qui est un mode de la lumière, et à quatre sensibles communs, la situation, la distance, la grandeur et la figure[3].

Choisir un passage de l'œuvre de Descartes qui reprend cette conclusion en l'élargissant à un autre sens, tout en faisant lui-même l'économie d'un rappel circonstancié de l'argumentation qui la soutient permet à Chomsky de conférer le statut de faits établis aux idées cartésiennes selon lesquelles 1) les matériaux sensibles mettent en branle la capacité de penser de l'esprit en général et 2) l'action de connaître revient à « activer » des structures mentales innées latentes[4].

---

1. L'ensemble de ces citations de Descartes se trouvent dans *Aspects de la théorie syntaxique, op. cit.*, p. 71-72. La première vient d'AT VIII, p. 360, la seconde, d'AT VIII, p. 359.

2. *Dioptrique, op. cit.*, p. 140-141 ; *OC* III, p. 190-191.

3. *Ibid.*, AT VI, p. 130 ; *OC* III, p. 183.

4. « Tout au long de ces discussions classiques sur le jeu d'échange entre les sons et l'esprit dans la formation des idées, on ne fait pas

Le problème est que dans *Aspects de la théorie syntaxique*, Descartes intervient seulement en tant que tenant d'une théorie rationaliste de la connaissance, justifiée scientifiquement grâce à des travaux préalables dans le domaine de l'optique, et qui a une portée métaphysique. Certes, cette théorie peut fournir par analogie un modèle pour penser que l'apprentissage du langage se fait, en premier ressort, à l'aide d'éléments internes. Mais cette analogie paraît assez sommaire. D'une part, Chomsky est loin de reprendre à son compte la théorie cartésienne de l'esprit dans sa littéralité. C'est en termes physiques qu'il aborde cet « organe mental » qu'est le langage, ce qui illustre un remodelage du sens de la distinction cartésienne entre l'esprit et le corps. D'autre part, il ne mentionne même pas ce que Descartes pense sur le plan linguistique.

Il faut attendre *La linguistique cartésienne* pour que l'introduction explicite de Descartes dans le champ de la linguistique aille de pair avec une mise en lumière directe des propositions de cet auteur en matière de langage, de langue et de parole :

> Descartes ne consacre que quelques passages de ses écrits au langage : cependant, dans la formulation de sa conception générale, il attribue un rôle significatif à certaines observations sur la nature du langage [1].

---

de distinction stricte entre la perception et l'acquisition ; pourtant il n'y aurait aucune inconsistance à prendre pour hypothèse que les structures mentales innées latentes, une fois « activées » sont désormais disponibles pour l'interprétation des données sensibles d'une autre manière qu'auparavant » (*Aspects de la théorie syntaxique, op. cit.*, p. 74).

1. *La linguistique cartésienne, op. cit.*, p. 18.

Ce postulat de Chomsky le conduit à soumettre à l'examen la cinquième partie du *Discours de la méthode*, soit, à la différence des *Notae*, inégalement lues, un texte canonique du système cartésien. Ce dernier n'est pas abordé en termes génétiques, alors même qu'il connaît des développements dans la lettre au marquis de Newcastle du 23 novembre 1646 et celle à More du 5 février 1649. Le rejet d'une telle approche s'explique : Chomsky veut se concentrer sur le contexte problématique dans lequel les hypothèses de Descartes voient le jour, non sur les éventuelles variations dans leur formulation. L'intérêt de Chomsky pour l'approche mécaniste de la sensation mise en place par Descartes et pour l'idée de ce dernier de l'absence de légitimité qu'il y a à rendre raison de la production de la connaissance en termes purement mécaniques, le rend attentif au questionnement de ce dernier sur cet objet d'étude résistant à une explication mécaniste : le langage.

> Au long de l'étude approfondie et intensive des limites de l'explication mécanique, qui l'entraîne au-delà de la physique, jusqu'à la physiologie et à la psychologie, Descartes put se convaincre que tous les aspects du comportement animal trouvent leur explication à partir du moment où l'on postule qu'un animal est un automate. Au cours de ces recherches, il développa un important système de physiologie spéculative qui eut un grand retentissement. Or, il arriva à la conclusion que l'homme a des capacités uniques qui ne peuvent être expliquées de façon purement mécaniste, même si, dans une large mesure, on peut donner une explication mécaniste des fonctions et des comportements du corps humain. Le lieu où s'exprime la différence essentielle entre l'homme et l'animal est le langage humain, et

en particulier la capacité qu'a l'homme de former de nouveaux énoncés qui expriment de pensées nouvelles, adaptées à des situations nouvelles[1].

Chomsky rappelle ici que c'est alors qu'il aborde l'homme en termes physiologiques que le philosophe élabore des considérations sur le langage[2].

Chomsky ne considère donc pas seulement le Descartes théoricien d'un esprit disposant de capacités cognitives intrinsèques. Chomsky s'intéresse certes à l'approche cartésienne de la pensée mais c'est en tant que celle-ci a un lien intrinsèque avec le langage : 1) elle lui est antérieure logiquement, 2) ce qui permet d'attester de l'antériorité logique de la pensée sur le langage se voit dans l'usage créateur que les hommes font communément du langage.

La « créativité linguistique » est un concept de Chomsky désignant le fait que tout locuteur est capable de comprendre et de produire des phrases nouvelles, jamais entendues ou prononcés auparavant. Ce concept est au cœur de *La linguistique cartésienne* parce que c'est la philosophie cartésienne qui permet de le mettre en place. L'idée de Descartes est en effet que, parce que les hommes pensent, ils ont un comportement verbal qui n'est pas automatique et qui n'est pas non plus automatisable. L'idée de linguistique cartésienne procède donc de la conviction que les hypothèses de Descartes dans le domaine de la pensée trouvent dans le langage leur point de mise en œuvre.

---

1. *La linguistique cartésienne*, *op. cit.*, p. 18-19.
2. Nous renvoyons à notre premier chapitre pour un rappel de ce point.

Pour Chomsky, la philosophie cartésienne contribue donc à la pensée moderne parce qu'elle enquête sur la nature de l'intelligence humaine en tant que celle-ci a à se déployer dans le langage. Il est très clair sur ce point dans *Le langage et la pensée* :

> Le climat intellectuel ressemble à celui de l'Europe occidentale au XVIIe siècle. Un point particulièrement crucial dans le contexte actuel est le très grand intérêt pour les potentialités et les capacités des automates, problème qui a intrigué l'esprit du XVIIe siècle autant qu'il intrigue le nôtre. [...] [O]n commence lentement à percevoir qu'une faille significative [...] sépare le système de concepts dont nous saisissons assez bien le sens [...] et la nature de l'intelligence humaine [...]. Une telle perception est à la base de la philosophie cartésienne[1].

Chomsky prend ici en vue le système philosophique cartésien dans son ensemble, en l'analysant d'un point de vue épistémologique. Pour lui, l'intuition fondamentale qui traverse ce système est l'idée que le fonctionnement de l'esprit n'est pas intelligible si on le comprend comme une série complexe d'automatismes. Pour Descartes, c'est le fait du langage qui justifie empiriquement cette hypothèse.

On peut en déduire que le Descartes de Chomsky est moins un métaphysicien heureux dans l'art d'abstraire qu'un philosophe qui se confronte à des difficultés scientifiques bien délimitées et aux enjeux anthropologiques essentiels. Ce Descartes au travail « rencontre » le langage quand il examine ce que signifie pour un homme d'être doué de raison. Il découvre en

---

1. *Le Langage et la pensée*, *op. cit.*, p. 24-25.

effet à la fois que la raison est antérieure au langage, en tant que sa condition logique de possibilité, et qu'elle n'a d'existence concrète que dans le discours, c'est-à-dire dans l'élément linguistique. Dans quelle mesure cette interprétation est-elle fondée textuellement ?

CHAPITRE PREMIER

LA PHILOSOPHIE CARTÉSIENNE
DU LANGAGE

Selon Chomsky, « Descartes ne consacre que quelques passages de ses écrits au langage : cependant, dans la formulation de sa conception générale, il attribue un rôle significatif à certaines observations sur la nature du langage »[1]. Nous établirons la pertinence de cette lecture en montrant à quel titre Descartes s'intéresse au langage, et en élucidant les enjeux rhétoriques, logiques et grammaticaux de ses remarques sur le langage. Nous ne nions pas l'existence de différences entre Descartes et ce que Chomsky lui fait dire. Mais nous refusons une approche unilatérale de ces différences. L'adoption de ce parti pris permet en effet un gain en intelligibilité d'aspects importants de la philosophie cartésienne pourtant encore sous-évalués par les interprètes. En particulier, il éclaire d'un jour nouveau le rapport du philosophe à la logique, sans, pour autant, transformer son œuvre en la philosophie du langage qu'elle n'est pas.

---

1. N. Chomsky, *La linguistique cartésienne*, *op. cit.*, p. 18.

LANGAGE, NATURE HUMAINE ET RAISON

Descartes aborde les questions linguistiques en se plaçant sur le terrain anthropologique. On le sait, dans le traité *De l'homme*, suite inachevée au traité du *Monde*, que Descartes a refusé de publier suite à la condamnation par l'Église du *Dialogue sur les deux plus grands systèmes du monde* de Galilée, il se propose de décrire le corps, puis l'âme à part, avant de montrer « comment ces deux natures doivent être jointes et unies, pour composer des hommes qui nous ressemblent »[1]. Du premier de ces trois axes, le seul développé au bout du compte dans la version du texte éditée par Clerselier en 1664, il résulte que les fonctions vitales de l'homme peuvent être expliquées mécaniquement, parce qu'elles suivent de la seule disposition des organes du corps, de même que les mouvements d'une horloge dépendent de ses contrepoids et de ses roues[2]. À travers cette conclusion, Descartes destitue l'âme de son rôle traditionnel depuis Aristote, de principe organisateur du corps, réduisant son extension au domaine de la pensée, dont il fait le propre de l'homme. Afin de justifier cette différence anthropologique, il fait intervenir le langage, d'abord dans la cinquième partie du *Discours de la méthode*, où, comme chacun sait, il résume *De l'homme*, puis dans une lettre au marquis de Newcastle du 23 novembre 1646 et une lettre à More du 5 février 1649. Dans chacun de ces textes, il avance que seuls les hommes parlent, seuls ils disposent donc d'une capacité de penser.

---

1. R. Descartes, *Traité de l'homme*, AT XI, p. 120.

2. *Ibid.*, AT XI, p. 202. Sur le caractère inachevé de l'ouvrage, voir G. Rodis-Lewis, « La conception de "l'homme" dans le cartésianisme », in *L'anthropologie cartésienne*, Paris, P.U.F., 1990, p. 19-38, en particulier les p. 21-23.

Si la démarche de Descartes est communément mise en perspective en référence à Montaigne et à Charron, elle procède surtout de la reprise d'un lieu commun qui remonte à Aristote ainsi que de la transformation du sens et de l'enjeu de ce lieu commun. Selon Aristote :

> la nature ne fait rien en vain ; or seul parmi les animaux l'homme a un langage. Certes la voix est le signe du douloureux et de l'agréable, aussi la rencontre-t-on chez les animaux ; leur nature, en effet, est parvenue jusqu'au point d'éprouver la sensation du douloureux et de l'agréable et de se les signifier mutuellement. Mais le langage existe en vue de manifester l'avantageux et le nuisible, et par suite aussi le juste et l'injuste. Il n'y a en effet qu'une chose qui soit propre aux hommes par rapport aux autres animaux : le fait que seuls ils aient la perception du bien, du mal, du juste, de l'injuste et des autres notions de ce genre. Or avoir de telles notions en commun c'est ce qui fait une famille et une cité[1].

Aristote fait référence au langage afin de définir en quoi l'homme est « plus politique » que les autres animaux grégaires (comme l'abeille), et aussi en quoi il est « plus logique » (au double sens langage / raison) que les autres animaux parlants. Le développement de signes d'institution grâce auxquels prendre position, permet de se mettre d'accord avec autrui sur les termes de la vie en commun. Cette capacité de prendre position, qui s'exerce par le maniement de la parole, est essentielle politiquement, en tant qu'elle permet de débattre des valeurs de la communauté, de délibérer sur l'avantageux, le juste, l'utile, le bien, c'est-à-dire de se mettre d'accord avec autrui sur les termes de la vie en commun.

1. Aristote, *Les Politiques*, I, 2, trad. fr. P. Pellegrin, Paris, GF-Flammarion, 1993, 2nde éd., p. 91-92.

Dans ce cadre, 1) le concept de langage permet de penser l'homme à la fois en tant qu'il relève d'un certain genre du vivant, et que son existence individuelle engage une historicité qui doit être décryptée dans la dimension du politique ; 2) le lien entre cette nature de l'homme et ses manifestations sociétales, est présenté comme un lien de cause à effet.

Cette approche du langage comme instrument de la conventionnalité et du perfectionnement des hommes est connue de Descartes, notamment parce qu'elle est discutée dans un ouvrage topique à la Renaissance, le *Discours de la servitude volontaire*. Selon La Boétie :

> si [la nature] nous a donné à tous ce grand présent de la voix et de la parole pour nous accointer et fraterniser davantage, et faire par la commune et mutuelle déclaration de nos pensées une communion de nos volontés ; et si elle a tâché par tous moyens de serrer et estreindre si fort le nœud de nostre alliance et société ; si elle a monstré en toutes choses qu'elle ne voulait pas tant nous faire tous unis que tous uns : il ne faut pas faire doute que nous ne soions tous naturellement libres, puis que nous sommes tous compaignons ; et ne peut tomber en l'entendement de personne que nature ait mis chacun en servitude nous aiant tous mis en compagnie [1].

Que les hommes se distinguent par leur commune possession du langage, et que ce dernier joue un rôle de lien entre tous les hommes, en tant que moyen de communication des pensées, suffit à établir leur identité

---

1. É. de La Boétie, *De la servitude volontaire* ou *Contr'un suivi de sa réfutation par Henri de Mesmes*, édition et présentation de N. Gontarbert, suivi de *Mémoire touchant l'édit de janvier 1562*, présenté par A. Prassoloff, Paris, Gallimard, 1993, p. 90-91.

de nature, laquelle interdit en l'occurrence à certains hommes de se présenter comme nés pour commander à d'autres, qui seraient nés pour leur obéir. La Boétie disqualifie ainsi Aristote par Aristote : il refuse l'idée, exprimée dans la *Politique*, d'une inégalité naturelle entre les hommes qui soit à même de justifier une organisation du pouvoir ou une autre, par le moyen de l'argument aristotélicien selon lequel les hommes disposent tous du langage, instrument de l'entre-reconnaissance (donc de l'identification éthique mutuelle des sujets parlants). Il relie donc toujours questions linguistiques et anthropologiques sur le plan politique.

Descartes n'analyse pas immédiatement le langage en lien avec une étude du comportement des hommes en société. Mais ce n'est pas parce qu'il « croit passer directement de l'intériorité d'un homme à l'extériorité du monde, sans voir qu'entre ces deux extrêmes se placent des sociétés, des civilisations, c'est-à-dire des mondes d'hommes »[1], comme le dit Lévi-Strauss, dont la valorisation de la figure de Rousseau en tant que fondateur de l'ethnologie a pour contrepoint une disqualification de celle de l'auteur du *Discours de la méthode*. C'est parce qu'il entend rendre intelligible la

---

1. Cl. Lévi-Strauss, *Anthropologie structurale II*, Paris, Plon, 1973, p. 48. Dans « Descartes, théoricien des mœurs ? Éléments pour une compréhension renouvelée de l'homme cartésien » (dans F. Toto, L. Simonetta et G. Bottini (dir.), *Entre nature et histoire. Mœurs et coutumes dans la philosophie contemporaine*, Paris, Classiques Garnier, 2017, p. 93-107), nous montrons que Descartes ne fait pas fi des mœurs, car il ne pense pas l'homme comme un être désincarné ne devant sa substantialité qu'à son intériorité. Nous examinons le rôle joué dans ce cadre par les propositions cartésiennes en matière de langage.

différence anthropologique en adoptant un point de vue qui n'est pas anthropocentré[1].

C'est pourquoi, d'une part, il ne s'arrête pas « à ce qu'on dit, que les hommes ont un empire absolu sur tous les autres animaux ; car [il] avoue qu'il y en a de plus forts que nous, et croi[t] qu'il y en peut aussi avoir qui aient des ruses naturelles, capables de tromper les hommes les plus fins »[2]. Il ne veut pas réaffirmer la suprématie de l'homme sur l'animal, dans la suite du premier chapitre de la *Genèse* où Dieu ordonne aux hommes de dominer « sur les poissons de la mer, sur les oiseaux du ciel, et sur tout animal qui se meut sur la terre » (1, 28).

D'autre part, il ne s'intéresse pas non plus au supposé pouvoir symbolique exercé par l'homme sur les animaux depuis Adam. Selon ce présupposé, Adam, en nommant les animaux, les aurait faits être, Dieu ayant souhaité que « tout être vivant portât le nom que lui donnerait l'homme » (2, 19). Descartes ne pense pas qu'il y ait de langage commun issu d'Adam, et que la division des langues procède de la perte de la « justice originelle »[3]. Mais cela n'implique pas qu'il néglige le fait que

1. Précisons que nous n'étudierons pas ici la question de l'âme des bêtes, que Descartes aborde dans une perspective théologique, en tant que le fait d'avoir ou non une âme ouvre accès ou non à l'immortalité. S'il fait, dans ce cadre, une distinction entre l'homme et l'animal, comme quand il analyse le langage, il ne se soucie cependant pas de cette question, au cœur de notre présent travail.

2. À Newcastle du 23 novembre 1646, AT IV, p. 573 ; *OC* VIII-2, édition et annotations de J.-R. Armogathe, Paris, Tel-Gallimard, 2013, p. 452.

3. « Lorsque je vois le ciel ou la terre, cela ne m'oblige point à les nommer plutôt d'une façon que d'une autre, et je crois que ce serait le même, encore que nous eussions la justice originelle » (À Mersenne du 18 décembre 1629, AT I, p. 103 ; *OC* VIII-1, *op. cit.*, p. 49-50). Voir aussi G. Rodis-Lewis, *Anthropologie cartésienne, op. cit.*, p. 16 *sq.*

l'humanité a un fonctionnement symbolique, créateur en matière de culture.

LE DÉPLOIEMENT LINGUISTIQUE DE LA RAISON SELON DESCARTES

Dans la cinquième partie du *Discours de la méthode*, dans une lettre au marquis de Newcastle du 23 novembre 1646 et une lettre à More du 5 février 1649[1], textes cités par Chomsky, Descartes fait voir 1) que l'absence de borne assignable aux possibilités expressives des hommes, rend ces derniers capables d'agencer des phrases librement, selon la perspective la plus pertinente à leurs yeux dans le contexte où ils se trouvent et 2) que cette situation n'est pas celle des animaux.

1. « Le rôle crucial que Descartes assigne au langage dans sa démonstration, apparaît de façon encore plus claire lorsqu'il reprend le thème dans sa correspondance » (N. Chomsky, *La linguistique cartésienne*, *op. cit.*, p. 22). Pour nous en tenir pour l'instant aux correspondants de Descartes cités par Chomsky, relevons qu'une seconde lettre à More, en date du 15 avril 1649, n'est pas prise en compte. On y lit : « Quant aux signes que font les chiens avec leur queue, ce sont les seuls mouvements qui accompagnent les affections, et je crois qu'il faut les distinguer soigneusement de la parole, qui seule est un signe certain de la pensée qui est cachée dans le corps » (AT V, p. 344-345 ; *OC* VIII-2, p. 651-652). Chomsky ne mentionne pas non plus la lettre à***de mars 1638 citée par Derrida dans *L'animal que donc je suis*, Paris, Galilée, 2006. Cette lettre évoque la fiction de l'homme qui n'aurait jamais vu aucun autre animal que l'homme et qui pourrait distinguer un homme d'un animal grâce à deux critères, déjà évoqués dans le *Discours de la méthode* : « l'un est que jamais, si ce n'est pas hasard, ces automates ne répondent, ni de paroles ni même par signes, à propos de ce dont on les interroge ; et l'autre que, bien que souvent les mouvements qu'ils font, soient plus réguliers et plus certains que ceux des hommes les plus sages, ils manquent néanmoins en plusieurs choses, qu'ils devraient faire pour nous imiter, plus que ne feraient les plus insensés » (AT II, p. 40 ; *OC* VIII-2, p. 545).

La logique globale de l'argumentation sous-tendant sa thèse consiste à convoquer l'observation comme un ressort théorique. Descartes remarque en effet à propos des hommes, que même les idiots et les fous, d'une part, les sourds et les muets, d'autre part, ont la capacité d'exprimer leur pensée, c'est-à-dire d'utiliser des signes d'institution pour exprimer des conceptions intérieures[1] : non seulement les hommes peuvent penser faux et même tenir un discours dont le sens n'apparaît qu'à eux, mais aussi le silence de certains d'entre eux, pour des raisons physiologiques, n'est pas le signe de leur absence de pensée. De l'attention de Descartes à la variété des logiques commandant le discours des hommes, ainsi qu'à la diversité des moyens qu'ils inventent afin de s'exprimer, procède son hypothèse de la parole comme manifestation d'une pensée qui est le produit d'une élaboration propre à chacun, et qui n'est nullement déterminée organiquement. Pour Descartes, les hommes sont tous dotés de raison, c'est-à-dire encore de « bon sens », « puissance de bien juger, et distinguer le vrai d'avec le faux »[2]. Mais cette puissance ne s'exerce pas spontanément de façon droite et les chemins qu'il lui faut emprunter pour exprimer les conclusions auxquelles elle parvient ne sont pas en nombre déterminable *a priori*.

---

1. « C'est une chose bien remarquable qu'il n'y a point d'hommes si hébétés et si stupides, sans en excepter même les insensés, qu'ils ne soient capables d'arranger ensemble diverses paroles, et d'en composer un discours par lequel ils fassent entendre leurs pensées » (*Discours de la méthode*, AT VI, p. 57, *OC* III, présentation et notes G. Rodis-Lewis, complétées par D. Kambouchner avec la collaboration d'A. Bitbol-Hespériès, p. 119 ; « Les muets se servent de signes en même façon que nous de la voix », À Newcastle du 23 novembre 1646, AT IV, p. 574, *OC* VIII-2, p. 452 ; À More du 5 février 1649, AT V, p. 278 ; *OC* VIII-2, p. 647).

2. *Discours de la méthode*, AT VI, p. 1 ; *OC* III, p. 81.

Des observations sur le comportement des animaux conduisent ensuite à restreindre cette thèse aux hommes. Dans le *Discours*, Descartes affirme qu'« *on voit* que les pies et les perroquets peuvent proférer des paroles ainsi que nous, et toutefois ne peuvent parler ainsi que nous, c'est-à-dire en témoignant qu'ils pensent ce qu'ils disent »[1]. Il écrit à Newcastle qu'il ne s'est « *jamais trouvé* aucune bête si parfaite, qu'elle ait usé de quelque signe, pour faire entendre à d'autres animaux quelque chose qui n'ait point de rapport à ses passions »[2]. Il affirme à More qu'on n'a point « encore *observé* qu'aucun animal fût parvenu à ce degré de perfection d'user d'un véritable langage, c'est-à-dire qui nous marquât par la voix, ou par d'autres signes, quelque chose qui pût se rapporter plutôt à la seule pensée qu'à un mouvement naturel »[3]. L'expérience la plus quotidienne l'autorise donc à prendre du champ par rapport à l'affirmation de Montaigne et de Charron, qu'il cite dans sa lettre à Newcastle, et selon laquelle il y a plus de différence d'homme à homme, que d'homme à bête[4]. La prise en compte de cette expérience

1. *Ibid.*, p. 57 ; *OC* III, p. 119. Nous soulignons. Dans *L'animal que donc je suis, op. cit.*, p. 109-119, Derrida a analysé ces « on voit » dans le sens d'une « sémantique du témoignage » (p. 112), d'un appel « à une prétendue évidence partagée, au bon sens même » (p. 110). « L'expérience testimoniale qui, par définition, ne connaît aucune limite dans le champ du discours, est, par destination, autobiographique » (p. 112).

2. À Newcastle du 23 novembre 1646, AT IV, p. 575 ; *OC* VIII-2, p. 453. Nous soulignons.

3. À More du 5 février 1649, AT V, p. 278 ; *OC* VIII-2, p. 647.

4. Cette citation est faite dans la lettre à Newcastle, AT IV, 575 ; *OC* VIII-2, p. 453. Elle renvoie à Montaigne, *Essais*, P. Villey et V. Saulnier (éd.), préface M. Conche, Paris, P.U.F., « Quadrige », 2004, I, 42, p. 258 et II, 12, p. 452-486. L'argument est repris par Pierre Charron avec une analyse de détail dans *De la sagesse*, Leyde, chez Les Elseviers, 1646, I, chap. XLI, p. 232. Voir F. de Buzon, « L'homme

suffit en effet, selon lui, pour considérer comme dépassée la question qu'ils étudient de l'échelle des êtres sur le plan cosmologique.

Descartes, dans un bestiaire[1] comprenant aussi bien des pies, des perroquets, des singes, des chiens et des chevaux, évoque les animaux en tant qu'ils peuvent faire l'objet d'un dressage et vivre en compagnie des hommes. Il s'attache au fait que dans ce contexte, le phénomène de la parole, constitutif de la vie humaine, ne se produit pas. Les animaux peuvent bien émettre des sons, mais ceux-ci ne sont jamais des expressions de la pensée. Cette thèse, énoncée fermement dans ces trois textes, connaît un exemple très fameux, rapporté dans la lettre à Newcastle[2] : une pie peut prononcer le mot « bonjour » de manière appropriée, c'est-à-dire comme s'il s'agissait pour elle de saluer sa maîtresse au moment où elle arrive. Mais

et le langage chez Montaigne et Descartes », *Revue philosophique de la France et de l'étranger* 182, n°4, *Descartes et la tradition humaniste* (octobre-décembre 1992), p. 451-466. Des recherches sur la connaissance que Descartes pouvait avoir de l'état de l'art de la question de l'âme des bêtes ont été faites par L. Cohen Rosenfield, *From Best-Machine to Man-Machine, The Theme of Animal Soul in French Letters from Descartes to La Mettrie*, New York, Oxford University Press, 1940, p. 15-24.

1. Descartes procède à une simple mention des pies et des perroquets dans le *Discours de la méthode*. Il développe cet exemple avec l'analyse du phénomène du dressage dans sa lettre à Newcastle du 23 novembre 1646. Dans le *Discours* et dans cette dernière lettre, il évoque également des singes. La lettre à Newcastle partage avec la lettre à More du 5 février 1649 la mention de chiens et de chevaux, associée, dans ce dernier contexte, à une nouvelle référence au dressage. Finalement, dans la lettre à More, le passage sur le langage a un caractère plus thétique, dans la lettre à Newcastle, un caractère plus argumentatif. Le *Discours* propose une mise en perspective des enjeux physiologiques de la question du langage.

2. À Newcastle du 23 novembre 1646, AT IV, p. 574 ; *OC* VIII-2, p. 453.

ce comportement linguistique ne révèle pas la présence de cette pensée en la pie. Il ne s'agit que d'une imitation de l'usage humain du langage[1]. Cette imitation n'est pas l'expression d'une pensée. Elle est le résultat d'un dressage corporel. Elle est le produit d'un apprentissage prenant appui seulement sur le mécanisme corporel de la passion, puisqu'il consiste à conditionner l'animal en lui donnant une récompense toutes les fois qu'il profère l'ensemble de sons formant le mot « bonjour ».

Par suite, ce n'est pas parce que le sens des assemblages de sons auxquels les animaux procèdent spontanément ne nous apparaît pas, que nous sommes autorisés à les considérer comme autant d'éléments d'une langue irrémédiablement étrangère à l'homme. Nous ne pouvons « penser, comme quelques Anciens, que les bêtes parlent, bien que nous n'entendions pas leur langage : car s'il était vrai, puisqu'elles ont plusieurs organes qui se rapportent aux nôtres, elles pourraient aussi bien se faire entendre à nous qu'à leurs semblables »[2].

L'émission de sons ayant une cause organique, comme il y a une communauté physiologique entre l'homme et l'animal, tous deux peuvent former les mêmes sons ou presque. Or, en dépit de ces fondements physiologiques communs, il n'y a pas de communauté linguistique entre eux : « on n'a pas rencontré d'animaux qui parlent comme les hommes parlent »[3]. Alors que « la parole est l'unique signe et la seule marque assurée de la pensée

1. J.-P. Séris, *Langages et machines à l'âge classique*, Paris, Hachette, 1995, p. 20.

2. *Discours de la méthode*, AT VI, p. 58 ; *OC* III, p. 120.

3. J.-P. Séris, *Langages et machines à l'âge classique*, *op. cit.*, p. 24.

cachée et renfermée dans le corps »[1], les sons produits par les animaux traduisent leurs réactions à l'égard de la manière dont la nature qui les entoure les sollicite et les affecte corporellement[2]. Le caractère stéréotypé, répétitif, mécanique, de ces réactions interdit d'en faire l'émanation d'une pensée, forcément singulière, dont ils tiendraient lieu. Le langage est donc le propre de l'homme en tant qu'être doué de raison, « instrument universel, qui peut servir en toutes sortes de rencontres »[3].

Chomsky perçoit sans erreur les enjeux anthropologiques et linguistiques de cette thèse. Il souligne en effet que le postulat d'un principe mécanique permet de rendre compte des fonctions du corps et que celui d'une substance pensante, qui « joue le rôle de "principe créateur" »[4], explique que l'homme invente librement ce qu'il a à dire. Par là, il se montre attentif au fait que pour Descartes, la nature humaine est constituée par l'union de deux substances, ce qui fait qu'en tant que l'homme a un corps, il parle, et qu'en tant qu'il a une âme, il invente librement ce qu'il a à dire[5]. Ceci l'autorise à insister sur les fonctions attribuées au langage par Descartes : permettre aux hommes de « répondre au sens de tout ce qui se dira en [leur] présence », d'« arranger ensemble

1. « Haec enim loquela unicum est cogitationis in corpore latentis signum certum » (À More du 5 février 1649, AT V, 278 ; *OC* VIII-2, p. 647).

2. De fait, défendre l'idée que les animaux sont des machines ne revient pas à dire qu'ils sont dénués de sentiment. *Cf.* J. Cottingham, « "A Brute to the Brutes?": Descartes'Treatment of Animals », *Philosophy*, vol. 53, n°206, octobre 1978, p. 551-559.

3. *Discours de la méthode*, AT VI, p. 57 ; *OC* III, p. 119.

4. N. Chomsky, *La linguistique cartésienne, op. cit.*, p. 21.

5. Sur les problèmes posés par l'approche cartésienne de l'homme comme composé d'âme et de corps voir G. Rodis-Lewis, « le domaine propre de l'homme chez les cartésiens », dans *Anthropologie cartésienne, op. cit.*, p. 39-83, en particulier p. 41-48.

diverses paroles, [d'] en composer un discours par lequel ils fassent entendre leurs pensées »[1].

Cette insistance renouvelle le regard communément porté sur la philosophie cartésienne. Elle permet de comprendre que, pour Descartes, non seulement le fait de la pensée est la raison du langage, mais surtout la raison a un langage. Chomsky suggère que si Descartes aborde le langage dans les termes du véhicule d'un contenu mental potentiellement infini, et élaboré par chacun à sa guise, sur des questions aussi bien pratiques que théoriques, c'est qu'il considère que l'inventivité dont la parole est le lieu doit être analysée sur le plan discursif.

LA LOGIQUE CHEZ DESCARTES

Jusqu'à encore récemment, en l'occurrence jusqu'à la parution en 1966 de *La linguistique cartésienne* de Chomsky et de *Les mots et les choses* de Foucault, il n'était pas usuel de mettre le concept cartésien de raison en regard des remarques produites par son auteur en matière de langage.

L'articulation discursive de ce concept de raison est pourtant apparue aux premiers lecteurs de Descartes, pour lesquels il est clair que l'action de penser ne peut pas ne pas être étudiée sans lien avec celle de parler. Il est en effet très classique de comprendre la pensée en lien avec la parole. Pour le dire de manière très ramassée[2], soit, dans une perspective platonicienne, on aborde la pensée dans les termes d'un dialogue de l'âme

---

1. *Discours de la méthode*, AT VI, p. 56-57; *OC* III, p. 118-119.
2. Pour un développement sur ce point, nous renvoyons à Cl. Panaccio, *Le discours intérieur. De Platon à Guillaume d'Ockham*, Paris, Seuil, 1999.

avec elle-même, lui-même envisagé indépendamment de la diversité des langues instituées. Soit, dans une perspective ockhamienne, on aborde la pensée dans les termes d'un langage mental grammaticalement structuré à l'aide de catégories employées à l'analyse sémantique du discours oral. Dans un cas comme dans l'autre, le discours est la condition de la constitution et du déploiement de la pensée. C'est à ce titre que la logique est ici engagée : comme la pensée obéit à un principe de compositionnalité, sa structuration est indissociable d'une recherche de règles de composition valides.

Cette articulation du langage et de la pensée est à l'arrière-plan de nombreuses lectures de Descartes proposées à l'âge classique, par exemple à l'article « Logique » de l'*Encyclopédie* :

> Descartes, le vrai restaurateur du raisonnement, est le premier qui a amené une nouvelle méthode de raisonner. [...] En général les principes et la méthode de Descartes ont été d'une grande utilité, par l'analyse qu'ils nous ont accoutumés de faire plus exactement des mots et des idées, afin d'entrer plus surement dans la route de la vérité[1].

1) La « nouvelle méthode de raisonner » du *Discours de la méthode*, qui procède d'un examen critique de la logique et de l'analyse des géomètres et de l'algèbre[2]

---

1. Art. « Logique », dans D. Diderot et D'Alembert (dir.), *Encyclopédie ou Dictionnaire raisonné des sciences, des arts et des métiers*, Paris, Briasson-David l'aîné-Le Breton-Durand, 1751-1772 [28 volumes, dont 17 vol. de *Discours* de 1751 à 1765 et 11 vol. de planches de 1762 à 1772], réimpr. en fac-similé Stuttgart-Bad Cannstatt, Friedrich Frommann Verlag, 1966-1967 (1re éd.), 1988 (2nde éd.), t. 9, p. 638.

2. *Discours de la méthode*, AT VI, p. 17 ; *OC* III, p. 92.

permet au savant de ne plus faire d'erreur dans l'invention de ses hypothèses et de leur exposition. En défendant cette thèse, Descartes met en place des normes de l'usage de la raison. 2) Ceci s'explique par le fait qu'il considère que l'homme peut raisonner de manière rigoureuse et objective, s'il apprend à ne pas être dupe des usages linguistiques, souvent trompeurs, et s'il recentre son emploi des mots sur leur signifié. La philosophie cartésienne a donc des enjeux logiques.

Ces enjeux sont identifiés dans les premières mises en récit de l'histoire de la philosophie moderne. Dans ces textes, écrits pour certains dès le XVIIe siècle, soit la vision cartésienne du raisonnement est critiquée, comme dans les *Réflexions sur la philosophie ancienne et moderne* du père Rapin (1676), où Descartes est présenté comme celui qui « a le mieux rêvé des modernes »[1], soit elle est louée, comme dans le *Discours sur la philosophie où l'on voit en abrégé l'histoire de cette science*, où Pierre Coste[2] rappelle la valeur logique des idées claires et distinctes. Dans tous les cas, cette approche de la raison est saisie en lien avec le complexe problématique qui lui donne sens :

---

1. *Réflexions sur la philosophie ancienne et moderne*, Paris, Muguet-Barbin, 1676, 2e partie, section 8, p. 125.
2. P. Coste, « Ce n'est pas le lieu de dire avec combien d'application Mr Descartes a cherché la Vérité, ni de parler des grandes précautions qu'il a pris avant que de rien décider et de faire part au public de ses pensées ; cette petite histoire ne serait pourtant pas absolument inutile, elle disposerait infailliblement les esprits à juger favorablement de ses découvertes, car tout le monde convient qu'il n'y a point de moyen plus sûr de trouver la vérité d'une chose que de l'examiner avec soin avant que d'affirmer qu'elle est véritable » (*Discours sur la philosophie où l'on voit en abrégé l'histoire de cette science*, dans P. S. Régis, *Cours entier de philosophie, ou système général selon les principes de M. Descartes, contenant la logique, la métaphysique, la physique et la morale*, 3 vol., Amsterdam, aux dépens des Huguetan, 1691, p. 18).

celui de la réélaboration de l'objet et de la fonction de la logique à l'âge classique.

À cette époque, de très nombreux philosophes assimilent le formalisme des logiques scolastiques et ramistes à un ensemble de règles improductives, parce qu'ils entendent contribuer à une réélaboration des contours de cette discipline, et non à sa « mise en sommeil »[1], contrairement à ce que certaines présentations de l'histoire de la logique laissent penser de nos jours.

Or, Descartes constitue un exemple paradigmatique à cet égard. D'un côté, il critique la logique de son temps dans des textes comme les *Règles pour la direction de l'esprit*, la *Recherche de la vérité par la lumière naturelle*, le *Discours de la méthode* ou encore l'*Entretien avec Burman*. D'un autre côté, il ne met en doute ni la nécessité de faire appel à la logique en science, ni la capacité de cette discipline à justifier de manière solide les conclusions obtenues dans ce domaine. En ce sens, il signale dans la lettre-préface des *Principes de la philosophie* qu'il faut « étudier la logique […] celle qui apprend à bien conduire sa raison pour découvrir les vérités qu'on ignore »[2]. 1) À la question de savoir si la logique est une propédeutique à la philosophie, comme le soutient Aristote, ou une partie de la philosophie, comme l'enseignent les Stoïciens, Descartes répond en optant pour la première branche de cette alternative. Il n'est donc pas extérieur par rapport à la logique. 2) En tant qu'il se préoccupe de logique, il la pense à nouveaux

---

1. R. Blanché et J. Dubucs, *La Logique et son histoire*, Paris, Armand Colin, 1996, p. 174.

2. R. Descartes, *Lettre préface* aux *Principes de la philosophie*, AT IX, p. 13-14. Voir L. Petrescu, « Scholastic Logic and Cartesian Logic », *Perspectives on Science*, vol 26, n°5, 2018, p. 533-547.

frais, en identifiant les matériaux mentaux à l'aide desquels raisonner et la manière correcte d'agencer ces matériaux dans un raisonnement, en vue de parvenir à la vérité dans les sciences. Ses remarques sur le langage comme espace de déploiement de la raison ont donc une portée logique, dans un contexte où le mot « logique » désigne une théorie des idées et des matériaux de l'entendement humain en tant qu'il s'efforce d'acquérir des connaissances.

C'est pourquoi en France, tandis que Baillet, auteur de la grande biographie du philosophe, identifie le *Discours de la méthode* de M. Descartes à la « Logique de sa Philosophie »[1], Gassendi soutient que les *Méditations métaphysiques* mériteraient le titre de « logique de Descartes ». Dans le même esprit, en Angleterre, Wotton, dans ses *Reflections upon Ancient and Modern Learning* (1694)[2], associe le *Discours* à l'*Essai sur l'entendement humain* de Locke et à la *Medicina mentis* de Tschirnhaus, au motif qu'il s'agit là de trois contributions aux progrès de la logique à l'âge classique. Il est donc clair pour les contemporains de Descartes, qu'il s'inscrit dans le champ de la logique, en analysant les idées comme des produits de la raison.

Cette évidence autorise même certains d'entre eux à mettre au point des logiques communément dites « cartésiennes », dont les auteurs s'appuient sur des

---

1. A. Baillet, *Vie de Monsieur Descartes* [1691], Paris, Éditions des Malassis, 2012, vol. 1, p. 291.

2. W. Wotton, *Reflections upon Ancient and Modern Learning*, London, J. Leake, 1694, chap. XIII, p. 156. Voir aussi J. Buickerood, « The Natural History of the Understanding : Locke and the Rise of Facultative Logic in the Eighteenth Century », in *History and Philosophy of Logic* 6, 1985, p. 157-190.

matériaux cartésiens en le signalant au lecteur. Ainsi par exemple, Clauberg dans la *Logica vetus et nova*, et Arnauld et Nicole dans la *Logique ou art de penser*. Selon le Père Poisson, ce dernier texte constitue, « une Logique complète, qu'on pouvait appeler le Supplément de celle de Monsieur Descartes », ôtant même à Clauberg « la gloire d'avoir le mieux réussi de tous ceux qui jusqu'à présent se sont mêlé de former le jugement et d'aider la raison »[1]. De même, pour Baillet, « après ce que Clauberg professeur de Daytbourg en Allemagne, et principalement l'Auteur de l'*Art de penser* en France ont publié sur ce sujet, il n'est plus permis de se plaindre que la Philosophie de M. Descartes soit destituée d'une Logique régulière et méthodique »[2].

Comment le lien de la philosophie cartésienne avec la logique peut-il être hors de doute au XVIIᵉ siècle mais

---

1. N. Poisson, *Commentaires ou remarques sur la méthode de monsieur Descartes*, Vandosme, S. Hip, 1670, respectivement « Avis au Lecteur » et p. 12. Sur Clauberg, voir M. Savini, *Johannes Clauberg* : *Methodus cartesiana et ontologie*, Paris, Vrin, 2011. Dans les chapitres consacrés à la logique par les manuels de philosophie cartésienne rédigés dans la seconde moitié du XVIIᵉ siècle, des passages de la *Logique* de Port-Royal sont souvent repris au titre de la logique de Descartes. Par exemple, la partie logique du *Entire Body of Philosophy According to the Principles of the Famous René Descartes* d'A. Le Grand (London, Thoemmes Continuum, 2003, fac-similé.), fait sienne la conception de la logique mise en place par ce texte. Régis, dans la partie logique de son *Système général selon les Principes de Descartes*, qui paraît en 1690, propose la *Logique* en extrait et abrégée, avec quelques modifications. Voir P.-S. Régis, *Système de philosophie contenant la logique, métaphysique, physique et morale*, Paris, Denys Thierry, 1690, p. 30-31. Voir R. Ariew, « Descartes, les premiers cartésiens et la logique », *Revue de métaphysique et de morale* 49, janvier 2006, p. 55-71 et « The Nature of Cartesian Logic », *Perspectives on Science*, vol. 29, n°3, 2021, p. 255-291.

2. A. Baillet, *Vie de Monsieur Descartes*, *op. cit.*, p. 357.

ne plus apparaître aux lecteurs du XXIᵉ siècle? L'absence d'isomorphisme entre le mode d'être des choses, les modes d'être de la pensée et les modes de signifier du langage conduit Descartes à se concentrer sur l'activité de penser. Comment les raisons de sa démarche, qui sont d'ordre logique, peuvent-elles disparaître? Nous allons voir comment certains de ses lecteurs en viennent à penser qu'il ne dit rien du lien entre la raison et le langage, et donc qu'il se soucie de psychologie mais pas de logique.

À partir de la deuxième moitié du XVIIIᵉ siècle, la fréquente promotion de Descartes au titre d'inventeur de la raison moderne dans une histoire de la philosophie classique qui le pose en fondateur du « rationalisme », est allée de pair avec une mise entre parenthèses de l'étude des modalités de construction du concept de raison à l'intérieur de sa philosophie en lien avec l'horizon de problèmes qui est le sien. Cela s'explique par la progressive prise en compte en elle-même et pour elle-même de la présentation « mythologique » donnée de sa philosophie par Descartes. En faisant de la raison le seul et unique point de départ de l'activité philosophique, idée au cœur du *Discours de la méthode* et des *Méditations métaphysiques*, où il rapporte la philosophie à l'œuvre d'un esprit solitaire, le philosophe « a soigneusement effacé et nié les traces de son héritage historique pour constituer le mythe du commencement radical de la raison »[1]. Pourtant, comme Blumenberg l'a montré, il ne peut pas vraiment avoir « pour ainsi dire d'un seul coup et avec une grande facilité tiré un trait

1. H. Blumenberg, *La légitimité des temps modernes*, trad. fr. M. Sagnol, J.-L. Schlegel, D. Trierweiler, avec la collaboration de M. Dautrey, Paris, Gallimard, 1999, p. 207.

sur les opinions et les préjugés de la tradition »[1] pour se créer lui-même méthodiquement. Par exemple, quand il imagine un malin génie pour en faire l'élément d'une stratégie argumentative visant à dégager les conditions dans lesquelles la raison peut s'affirmer légitimement, il ne fait que retravailler des problématiques théologiques, centrales au Moyen Âge, tout en prenant de la distance par rapport à elles. Son usage du concept de raison au service d'une représentation de l'activité philosophique comme expression fondamentale de la liberté des hommes en tant qu'ils sont des êtres doués de conscience, n'en a pas moins été pris au pied de la lettre, en faisant fi du contexte culturel historiquement déterminé duquel il relève, et des présupposés linguistiques sur lesquels il repose.

Ces lectures, qui ont fondé une héroïsation de la figure de Descartes, ont permis de justifier des entreprises philosophiques postérieures, comme celle de l'idéalisme allemand. Hegel, dans ses *Leçons sur l'histoire de la philosophie*, a pu dire en ce sens que « René Descartes est de fait le véritable initiateur de la philosophie moderne, en tant qu'il a pris le penser pour principe », car s'il ne s'est pas élevé jusqu'à la « raison spéculative »[2], il a rendu possible une telle direction.

Cette attention portée au concept cartésien de raison faisant fi de la relation au langage qui est la sienne a aussi eu un effet retour problématique en matière d'interprétation de la philosophie cartésienne, autorisant à développer l'idée, à présent usuelle, selon laquelle Descartes réduirait l'homme à un être pensant qui ne

---

1. H. Blumenberg, *La légitimité des temps modernes*, *op. cit.*, p. 205.

2. G. W. F. Hegel, *Leçons sur l'histoire de la philosophie*, trad. fr. P. Garniron, Paris, Vrin, 1985, p. 1384.

devrait sa substantialité qu'à son intériorité. Telle est la position de phénoménologues comme Husserl, quand il reprend à son compte l'attribution cartésienne des fondements de la connaissance à la subjectivité pensante [1]. Telle est aussi l'idée de philosophes anglo-saxons comme Ryle, pour qui l'approche cartésienne de l'esprit dans les termes d'une réalité immatérielle connaissable seulement par introspection, c'est-à-dire de manière privée, est inintelligible [2]. Ces lectures de Descartes ne retiennent de sa pensée que le concept de *cogito*, en mettant entre parenthèses la question de savoir ce que cette chose pensante qu'est minimalement un homme pourrait bien avoir à dire et à écrire.

C'est pourquoi, à partir du XIXe siècle, les historiens de la logique en sont venus à ramener la philosophie cartésienne à l'expression d'une pensée de la subjectivité, soucieuse seulement des conditions dans lesquelles ce qui apparaît à l'*ego cogitans* peut être reconnu comme vrai. Ils ont communément interprété l'intérêt de Descartes pour le modèle cognitif de la vue dans le sens d'une indifférence du philosophe à l'égard des questions de langage et de construction logique des étapes d'un raisonnement. Dans les *Règles pour la direction de l'esprit*, marquées par le primat de l'intuition, dans les *Méditations métaphysiques*, marquées par la distinction entre idée et image, Descartes

1. E. Husserl, *Philosophie première I. Histoire critique des idées*, trad. fr. A. L. Kelkel, Paris, P.U.F., 1990 [1970 pour la 1re édition], p. 81-107.

2. G. Ryle sur le « dogme du fantôme dans la machine » : « l'injure est délibérée. J'espère montrer que cette théorie est complètement fausse, fausse en principe et non en détail car elle n'est pas seulement un assemblage d'erreurs particulières mais une seule grosse erreur d'un genre particulier, à savoir une erreur de catégorie » (*La notion d'esprit*, trad. fr. S. Stern-Gillet, Paris, Payot, 1978, p. 81).

prend de la distance par rapport à l'idée de langage mental, entendu à partir d'Ockham comme ensemble composé selon certaines règles syntaxiques d'unités dotées de propriétés sémantiques[1]. Il est alors tenu pour le principal responsable de la pauvreté de la contribution de l'âge classique au développement de la logique moderne. Dans ces textes, l'accent est mis essentiellement, d'une part, sur le moment de la naissance de cette discipline, de l'*Organon* aristotélicien à la conception du raisonnement mise en place dans le stoïcisme par Chrysippe et ses successeurs, et d'autre part, sur le développement de la logique mathématique à partir du début du XIXe siècle, suite aux travaux d'analyse de la logique de Boole et à l'entreprise frégéenne de logicisation de l'arithmétique[2]. Certes, un silence complet n'est pas observé sur ce qui se passe entre ces deux pôles[3] et par conséquent aussi au XVIIe siècle[4]. Mais dans ce cadre, il n'est rien dit de la conception cartésienne du lien entre la raison et le langage.

Pourtant, la préoccupation de Descartes pour des questions qu'on dirait aujourd'hui psychologiques, autour d'un examen des opérations de l'esprit productrices de

1. J. Biard, *Le Langage mental du Moyen-âge à l'âge classique*, Leuven, Peeters, 2009, p. 6.
2. Voir par exemple : H. Scholz, *Abriss der Geschichte der Logik*, Freiburg-München, Karl Alber Verlag, 1931[1], 1959[2]; trad. fr., *Esquisse d'une histoire de la logique*, Paris, Aubier, 1968; I.-M. Bochenski, *Formale Logik*, Freiburg-München, Karl Alber Verlag, 1956; W. et M. Kneale, *The Development of Logic*, Oxford, Clarendon Press, 1962; R. Blanché, *La Logique et son histoire*, *op. cit.*
3. Pour un état de l'art récent, voir notre article « Introduction: Logic and Methodology in the Early Modern Period », *Perspectives on Science*, vol. 29, n°3, 2021, p. 237-254.
4. Plusieurs des textes logiques importants de la période ont évidemment été étudiés dans leur singularité. Voir *ibid.*

certitude, ne peut pas vraiment traduire un inintérêt de sa part pour la logique. En effet, s'il ne s'est jamais prétendu logicien, il est un acteur et un penseur de la science moderne. Il doit donc disposer d'un savoir logique, c'est-à-dire de critères pour distinguer le vrai du faux et de théories en matière de construction du raisonnement et du discours. Par suite, l'élucidation du programme cartésien en matière de théorie de l'esprit et de théorie la connaissance ne saurait s'effectuer sans prise en considération des questions de langue et de langage.

Il faut aller plus loin que Jean Laporte, dans *Le rationalisme de Descartes*, une enquête sur l'absence de pertinence qu'il y a à accoler à la philosophie de Descartes l'étiquette de « rationalisme ». Laporte insiste sur l'idée que pour Descartes « savoir se réduit à voir »[1], sans poser la question de la relation entre le langage et la pensée chez cet auteur[2]. Il rappelle les critiques adressées par Descartes à la « logique aristotélicienne », en tant qu'elle prétendrait faire du syllogisme autre chose qu'un instrument d'exposition. En pointant la stérilité et le formalisme de la syllogistique selon Descartes, il met en lumière l'équivalence établie par ce dernier entre l'usage rhétorique de la parole et l'absence de pensée. Dans l'analyse qu'il livre de sa méthode de la connaissance, il mobilise ainsi de manière opératoire la thèse du philosophe de l'antériorité de la pensée sur le langage. Mais il ne se demande ni de quelle manière cet auteur élabore son idée de priorité logique de la pensée sur le

---

1. J. Laporte, *Le rationalisme de Descartes*, Paris, P.U.F., 1945, p. 21.

2. Il n'analyse pas la définition de la raison comme « instrument universel qui sert en toutes sortes de rencontres », donnée dans la cinquième partie du *Discours* dans le contexte de la réflexion sur le langage.

langage, ni ce qui, selon lui, permet au langage d'exprimer la pensée. Pourtant, que Descartes mette en doute la possibilité même d'un raisonnement qui découlerait d'un protocole machinal ne veut pas dire qu'il promeut l'action de penser en faisant fi de sa mise en mots. C'est l'inverse : le choix des signes, conséquence d'une pensée nécessairement circonstanciée, est le moyen de déployer cette pensée.

Ce sont ces analyses du déploiement linguistique de la raison qui donnent consistance à la thèse cartésienne suivant laquelle la recherche de la vérité dans les sciences est possible dès l'instant que la raison a une vue claire de l'objet qu'elle étudie.

Descartes présente la raison dans les termes d'une puissance cognitive, même quand il se place dans un contexte pratique. Il proclame souvent la naturalité de la raison, ce qui revient à installer de manière très classique l'homme entre « l'animal sans raison »[1], et Dieu, qui donne l'usage de la raison[2], et auquel elle est incapable

---

1. Voir par ex. : « si nous étions aussi accoutumés à voir des automates, qui imitassent parfaitement toutes celles de nos actions qu'ils peuvent imiter, et à ne les prendre que pour des automates, nous ne douterions aucunement que *tous les animaux sans raison* ne fussent aussi des automates, à cause que nous trouverions qu'ils diffèrent de nous en toutes les mêmes choses, comme j'ai écrit p. 56 de la *méthode* » (À Mersenne 30 juillet 1640, AT III, 121 ; *OC* VIII-1, p. 386) ; et « pour *les animaux sans raison*, il est évident qu'ils ne sont pas libres, à cause qu'ils n'ont pas cette puissance positive de se déterminer ; mais c'est en eux une pure négation, de n'être pas forcés ni contraints » (À Mesland 2 mai 1644, AT IV, 117 ; *OC* VIII-1, p. 612).

2. À Mersenne : « [votre question de théologie] est plutôt métaphysique et se doit examiner par la raison humaine ; or j'estime que tous ceux à qui *Dieu a donné l'usage de cette raison*, sont obligés de l'employer principalement pour tâcher à le connaître, et à se connaître eux-mêmes » (15 avril 1630, AT I, p. 144 ; *OC* VIII-1, p. 72). Nous soulignons.

de donner accès à elle seule[1]. À ses yeux, il revient à la raison de servir de « guide » à l'homme[2], de le conseiller[3] quant à l'orientation à donner à son existence.

L'attribution de ce rôle pratique à la raison s'explique en termes théoriques. On l'a rappelé plus haut, la raison, qui est « la chose du monde la mieux partagée »[4], est en effet synonyme de « puissance de bien juger, et distinguer le vrai d'avec le faux », c'est-à-dire de « bon sens »[5]. Or, selon Descartes, en tant que les hommes ont la capacité d'accéder au vrai, ils peuvent reconnaître ce qui est bien pour eux.

> Notre volonté ne se portant à suivre ni à fuir aucune chose, que selon que notre entendement lui représente bonne ou mauvaise, il suffit de bien juger, pour bien faire, et de juger le mieux qu'on puisse, pour faire aussi tout son mieux, c'est-à-dire, pour acquérir toutes les vertus, et ensemble tous les autres biens, qu'on puisse acquérir ; et lorsqu'on est certain que cela est, on ne saurait manquer d'être content[6].

1. Dans une lettre à Mersenne du 28 octobre 1640, Descartes évoque le « mystère de la Trinité, qui est de la foi, et ne peut être connu par *la seule raison naturelle* » (AT III, p. 216 ; *OC* VIII-2, p. 420). Nous soulignons.

2. À propos de Sénèque : « un philosophe tel que lui qui, n'étant point éclairé par la foi, n'avait que la *raison naturelle* pour guide » (À Élisabeth du 4 août 1645, AT IV, p. 263 ; *OC* VIII-2, p. 209). Nous soulignons.

3. Par exemple, « puisque nous avons suivi le conseil de notre raison, nous n'avons rien omis de ce qui était en notre pouvoir » (*ibid.*, AT IV, p. 266 ; *OC* VIII-2, p. 211).

4. *Discours de la méthode*, AT VI, p. 1. ; *OC* III, p. 81.

5. *Ibid.*, p. 2 ; *OC* III, p. 81-82.

6. *Ibid.*, p. 28 ; *OC* III, p. 99-100. La complexification ultérieure de ce schéma par Descartes ne remettra pas en cause l'idée qu'en droit, le pratique est une conséquence du théorique.

Dans la mesure où les choix dépendent des représentations que se forment les hommes, l'accès au bonheur requiert de savoir déterminer ce qui vaut la peine d'être désiré, à savoir en l'occurrence, moins les biens du corps et de la fortune, qui ne dépendent pas de nous, comme la santé et les honneurs, que les biens de l'âme comme la sagesse et la vertu, dont l'obtention dépend de nous [1]. Pour vivre bien, il faut savoir « voir » les choses.

Mais ce savoir n'a rien d'immédiat, il n'est pas d'obtention aisée et sa mise en œuvre n'est jamais donnée non plus. C'est de ces trois difficultés que l'analyse de la raison cartésienne dans son déploiement linguistique permet de prendre toute la mesure. Descartes assimile en effet la raison à la ressource mentale dont « l'usage entier » [2], permettant à l'homme de réfléchir sur ce qui peut être acquis par sa conduite, sert à éviter le repentir, « une espèce de tristesse qui vient de ce qu'on croit avoir fait quelque mauvaise action », et le remords, « une espèce de tristesse qui vient du doute qu'on a qu'une chose qu'on fait ou qu'on a faite n'est pas bonne » [3]. La raison constitue un mode de gouvernement de soi à l'autorité légitime, ce qui n'est le cas ni du gouvernement par les appétits ni du gouvernement par les précepteurs, qui paralysent l'enfant parce qu'ils sont tous deux également tyranniques et dogmatiques [4]. Descartes caractérise en ce sens la vertu, c'est-à-dire les

1. Sur cette distinction conceptuelle, voir À Élisabeth du 4 août 1645 AT IV, 264 ; *OC* VIII-2, p. 209-210 et À Christine de novembre 1647, AT V, p. 82-83.

2. *Discours de la méthode*, AT VI, p. 13 ; *OC* III, p. 89.

3. *Passions de l'âme*, AT XI, respectivement p. 472-473 et p. 464.

4. *Discours de la méthode*, AT VI, p. 13 ; *OC* III, 89. Voir aussi « Ces messieurs les docteurs, qui prennent pour règle de la vérité les

bonnes habitudes de comportement, comme la « ferme et constante résolution (d'un homme) d'exécuter tout ce que la raison lui conseillera, sans que ses passions ou ses appétits l'en détournent »[1]. Ainsi, la raison n'opère pas nécessairement en régime de vérité : même un choix fait par un homme s'employant à « cultiver »[2] sa raison, peut tout à fait s'avérer une erreur *a posteriori*. Cela ne doit pas susciter de regret, car « il n'y a que Dieu qui sache parfaitement toutes choses »[3].

Cette thèse d'ordre éthique, s'inscrit dans le cadre d'un questionnement sur la manière dont l'esprit doit s'y prendre pour penser vraiment, c'est-à-dire a) pour actualiser la puissance cognitive qui le constitue et b) pour exercer cette puissance en faisant le moins d'erreurs possible. De fait, Descartes dit bien que pour penser sur un objet, c'est-à-dire pour parvenir à une conclusion le concernant, il faut être capable de construire à son propos des « chaines de raisons »[4]. Il ramène l'acte de raisonner à celui d'enchaîner des jugements, raisons d'avancer dans un sens plutôt que dans un autre.

Il ne peut le faire que parce qu'il prend en compte les questions de langage. Ses analyses sur le langage lui permettent de comprendre pourquoi la capacité logique naturelle de l'esprit ne se déploie pas rigoureusement

opinions d'Aristote plutôt que l'évidence de la raison » (À Pollot du 6 octobre 1642, III, 577 ; *OC* VIII-2, p. 173).

1. À Élisabeth du 4 août 1645. AT IV, p. 265 ; *OC* VIII-2, p. 210.

2. « Je pensai que je ne pouvais mieux que d'[…]employer toute ma vie à cultiver ma raison et m'avancer autant que je pourrais en la connaissance de la vérité, suivant la méthode que je m'étais prescrite » (*Discours de la méthode*, AT VI, p. 27 ; *OC* III, p. 99).

3. À Élisabeth du 15 septembre 1645, AT IV, p. 291 ; *OC* VIII-2, p. 226.

4. *Discours de la méthode*, AT VI, p. 19 ; *OC* III, p. 93.

d'elle-même, et comment il est envisageable de mettre un terme à cette dissymétrie. En l'occurrence, on verra que ses propositions en matière linguistique lui servent à résoudre trois problèmes qu'il rencontre quand il construit son projet philosophique de matière de théorie de la connaissance : le problème de la prégnance des idées obscures et confuses dans l'usage spontané de la pensée, le problème de l'identification des ressources mentales grâce auxquelles procéder à l'invention d'un raisonnement vrai, le problème des outils méthodologiques garantissant la résolution correcte d'une question scientifique.

Nous établirons donc a) que pour Descartes, même si la pensée précède en théorie le langage, dans les faits l'usage des mots bloque communément le déploiement droit de la pensée, car il peut induire en erreur. Outre que la pensée en question peut être fausse, le langage, qui doit l'exprimer, n'est pas qu'un *medium*, dénué de consistance propre. Cette thèse motive, côté *destruens*, une critique de la rhétorique, et, côté *construens*, l'hypothèse selon laquelle penser revient à restaurer une conception en déconstruisant l'usage commun des signes.

Nous étudierons ensuite les deux problèmes, respectivement logique et grammatical, soulevés par cette approche. b) Comment Descartes peut-il à la fois élaborer une théorie du discours et proposer une définition de la pensée comme aperception [1], qui semble mettre au second plan les considérations discursives ? c) En quelle langue parler et en quelle langue penser ? La parole étant vouée

---

1. « Par le nom de *pensée*, j'entends tout ce qui est tellement en nous que nous en sommes immédiatement connaissants » (début de la définition 1 de l'Abrégé Géométrique des *Secondes Réponses*, AT IX, p. 124 ; AT VII, p. 160).

à l'énoncé d'opinions aussi variées qu'il y a d'auteurs pour les proférer, Descartes en vient à promouvoir un art d'écrire plutôt qu'un art de parler. Mais comment peut-il orienter le questionnement linguistique vers l'écrit sans tenir compte de la diversité de langues ?

QUESTIONS DE RHÉTORIQUE

Descartes ne se contente pas de poser que seuls les hommes sont « capables d'arranger ensemble diverses paroles, et d'en composer un discours par lequel ils fassent entendre leurs pensées ; et qu'au contraire, il n'y a point d'autre animal, tant parfait et tant heureusement né qu'il puisse être, qui fasse le semblable »[1]. Il soutient qu'il n'est pas acquis que la pensée sur le point d'être exprimée soit rigoureusement élaborée et que les mots utilisés pour la saisir soient choisis avec pertinence. Ceci le conduit à penser la rhétorique à nouveaux frais.

C'est un point remarquable[2] ; au cœur de la définition de l'idée donnée dans les *Méditations*, se trouve énoncée la thèse que les mots représentent les idées, et que leur usage et leur articulation les uns avec les autres dépend de la précision de la conception de celles-ci :

> Par le nom d'*idée*, j'entends cette forme de chacune de nos pensées, par la perception immédiate de laquelle nous avons connaissance de ces mêmes pensées. En telle sorte que je ne puis rien exprimer par des paroles,

1. *Discours de la méthode*, AT VI, p. 57 ; *OC* III, p. 119.
2. On a souvent soutenu l'inverse, par exemple Michael Losonsky : « The underlying theme in Descartes' discussions of language is that language is wholly parasitic on thought and that mind is wholly independent of language », *Linguistic Turns in Modern Philosophy*, Cambridge, Cambridge University Press, 2006, p. 72.

lorsque j'entends ce que je dis, que de cela même il ne soit certain que j'ai en moi l'idée de la chose qui est signifiée par mes paroles. Et ainsi je n'appelle pas du nom d'idée les seules images qui sont dépeintes en la fantaisie ; au contraire, je ne les appelle point ici de ce nom, en tant qu'elles sont en la fantaisie corporelle, c'est-à-dire en tant qu'elles sont dépeintes en quelques parties du cerveau, mais seulement en tant qu'elles informent l'esprit même, qui s'applique à cette partie du cerveau[1].

1) Descartes aborde l'idée du point de vue de sa fonction représentative, par quoi elle est « comme l'image d'une chose », pour reprendre la première caractérisation qu'il en donne, dans la *Troisième méditation*, alors qu'il distingue l'idée du jugement et de l'affection.

2) Il distingue l'idée de l'image, c'est-à-dire a) revoit l'identification qu'il pose entre les deux concepts dans la *Dioptrique*[2], et b) répond aux objections suscitées par cette dissociation, par exemple chez Caterus ou chez Hobbes[3].

3) L'affirmation « Je ne puis rien exprimer par des paroles, lorsque j'entends ce que je dis, que de cela même il ne soit certain que j'ai en moi l'idée de la chose qui est signifiée par mes paroles » fonde la thèse de l'irréductibilité de l'idée à l'image sur une différence du point de vue de la réalité formelle : des paroles tirent leur signification a) de l'acte de correspondre par convention

1. AT IX, p. 124.

2. *Dioptrique*, AT VI, p. 85, p. 131, p. 144, p. 210 ; *OC* III, p. 151, p. 183, p. 193, p. 238.

3. Pour Caterus, voir *Premières Réponses*, AT VII, p. 101-103 ; AT IX, p. 81-82. Pour Hobbes, voir *Troisièmes Réponses*, AT VII, p. 179-181 ; AT IX, p. 139-141.

à des idées présentes à l'esprit, b) de l'effort intellectuel de l'esprit pour s'assurer de cette correspondance[1].

Ces remarques sur la signification sont préparées dans une lettre à Mersenne de juillet 1641 portant sur l'idée de Dieu. À propos de l'un de ses contradicteurs dans les *Méditations*, Descartes écrit :

> Si donc il veut prendre le mot d'idée en la façon que j'ai dit expressément que je le prenais, sans s'arrêter à l'équivoque de ceux qui le restreignent aux seules images des choses matérielles qui se forment dans l'imagination, il lui sera facile de reconnaître que, par l'idée de Dieu, je n'entends autre chose que ce que tous les hommes ont coutume d'entendre lorsqu'ils en parlent, et que ce qu'il faut aussi de nécessité qu'il ait entendu lui-même ; autrement, comment aurait-il pu dire que Dieu est infini et incompréhensible, et qu'il ne peut pas être représenté par notre imagination ? Et comment pourrait-il assurer que ces attributs, et une infinité d'autres qui nous expriment sa grandeur, lui conviennent, s'il n'en avait l'idée ? Il faut donc demeurer d'accord qu'on a l'idée de Dieu, et qu'on ne peut pas ignorer quelle est cette idée, ni ce que l'on doit entendre par elle ; car sans cela nous ne pourrions

---

1. Ce phénomène s'illustre clairement face à Hobbes, pour qui il ne peut y avoir deux idées du soleil au même moment à l'esprit, l'une venant des sens, l'autre « des raisons de l'astronomie », et pour qui la seconde n'est pas l'idée du soleil, « sed collectio per argumenta ideam solis multoties fore majorem, si multo proprius spectaretur ». Descartes répond : « hic quoque quod dicitur non esse idea solis, et tamen describitur, est idipsum quod ego ideam voco » (AT VII, p. 184 ; AT IX, p. 143). Dans *L'idea di Dio in Descartes. Dalle* Meditationes *alle* Responsiones, Milan, Mondadori Education, 2010, p. 186 *sq.*, I. Agostini a souligné le caractère essentiel de ce « tamen describitur » : l'expression d'un contenu mental en mots est le signe que l'on est bien face à une idée.

rien connaître de Dieu. Et l'on aurait beau dire, par exemple, qu'on croit que *Dieu est*, et que quelque attribut ou perfection lui appartient, cela ne serait rien dire, puisque cela ne porterait aucune signification à notre esprit ; ce qui serait la chose la plus impie et la plus impertinente du monde [1].

Le nom de Dieu désigne à la fois ce qui est conforme à l'usage établi par les théologiens, à savoir une série d'attributs, et ce qui se trouve en l'esprit de tout homme qui le mentionne et qui s'en sert dans un discours, dans un raisonnement où il cherche à le connaître. De cette adéquation entre l'usage d'un terme et son référent, Descartes conclut que si l'on peut parler vraiment d'un objet, et même tenter de s'exprimer à son sujet en connaissance de cause, c'est pour autant que l'on a cerné sa signification, c'est-à-dire identifié mentalement quelques-unes de ses caractéristiques principales. En d'autres termes, a) un mot signifie une idée, b) des paroles sont sensées, c'est-à-dire *a minima* cohérentes, et, dans le meilleur des cas, exactes, si celui qui les prononce a présentes à l'esprit les idées dont elles sont le signe et s'il s'y rend attentif, bref s'il réfléchit sur ce qu'il a l'intention de dire [2].

Le lien entre les idées et mots n'est pas à comprendre comme un lien de traduction d'un atome sémantique par un terme unique. En effet, l'unicité de l'idée ne la réduit pas à une appréhension mentale simple : son unicité n'entraîne pas une unicité de termes dans le discours

---

1. À Mersenne de juillet 41, AT III, p. 393-394 ; *OC* VIII-1, p. 471-472.

2. S. di Bella souligne que Descartes fait de l'analyse des idées la condition nécessaire d'un usage signifiant du langage (« Language » in L. Nolan (ed.), *The Cambridge Descartes Lexicon*, Cambridge, Cambridge University Press, 2016, p. 435).

visant à l'exposer. Descartes est très clair à ce sujet dans une lettre à Mersenne :

> Je n'entends pas bien la question que vous me faites, savoir si nos idées s'expriment par un simple terme ; car les paroles étant de l'invention des hommes, on peut toujours se servir d'une ou de plusieurs, pour expliquer une même chose ; mais j'ai expliqué, en ma Réponse *ad Primas Objectiones*, comment un triangle inscrit dans un carré peut être pris pour une seule idée, ou pour plusieurs. Et enfin, je tiens que toutes celles qui n'enveloppent aucune affirmation ni négation, nous sont *innatae* ; car les organes des sens ne nous rapportent rien qui soit tel que l'idée qui se réveille en nous à leur occasion, et ainsi cette idée a dû être en nous auparavant [1].

Si le langage est la manifestation sensible et externe de la représentation interne, les signes linguistiques sont conventionnels, mais pas les idées, qui rendent compte des choses en elles-mêmes. Une idée ne s'exprime donc pas nécessairement par un seul terme [2]. L'unicité d'une idée doit être rapportée à celle de l'acte de l'appréhender. En ce sens, Descartes distingue l'idée de la proposition [3] :

> J'ai tiré la preuve de l'existence de Dieu de l'idée que je trouve en moi d'un Être souverainement parfait, qui est la notion ordinaire que l'on en a. Et il est vrai que la simple considération d'un tel Être nous conduit

1. À Mersenne du 22 juillet 1641, AT III, p. 417-418 ; *OC* VIII-1, p. 475-476.

2. E. Scribano, « La conoscenza di Dio nelle lettere di Descartes », in *La biografia intellettuale di Descartes*, R. Armogathe, G. Belgioioso, C. Vinti (a cura di), Napoli, Vivarium, 1999, p. 433-454. Sur cette lettre, il faut aussi consulter G. Mori, « Hobbes, Descartes, and Ideas: A Secret Debate », *Journal of the History of Philosophy* 50, n°2, 2012, p. 197-212.

3. À Mersenne de juillet 1641, AT III, 396 ; *OC* VIII-1, p. 473.

> si aisément à la connaissance de son existence, que
> c'est presque la même chose de concevoir Dieu,
> et de concevoir qu'il existe; mais cela n'empêche
> pas que l'idée que nous avons de Dieu, ou d'un Être
> souverainement parfait, ne soit fort différente de cette
> proposition : *Dieu existe*, et que l'un ne puisse servir de
> moyen ou d'antécédent pour prouver l'autre[1].

Descartes fait référence ici à la preuve de l'existence
de Dieu par l'idée de parfait, donnée dans la *Cinquième
Méditation*, et selon laquelle le fait de disposer de l'idée
de Dieu, qui possède toutes les perfections, constitue
la preuve de son existence, selon un processus logique
consistant à passer de l'analyse d'une idée à un jugement
concernant l'objet sur lequel cette idée porte[2]. D'une
observation méthodique de ce que l'on conçoit à travers
l'idée de Dieu, on peut tirer une conséquence à son
sujet. Il y a une différence, qui a à s'exprimer dans la
langue, entre ce que contient une idée et ce que l'on juge
à partir et à propos de cette idée.

Mais il n'y a pas nécessairement une asymétrie entre
un être idéel unique et un support linguistique marqué
par la multiplicité. Soit donc l'idée de triangle inscrit
dans un carré :

> Si je considère un triangle inscrit dans un carré, non
> afin d'attribuer au carré ce qui appartient seulement
> au triangle, ou d'attribuer au triangle ce qui appartient
> au carré, mais pour examiner seulement les choses qui
> naissent de la conjonction de l'un et de l'autre, la nature
> de cette figure composée du triangle et du carré ne sera
> pas moins vraie et immuable, que celle du seul carré ou
> du seul triangle[3].

1. À Mersenne de juillet 1641, AT III, p. 396 ; *OC* VIII-1, p. 473.
2. AT IX, p. 53.
3. *Réponses aux Premières Objections*, IX, 93.

Cette idée peut être composée en toute rigueur à partir de la combinaison de ces deux figures mathématiques simples que sont le triangle et le carré. De cette composition, son nom, lui-même composé, porte la trace logique, puisqu'il indique la manière dont l'idée de triangle et l'idée de carré sont assemblées (*via* l'inscription du premier dans le second). Descartes n'associe donc pas à un atomisme sémantique, en vertu duquel une idée serait traduite par un mot, et un jugement par un ensemble de mots, sa thèse des mots signes d'idées qui ont du sens, pour autant qu'elles sont présentes à un esprit attentif. Il invite à prendre la mesure d'une plasticité.

Il remarque en effet que le langage ne se donne pas littéralement à nous pour nous permettre de dire ce que nous avons à dire, qu'il n'est pas dénué d'opacité. L'intervention dans son œuvre des mots « langage » et « langue »[1] essentiellement dans des contextes non techniques sur le plan philosophique, alors qu'il s'intéresse aux usages linguistiques en vigueur en français et en latin[2], en atteste. Par exemple, il demande à Mersenne de corriger les fautes qu'il remarquerait dans l'exemplaire de la *Dioptrique* en sa possession, car « en ce qui est de la langue et de l'orthographe, [il] ne désire rien tant que de suivre l'usage ; mais il y a si longtemps qu['il est] hors France, qu['il] l'ignore en beaucoup des choses »[3]. Réciproquement, dans une lettre à ***, il

---

1. Ces mots comportent respectivement 4 et 46 occurrences dans l'œuvre de Descartes.

2. Voir M. Fumaroli, « *Ego scriptor* : *rhétorique et philosophie dans le* Discours de la méthode », dans *Problématique et réception du* Discours de la méthode *et des* Essais, textes réunis par Henry Méchoulan, Paris, Vrin, 1988, p. 31-46.

3. À Mersenne du 15 novembre 1638, AT II, 443, *OC* VIII-1, p. 301.

justifie son passage au latin comme une tentative de sa part pour « [s]'exprimer mieux »[1]. En évoquant ces deux langues que sont le latin et le français, ou même encore le flamand[2], il justifie des préférences linguistiques personnelles, liées à ses compétences dans chacune d'elles.

Mais il ne s'en tient pas là. Certes, il n'entreprend jamais, même allusivement, de décrire une langue naturelle d'où qu'elle vienne. Ainsi par exemple, de ses considérations bien connues sur la diversité des mœurs en fonction des endroits du monde, il ne tire que des conclusions anthropologiques, considérant « combien un même homme, avec son même esprit, étant nourri dès son enfance entre des Français et des Allemands, devient différent de ce qu'il serait, s'il avait toujours vécu entre des Chinois ou des Cannibales »[3], là où on aurait pu attendre aussi des remarques linguistiques, étant donné son expérience du polyglottisme[4]. Il n'indique pas moins

1. À*** de 1645 ou 46, IV, 349; *OC* VIII-1, p. 634-635.

2. Voir ce que Descartes dit sur le flamand à Huygens le 27 août 1640 : « Je suis bien glorieux de l'honneur qu'il vous a plu de me faire, en me permettant de voir votre traité flamand de l'usage des orgues dans l'Église, comme si j'étais fort savant en cette langue. Mais, quoique l'ignorance en soit fatale à tous ceux de ma nation, je me persuade pourtant que l'idiome ne m'a pas empêché d'entendre le sens de votre discours, dans lequel j'ai trouvé un ordre si clair et si bien suivi, qu'il m'a été aisé de me passer du mélange des mots étrangers, qui n'y sont point, et qui ont coutume de me faciliter l'intelligence du flamand des autres » (AT III, 757-58; *OC* VIII-2, p. 87).

3. *Discours de la méthode*, AT VI, p. 16; *OC* III, p. 81.

4. J.-P. Séris rappelle l'anecdote de Descartes surprenant la conversation des matelots qui comptaient le détrousser et le tuer lors d'un voyage. Il l'interprète en termes « mythologiques » : « le fait de savoir le néerlandais lui a sauvé la vie. Voyageur, mercenaire, émigré volontaire, Descartes a une expérience vécue du polyglottisme assez exceptionnelle en son siècle. Elle dépasse largement la connaissance

que l'on ne fait pas de la philosophie de la même façon dans une langue ou dans une autre. Comme il est bien connu, il rapporte son choix d'écrire le *Discours de la méthode* en « langue vulgaire »[1], c'est-à-dire « en Français, qui est la langue de [s]on pays, plutôt qu'en latin, qui est celle de [s]es précepteurs »[2], à un souhait de toucher tous les publics, alors qu'il réserve les *Méditations*, écrites en latin, « aux plus forts esprits »[3]. Ceci le conduit même à demander aux lecteurs de ce dernier texte de lui envoyer des objections en latin et non en français[4]. Le fait que les questions de langage, qui apparaissent d'abord dans l'œuvre de Descartes en lien avec l'élaboration de stratégies éditoriales, dont le succès

---

des « langues de culture » dont les beaux esprits pouvaient se vanter » (*op. cit.*, p. 36). N'oublions pas cependant que les deux seules langues modernes de Descartes sont le français et le néerlandais. Spinoza, Leibniz ou Locke en savent plus que lui. Il n'est pas plus « voyageur » que Hobbes, Locke et Leibniz.

1. À Mersenne d'avril 1637, AT I, p. 350 ; *OC* VIII-1, p. 139. *Réponses aux Quatrièmes Objections*, AT VII, 247, AT IX, 191.

2. AT VI, 77 ; *OC*, III, p. 133. Les enjeux éthiques, rhétoriques et philosophiques de ce geste ont été analysés notamment par M. Fumaroli, « La diplomatie au service de la méthode. Rhétorique et philosophie dans le *Discours de la méthode* », *La Diplomatie de l'esprit. De Montaigne à La Fontaine*, Paris, Tel-Gallimard, 1998, p. 377-401.

3. *Réponses aux Quatrièmes Objections*, AT VII, p. 247 ; AT IX, p. 191.

4. « 3. Et parce que la plupart des objections qu'on m'a envoyées, et que j'ai dessein de faire imprimer, lorsque j'en aurai un assez bon nombre, sont aussi latines, je serais bien aise que ceux qui m'en voudront faire à l'avenir, les écrivissent en même langue. 4. Et parce que j'ai quasi opinion que les Jésuites de La Flèche m'en enverront, et que si cela est ils aimeront mieux les mettre en latin qu'en français, je vous prie de les en faire avertir, mais comme sans dessein et par occasion, à cause que peut-être ils ne pensent point à m'en envoyer » (À Mersenne du 27 juillet 1638, AT II, 267 ; *OC* VIII-1, p. 242-243).

n'est, du reste, pas égal[1], veut donc dire que les mots l'intéressent. Derrida a tort de soutenir que « la langue, surtout celle du texte écrit, reste [...] secondaire aux yeux de Descartes »[2].

Les mots ont le pouvoir de résister à la pensée ; les « termes du langage ordinaire »[3] rendent souvent difficile voire impossible de penser les choses telles qu'elles sont. Si je regarde par la fenêtre et que je dis que je vois des hommes passer, je tiens des paroles trompeuses car, en réalité, je vois « des chapeaux et des manteaux, qui peuvent couvrir des spectres ou des hommes feints qui ne se remuent que par ressorts » et « je juge que ce sont de vrais hommes »[4]. En évoquant cette situation, Descartes critique une manière de parler de l'activité de percevoir fondée sur une détermination erronée de celle-ci, c'est-à-dire sur une conception de la perception comme entièrement tributaire des sens, eux-mêmes ramenés à ce grâce à quoi une chose extérieure serait immédiatement reproduite dans l'esprit qui la perçoit, conformément à la théorie scolastique des espèces intentionnelles, dont la

---

1. Pour ce qui est de l'échec éditorial connu par le *Discours*, voir « *Discours de la méthode*. Présentation et notes », par G. Rodis-Lewis, complétées par D. Kambouchner avec la collaboration d'A. Bitbol-Hespériès, in *OC* III, p. 77-80.

2. J. Derrida, *Du droit à la philosophie*, Paris, Galilée, 1990, p. 319.

3. *Seconde Méditation*, AT VII, p. 32 ; AT IX, p. 25. John Cottingham a ainsi raison de souligner : « Descartes unequivocally advanced the claim that there is *no thought without language* ; and in arguing for this claim he treats language, throughout, as an objective, interpersonnally fixed phenomenon, subject to firm "external" criteria for what can count as its genuine instantiations », « "The only sure sign" : Thought and Language in Descartes », *Thought and Language*, J. Preston (ed.), Cambridge, Cambridge University Press, 1997, p. 30.

4. AT VII, p. 32 ; AT IX, p. 25.

fausseté est connue de lui[1]. Alors même que ces paroles ne fournissent pas une juste description du phénomène auquel elles se réfèrent, l'habitude qu'a l'individu de les proférer ne lui permet pas de percevoir leur caractère inadéquat. En soulignant la banalité, c'est-à-dire la fréquence de l'usage abusif des mots, Descartes reconnaît à ces derniers une consistance propre, et aux hommes des difficultés à en acquérir la maîtrise.

Sa méfiance à l'égard de paroles qui seraient le véhicule de préjugés pose le problème de sa relation à la rhétorique, en tant qu'elle est d'abord une « grande syntagmatique »[2], soit, pour le dire à gros traits, l'art de concevoir des arguments selon le genre de discours (judiciaire, délibératif, épidictique) que l'on a à composer (*inventio*), de disposer ces arguments en ordre (*dispositio*), et de les mettre en forme verbalement (*elocutio*)[3].

Soit le passage fameux du *Discours de la méthode* :

> J'estimais fort l'éloquence et j'étais amoureux de la poésie ; mais je pensais que l'une et l'autre étaient des dons de l'esprit, plutôt que des fruits de l'étude. Ceux qui ont le raisonnement le plus fort, et qui digèrent le mieux leurs pensées, afin de les rendre claires et intelligibles, peuvent toujours le mieux persuader ce

1. *Dioptrique*, AT VI, p. 85, p. 112-113 ; *OC* III, p. 150-151, p. 169-170.

2. R. Barthes, « L'Ancienne rhétorique », *op. cit.*, p. 90.

3. Dans la suite de R. Barthes, sur la présentation duquel nous prenons appui ici, nous n'évoquons que les trois premières opérations de la rhétorique. Les deux dernières (*actio* et *memoria*) « ont été très vite sacrifiées, dès lors que la rhétorique n'a plus seulement porté sur les discours parlés (déclamés) d'avocats ou d'hommes politiques, ou de « conférenciers » (genre épidictique), mais aussi, puis à peu près exclusivement, sur des « œuvres » (écrites). Nul doute pourtant que ces deux parties ne présentent un grand intérêt ». (*Ibid.*, p. 124).

qu'ils proposent, encore qu'ils ne parlassent que bas
Breton, et qu'ils n'eussent jamais appris de rhétorique.
Et ceux qui ont les inventions les plus agréables, et
qui les savent exprimer avec le plus d'ornement et de
douceur, ne laisseraient pas d'être les meilleurs poètes,
encore que l'art poétique leur fût inconnu[1].

De ce texte, on retient souvent son objet, une
critique de la rhétorique apparemment sans appel, et
l'argument principal qui sous-tend cette critique, l'idée
qu'apprendre les règles constituant cet art du langage ne
suffit ni pour devenir philosophe, ni pour devenir poète.
D'où l'apparente pertinence de l'approche de Gouhier
de la philosophie cartésienne dans les termes d'une
« philosophie sans rhétorique »[2], fondée sur l'idée de
Perelman dans *Rhétorique et philosophie*, selon laquelle
à l'âge classique, « le critère de l'évidence, que ce fut
l'évidence personnelle du protestantisme, l'évidence
rationnelle du cartésianisme ou l'évidence sensible des
empiristes, ne pouvait que disqualifier la rhétorique » :
« Si la vérité est évidence, en effet, comment
s'imposerait-elle sinon par le seul éclat de cette évidence ?
La communication des idées claires et distinctes semble
n'exiger rien d'autre que leur présence : le secours de la
rhétorique est donc exclu »[3].

En réalité, la place vide attribuée à la rhétorique est très
consistante. Dans l'extrait ci-dessus, 1) la rhétorique est
présentée comme un « don de l'esprit » ; non seulement
elle ne serait pas le produit d'une culture de l'esprit, mais
aussi, elle ne serait même pas donnée à tous. 2) L'esprit

1. AT VI, p. 7 ; *OC* III, p. 85.
2. H. Gouhier, *La Pensée métaphysique de Descartes*, Paris, Vrin,
2000, chap. IV, p. 91-112.
3. *Ibid.*, p. 96.

doué de capacités rhétoriques est crédité d'une capacité
de raisonner à partir d'idées claires et distinctes et
d'une capacité d'invention, donc d'entendement et
d'imagination, soit, encore, d'un *ingenium*, ce terme
désignant l'exploitation par l'esprit des ressources de
la fantaisie au service de la connaissance des choses.
Descartes se pose donc bel et bien la question du secours
que la rhétorique peut apporter à la philosophie.

La question rhétorique des ressorts de la véritable
persuasion ne doit pas être considérée selon lui, en s'en
tenant aux outils de la rhétorique scolairement instituée,
notamment chez les Jésuites au collège de La Flèche,
où il a été en classe de Rhétorique, après ses années
de Grammaire et d'Humanités, et avant ses années
de Philosophie. Descartes va ici plus loin que dans les
Règles pour la direction de l'esprit, texte marqué, on le
sait, par une critique de la pratique de la dispute [1]. C'est un
exercice très classique donné en classe de rhétorique, et
suivant lequel, après qu'un élève a défendu le *pro* sur un
sujet, et un autre le *contra*, le professeur fait une synthèse
indiquant ce qu'il faut retenir de la question traitée. Dans
les *Règles*, Descartes refuse ainsi d'accorder le titre de
méthode pour chercher la vérité dans les sciences à la
méthode qui réussit en rhétorique : les topiques, qui
permettent de trouver des arguments probables sur une
question quelconque. À présent, il dit que chercher à
persuader autrui est dans la nature de certains esprits. Il
présuppose donc que la rhétorique n'est pas un ensemble
d'outils extérieurs à l'esprit et il se demande comment

---

1. Voir par ex. la *Règle II* et la *Règle X*, soit AT X, p. 363 et
p. 405-406 ; *OC* III, p. 330-331 et p. 398-399.

utiliser cette nature rhétorique en vue de l'invention dans les sciences.

Ce geste est classique à bien des égards. Si l'on pense à la manière dont la relation se noue entre la rhétorique et la philosophie pendant l'Antiquité, on voit que la philosophie s'est en partie fondée sur le rejet de la sophistique, comprise comme logique illusoire et délibérément artificieuse, chez Platon et chez Aristote, mais toujours sur le fond de la grande proximité entre les deux formes de ce que tous deux sentent comme deux exercices du même art. On sait que Platon ne se contente pas de s'opposer à Gorgias ou à Protagoras ; il cherche à penser une « bonne rhétorique » dans *Phèdre* et évoque même « l'art véritablement noble de la sophistique » dans le *Sophiste*. De même Aristote, alors qu'il construit la partie dialectique de l'*Organon* dans une pleine intelligence de la technicité propre de la sophistique, oppose à celle-ci des arguments ontologiques et logiques. Il y a donc un art de la vraie rhétorique avec lequel les philosophes antiques entretiennent un constant voisinage.

Descartes n'échappe pas à la règle. Tout en prenant de la distance par rapport aux ressources typiques de la rhétorique, il cherche à résoudre un problème qui est d'abord rhétorique, celui de l'invention, en abordant un objet historiquement central dans la rhétorique, celui de l'ordre du discours. En ce sens, il critique la tendance des hommes à partir d'idées toutes faites pour construire leurs raisonnements. Sa critique des préjugés de l'enfance au titre de première cause des erreurs de l'homme, et son attribution d'un rôle essentiel aux abus de langage dans l'élaboration de ces préjugés montrent en effet qu'il entend déconstruire la démarche enseignée par la rhétorique et consistant à construire des raisonnements à partir des topiques, c'est-à-dire des lieux d'où l'on peut tirer les arguments et d'où il faut les prélever, – la notion de topique désignant[1] à la fois une « méthode », soit un ensemble de procédés permettant de trouver de la matière pour discourir même à propos d'objets inconnus, une « grille », soit un ensemble de formes vides dont le parcours fait surgir des idées possibles, et une « réserve », soit une série de thèmes stéréotypés qui peuvent être placés à un moment ou à un autre dans le raisonnement à construire.

Rappelons-le, selon Descartes, pendant les premières années de la vie, le lien entre l'âme et le corps est en effet tel que l'âme n'accorde de réalité qu'aux impressions produites en elle par le corps à l'occasion de la rencontre de telle ou telle chose sensible[2]. Dans ce contexte, des paroles telles que « je vois de la couleur dans ce corps » ou « je sens de la douleur dans cette partie de mon corps » ont un sens littéral, alors même qu'elles sont dénuées de corrélat réel, puisque les énoncés qu'elles expriment sont la projection des modifications de l'âme sur des réalités physiques, qui a pour résultat de transformer des états de l'âme en qualités objectives. Ce répertoire conceptuel préconstitué est donc dénué de consistance. Mais il donne lieu à des manières de parler familières. L'habitude conduit les hommes faits à voir, à tort, en ces énoncés le support d'idées claires et distinctes, et par suite, à articuler leurs pensées à des paroles qui en empêchent le déploiement, et à s'efforcer de persuader autrui de la

---

1. R. Barthes, « L'ancienne rhétorique », *op. cit.*, p. 138-141.
2. *Principes de la philosophie*, I, 71, AT VIII, p. 35-36 ; AT IX, p. 58-59.

pertinence de leurs vues sur des fondements illégitimes. Pourtant, dans ce contexte, ce qu'ils conçoivent des objets qu'ils évoquent est creux : ils associent à leurs idées des mots d'autant plus volontiers que les mots sont faciles à retenir et les idées difficiles à analyser.

> Parce que nous attachons nos conceptions à certaines paroles, afin de les exprimer de bouche et que nous nous souvenons plutôt des paroles que des choses, à peine saurions-nous concevoir aucune chose si distinctement, que nous séparions entièrement ce que nous concevons d'avec les paroles qui avaient été choisies pour l'exprimer[1].

Dire que grâce à l'attribution d'un nom à des données, la pensée peut les traiter, et que, dans cette mesure, le langage est nécessaire à l'activité rationnelle, est une thèse proche, par exemple, de celle de Hobbes, pour qui l'invention de la parole, consistant en des dénominations ou appellations et dans leur mise en relation, permet aux hommes d'enregistrer leurs pensées, de les rappeler quand elles sont passées et de se les déclarer l'un à l'autre[2]. Il est certes bien connu qu'à la différence de Descartes, « ce qui fait pour Hobbes la spécificité humaine, c'est l'*arbitrium* lui-même, l'institution volontaire en tant que telle, plutôt que l'infinie diversité sémantique qui se tire d'une petite quantité de sons et dans laquelle on croit reconnaître la preuve d'une rationalité antérieure au langage »[3]. Il n'en reste pas moins que Descartes observe, comme Hobbes,

1. *Principes de la philosophie*, I, 74, AT VIII, p. 37-38 ; AT IX, p. 60-61.

2. Th. Hobbes, *Léviathan*, trad. fr. F. Tricaud, Paris, Dalloz, 1999, I, chap. IV, p. 27-36.

3. M. Pécharman, « De quel langage intérieur Hobbes est-il le théoricien ? », dans J. Biard (dir.), *Le langage mental du Moyen Âge à l'âge classique*, Leuven, Peeters, 2009, p. 268.

la construction de la rationalité à partir de l'institution des noms. Sans cela, il ne pourrait pas constater que rien ne garantit *a priori* que notre discours, en tant qu'il se construit en puisant dans un fond de dénominations préconstituées, soit rigoureux et permette d'aborder précisément l'objet sur lequel il porte.

Sous des formules apparemment psychologisantes se joue donc un questionnement linguistique de Descartes sur la validité de ces opérateurs à l'aide desquels nous raisonnons, à savoir en l'occurrence les noms communs, en tant qu'ils doivent permettre de saisir ce qui nous entoure.

Cette réflexion sur les topiques traduit une influence de Bacon sur Descartes. Quand l'auteur du *Novum Organum* critique les idoles de la place publique, qui imposent à l'entendement des noms de choses qui n'existent pas, comme le premier moteur, ainsi que les noms de choses existantes mais mal déterminées, comme l'adjectif « humide », « marque confuse de diverses actions qui n'admettent rien de fixe et de commun »[1], il leur reproche en effet de rendre impossible la construction d'un discours philosophique à même d'élucider la complexité de la nature. Selon lui, ces idoles ne peuvent donner naissance qu'à des fictions théoriques, qu'il appelle des « idoles du théâtre », c'est-à-dire des systèmes philosophiques trop vite élaborés, parce qu'ils sont fondés ou bien sur un

---

1. F. Bacon, *Novum organum*, I, 60, trad. fr. M. Malherbe et J.-M. Pousseur, Paris, P.U.F., 1986, p. 120 ; *The Oxford Francis Bacon* XI, *The* Instauratio magna, *Part II* : Novum organum *and Associated Texts*, G. Rees, M. Wakely (eds.), Oxford, Clarendon Press, 2004, p. 94-95. Dans ce qui suit, nous abrégeons cette référence comme suit : OFB XI + numéro de page.

rapport non méthodique à l'expérience, ou bien sur une analyse d'un trop petit nombre d'expériences, ou bien encore sur la superstition[1].

Descartes ne va pas jusqu'à reprendre à son compte les solutions apportées par Bacon à ce problème. Il ne reconnaît pas moins, comme lui, que :

> la plupart du temps les mots sont imposés par des ignorants, et par conséquent ne s'appliquent pas toujours bien convenablement aux choses; cependant, il ne nous appartient pas de les changer une fois qu'ils sont reçus par l'usage, mais nous pouvons seulement corriger leurs significations quand nous remarquons que celles-ci ne sont pas bien entendues par autrui[2].

C'est un point sur lequel il se montre explicite quand il réagit aux objections adressées par Gassendi à l'affirmation de la *Seconde Méditation* selon laquelle « je suis donc absolument une chose qui pense, c'est-à-dire un esprit, une âme, une intelligence, une raison ». Descartes rappelle que l'équivalence entre ces concepts se fonde sur la mise en question de l'extension de la définition antique de l'âme comme principe intérieur qui fait que l'homme vit, sent, change de lieu et comprend[3]. Puis, il justifie son

1. F. Bacon, *Novum organum*, I, 60, *op. cit.*, p. 120, I, 62-65, p. 122-125; OFB XI, p. 92-103.

2. P. Gassendi, *Disquisitio metaphysica seu dubitationes adversus Renatii Cartesii metaphysicam et responsa*, trad. fr. B. Rochot, Paris, Vrin, 1962, p. 124-126.

3. Cet exemple est repris dans Arnauld et Nicole, *La Logique ou l'art de penser*, dans une série comprenant d'autres exemples : « les mêmes hommes en différents âges ont considéré les mêmes choses en des manières très différentes, et néanmoins ils ont toujours rassemblé toutes ces idées sous un même nom ; ce qui fait que prononçant ce mot, ou l'entendant prononcer, on se brouille facilement, le prenant tantôt selon une idée, et tantôt selon l'autre. Par exemple, l'homme ayant reconnu qu'il y avait en lui quelque chose, quoi que ce fût, qui faisait

parti pris en présentant comme une erreur la croyance des premiers hommes selon laquelle le principe par lequel nous sommes nourris n'est pas distinct de celui par lequel nous pensons. À cette fin, il ne revient pas en détail sur les considérations physiologiques mécaniques qui l'ont conduit à endosser cette vue. Il se place sur un plan sémantique : il affirme le rôle essentiel de la conception dans la détermination de la signification d'un objet, la nécessité de restaurer la conception pour entendre ce que l'on dit.

Ses recherches sur ce qu'il est pertinent d'inventer dans et par le discours, c'est-à-dire sur les conditions de l'exercice légitime de la créativité linguistique, recherches qui découlent de son enquête sur les conditions selon lesquelles le langage peut être dit exprimer la pensée, le conduisent ainsi à relier questions psychologiques et linguistiques. Il se place, d'une part, sur le plan descriptif : il fait du second champ l'espace d'application du premier. Il se place, d'autre part, sur le plan normatif : il se demande comment faire pour que les mots soutiennent le déploiement d'une pensée visant le vrai. Dans un cas comme dans l'autre, il fait du langage le produit de structures cognitives innées. L'élaboration chomskyenne du rationalisme à partir de l'exemple cartésien n'est-elle donc pas dénuée de pertinence ? Dans quelle mesure la lecture que Chomsky fait de Descartes éclaire-t-elle les hypothèses de ce dernier ?

qu'il se nourrissait et qu'il croissait, a appelé cela *âme*, et a étendu cette idée à ce qui est de semblable, non seulement dans les animaux, mais même dans les plantes. Et ayant vu encore qu'il pensait, il a encore appelé du nom d'*âme* ce qui était en lui le principe de la pensée. D'où il est arrivé que par cette ressemblance de nom il a pris pour la même chose ce qui pensait et ce qui faisait que le corps se nourrissait et croissait », I, 11, P. Clair et F. Girbal (éd.), Paris, Vrin, 1993, p. 83.

LA LOGIQUE DU DISCOURS

En se souciant du langage que doit tenir la raison connaissante, Descartes rencontre le problème étudié par Chomsky du mécanisme mental rendant capable d'apprendre une langue, et de la parler correctement, et dans le cadre duquel ce dernier élabore le concept de grammaire générative. Pour Descartes en effet, pour parvenir à produire des jugements vrais sur un objet pris en vue, il faut aborder de manière critique les usages linguistiques en vigueur, en s'assurant de la solidité de la relation entre les données linguistiques dont on dispose et les idées qu'elles ont pour fonction de signifier, il faut s'interroger sur les ressources cognitives délivrées par les mots, en tant qu'ils sont communément forgés pour déterminer ce que les sens voient du réel, qui est partiel et pas intelligible comme tel. Dans cette mesure, Descartes ne préfigure pas la distinction conceptuelle élaborée par Saussure entre la langue, comme « un produit social de la faculté du langage et un ensemble de conventions nécessaires, adoptées par le corps social pour permettre l'exercice de cette faculté chez les individus »[1], et la parole, comme manipulation individuelle de ces signes. Il préfigure l'approche de la linguistique de Chomsky, en tant qu'elle est une étude des fondements de la compétence linguistique.

Certes, à la différence de l'auteur de *La linguistique cartésienne*, Descartes ne se soucie pas de l'apprentissage d'une langue naturelle donnée. Il ne regarde ni la manière dont un enfant apprend à parler ni ce que les premiers mots prononcés par un individu enseignent s'agissant

1. F. de Saussure, *Cours de linguistique générale*, *op. cit.*, introd., chap. III, p. 25.

du fonctionnement linguistique de l'esprit. Il ne fait pas non plus de la langue un objet de science[1]. Mais il constate que les hommes ont un avis sur tout[2] et il montre que leur suffisance les rend prompts à former des préjugés, à construire des raisonnements faux, sans avoir même l'idée de s'interroger sur les fondements de la créance qu'ils leur accordent. Donc, comme Chomsky, il s'interroge sur la capacité des hommes à créer des énoncés, même si, à la différence de ce dernier, il aborde la créativité linguistique, dont il fait le propre de l'homme, ainsi que le linguiste l'a remarqué, du point de vue de sa productivité sur le plan épistémologique. Tout en posant la question qui conduit Chomsky à penser une grammaire générative, il n'appréhende donc pas exactement la grammaire dans les termes de Chomsky, c'est-à-dire

---

1. « Je désire que vous remarquiés la difference qu'il y a entre les sciences et les simples connoissances qui s'acquèrent sans aucun discours de raison, comme les langues, l'histoire, la geographie, et generalement tout ce qui ne depend que de l'experience seule. Car je suis bien d'accord que la vie d'un homme ne suffiroit pas, pour acquerir l'experience de toutes les choses qui sont au monde, mais aussy je me persuade que ce seroit folie de le desirer, et qu'un honneste homme n'est pas plus obligé de scavoir le grec ou le latin, que le suisse ou le bas breton, ni l'histoire de l'Empire, que celle du moindre estat qui soit en l'Europe, et qu'il doit seulement prendre garde à employer son loisir en choses honnestes et utiles, et à ne charger sa memoire que des plus nécessaires » (*Recherche de la vérité par la lumière naturelle de René Descartes*, E. Lojacono (dir.), textes établis par E. J. Bos, lemmatisation et concordances du texte français par F. A. Meschini, Index et concordances du texte latin et néerlandais par F. Saita, Milano, Franco Angeli, 2002, p. 5 ; AT X, p. 502-503).

2. Voir par exemple « Le bon sens est la chose du monde la mieux partagée : car chacun pense en être si bien pourvu, que ceux même qui sont les plus difficiles à contenter en toute autre chose, n'ont point coutume d'en désirer plus qu'ils en ont » (AT VI, 1-2 ; *OC* III, p. 81). Voir aussi le commentaire de ce texte donné dans l'*Entretien avec Burman*, trad. fr. J.-M. Beyssade, Paris, P.U.F., 1981, p. 134 ; AT V, p. 175.

comme la connaissance des dispositifs internes aptes à engendrer des phrases complexes, reflétant la pensée.

En mettant en rapport le langage et la pensée, il se place dans l'espace dans lequel le linguiste aborde la grammaire. Il se donne la construction de la science comme domaine d'application de l'utilisation du langage. Il soutient en effet que ce qui est vraiment apte à soutenir le fonctionnement cognitif de l'esprit est une maîtrise de la signification des mots employés et de celle de leurs multiples combinaisons possibles. Il en vient ainsi à souligner le manque de rigueur des modèles sémantiques et syntagmatiques que les hommes suivent pour s'exprimer.

Rappelons sa critique, dans la *Recherche de la vérité par la lumière naturelle* et les *Méditations Métaphysiques*[1], de la définition traditionnellement donnée de l'homme comme animal raisonnable. Cette définition est faite par le genre prochain et la différence essentielle, conformément aux indications données par Aristote dans les *Topiques* et par Porphyre dans l'*Isagoge*. Tous deux comptent la définition au nombre des prédicables, c'est-à-dire des façons de relier un prédicat à un sujet. Pour le Stagirite, un prédicat peut exprimer soit le genre auquel le sujet appartient, soit le propre du sujet, c'est-à-dire une propriété qui lui est logiquement équivalente sans être impliquée par son essence, soit la définition de ce sujet, c'est-à-dire un propre du sujet qui est en même temps son essence, soit encore un accident du sujet, c'est-à-dire une propriété qui appartient au sujet d'une manière accidentelle et sans être logiquement

---

1. *Recherche de la vérité*, *op. cit.*; Lojacono p. 43, AT X, p. 515-516; *Seconde Méditation*, AT VII, p. 25.; AT IX, p. 20.

équivalente à ce dernier. Porphyre ajoute un cinquième prédicable, l'espèce. Dans tous les cas, la définition se construit par le genre (ici, animal) et par la différence (ici, raisonnable). Pour Descartes, ce genre d'énoncé n'est pas acceptable : combinant des signes linguistiques, qui n'ont pas de sens en tant que tels, indépendamment de la structuration arborescente des concepts qui les soutient, et qui s'illustre dans l'arbre de Porphyre, il est dénué de valeur sur le plan syntagmatique.

Mais Descartes élabore un questionnement grammatical sans commune mesure avec celui de Chomsky. Soit « Je doute, donc j'existe », raisonnement bien connu, exposé dans la *Recherche*. Selon Descartes, pour être convaincu de la conclusion, il faut certes disposer d'un savoir du doute, de la pensée ou de l'existence. Mais ce savoir, loin de se trouver à la disposition de tous dans des mots déposés dans l'usage, doit être dégagé par l'auteur du raisonnement ainsi que par celui qui le reçoit, à l'aide de la lumière de son esprit. Descartes s'appuie donc sur l'esprit, en tant qu'il peut produire une conception, le doute, la pensée, l'existence étant des objets pouvant être connus par eux-mêmes [1]. Mais cela ne veut pas dire qu'il se consacre à la grammaire, en tant que système générant en tout homme l'ensemble infini des phrases d'une langue. De fait, Descartes, quand il s'occupe de langage, se concentre d'abord et avant tout sur des questions sémantiques, puisqu'il soutient que la recherche de la vérité requiert une prise de distance à l'égard de termes qui induisent en erreur, en ce qu'ils ne doivent leur évidence qu'à leur familiarité. Mais surtout, il indique que cette prise de distance est possible, pour

---

1. *Recherche de la vérité*, p. 57-59 ; AT X, p. 523-524.

autant que l'on s'appuie sur la lumière de la raison. Or, cette métaphore visuelle, qui traverse son œuvre, est très problématique ici. Elle montre que Descartes ne fait pas de la raison la faculté du langage proprement dite.

Cette question est essentielle pour le propos qui est le nôtre. La façon dont elle sera résolue déterminera en effet la compréhension qu'il convient d'avoir de la relation entre Descartes et Chomsky ; elle permettra de statuer sur le plan conceptuel, sur la proximité qu'il y a ou non entre les propositions cartésiennes en matière de langage et l'approche qu'a Chomsky de la linguistique. On l'a déjà dit dans notre introduction [1], on retient souvent de *La linguistique cartésienne* l'idée que la *Grammaire générale et raisonnée* d'Arnauld et Lancelot est un ancêtre du projet chomskyen de grammaire générative, et qu'il s'agirait de procéder dans ce texte à un développement des propositions cartésiennes en matière de langage. Mais quel est au juste le lien de ces dernières avec celles de Chomsky ? Si Descartes soutient que, pour connaître, il faut voir, c'est-à-dire s'assurer que les termes qu'on emploie ont un corrélat réel et une consistance conceptuelle, n'est-ce pas parce que la connexion entre questions de psychologie et questions de linguistique est secondaire à ses yeux, à l'inverse de ce que pense Chomsky ?

De nombreux interprètes ont répondu à cette question par l'affirmative. Pour une raison conceptuelle : Descartes est un théoricien de l'intuition intellectuelle, concept qu'il met en place dans les *Règles pour la direction de l'esprit* où il en fait un des deux actes intellectuels producteurs des jugements de la science, avec la déduction. Pour

---

1. Voir p. 39 *sq.*

le philosophe, l'intuition est la saisie intellectuelle attentive et précise d'un contenu objectif, appréhendé de manière absolue et donc dans sa totalité, qu'il s'agisse d'une énonciation (« le triangle est limité par trois lignes seulement ») ou d'un parcours discursif (« soit cette conséquence : 2 et 2 font la même chose que 3 et 1 ; il ne faut pas seulement regarder que 2 et 2 font 4, et que 3 et 1 font aussi 4, mais là-dessus que de ces deux propositions cette troisième est conclue »[1]). La déduction est un acte d'inférence ou bien directement subordonné à l'intuition, dans le cas de propositions déduites immédiatement les unes des autres, parce que la conséquence est évidente, ou bien portant sur des propositions disjointes dont le lien ne peut être appréhendé par intuition[2], ce qui fait qu'il doit sa certitude à l'induction entendue comme dénombrement suffisant. Que le concept d'intuition n'ait d'existence textuelle que dans les *Règles pour la direction de l'esprit* ou pas[3], son élaboration montre que ce qui compte pour connaître, selon Descartes, c'est, avant tout, la capacité de l'esprit à appréhender des raisons évidentes, dans le présent d'une expérience intellectuelle.

À partir de là, de nombreux interprètes ont trouvé chez cet auteur une secondarisation des questions de forme. Ainsi par exemple, Gilson déclare à propos des

1. AT X, p. 368 ; *OC* I, p. 338-339.
2. AT X, p. 369 ; *OC* I, p. 340-341.
3. C'est la thèse défendue par J.-L. Marion notamment dans *Questions cartésiennes : méthode et métaphysique* et *Questions cartésiennes II : sur l'ego et sur Dieu*, Paris, P.U.F., respectivement 1991 et 1996.
Sur les enjeux de la question de l'intuition, voir la thèse de D. Simonetta, « Histoire de l'idée d'intuition intellectuelle à l'âge classique (1600-1770, France et Angleterre) », soutenue à l'université Paris I le 2 décembre 2015 et à paraître.

règles de la méthode, qu'il comprend comme une mise en œuvre de l'intuition : « La logique cartésienne sera telle que le contenu du raisonnement en engendrera *ipso facto* la forme, cette dernière ne faisant rien de plus que de formuler le mouvement même accompli par l'esprit dans son analyse des idées »[1]. Descartes s'interroge prioritairement sur la manière dont l'esprit connaissant doit s'y prendre pour identifier précisément les termes d'une question qu'il étudie, afin de résoudre cette question. Fait-il donc peu de cas de la structure syntaxique des jugements ?

Il est bien connu que Descartes se montre peu disert sur les règles logiques relatives à leur enchaînement dans des arguments. Il relativise en effet la portée du principe de contradiction, dont le respect est la condition minimale de tout discours, quel que soit son objet. Dans la *Recherche de la vérité par la lumière naturelle*, il refuse d'accorder tout caractère fondamental[2] à ce principe, en arguant du fait que c'est de l'expérience de la pensée que découle la possibilité de la science. À partir de là, dans les *Méditations*, il peut fonder la science en mentionnant à son point de départ, non pas le principe de contradiction, mais une « *regula generalis* », affirmant une équivalence entre la perception claire et distincte et la vérité. La position de cette « *regula generalis* », qualifiée de « *regula veritatis* » dans la *Cinquième Méditation*[3], vise à donner les conditions formelles de vérité pour l'*ego*, c'est-à-dire pour ce qui était la première vérité connue jusque-là, tout en supposant que ces conditions

1. É. Gilson, *Discours de la méthode. Texte et commentaire*, Paris, Vrin, 1925, p. 184.
2. *Recherche de la vérité*, AT X, p. 522 ; Lojacono, p. 55.
3. AT VII, p. 70.

valent universellement pour toute autre connaissance vraie, qu'il y en ait de fait ou non[1]. Autant dire que la reconnaissance d'une valeur épistémique quasi-nulle au principe de contradiction[2] ne traduit pas une indifférence à l'égard de la question de la structuration du discours. Ce phénomène s'observe-t-il aussi sur le plan grammatical?

QUESTIONS DE GRAMMAIRE, QUESTIONS D'ÉCRITURE

Descartes aborde les questions de grammaire dans une lettre à Mersenne du 20 novembre 1629, où il réfléchit à la manière dont les hommes pourraient communiquer leur pensée en toute exactitude s'ils parlaient une même langue universelle, non une diversité de langues régionalement circonscrites. Il donne ainsi son avis sur une « proposition d'une nouvelle langue », soumise à son regard par Mersenne, et dont l'auteur serait un certain Des Vallées qui « prétendait avoir trouvé une langue

---

1. J.-L. Marion, *Questions cartésiennes II*, *op. cit.*, p. 57.

2. À Clerselier de juin ou juillet 1646 : « au premier sens, on peut dire que *impossibile est idem simul esse et non esse* est un principe, et qu'il peut généralement servir, non pas proprement à faire connaître l'existence d'aucune chose, mais seulement à faire que, lorsqu'on la connaît, on en confirme la vérité par un tel raisonnement : *il est impossible que ce qui est ne soit pas ; or je connais que telle chose est ; donc je connais qu'il est impossible qu'elle ne soit pas.* Ce qui est de bien peu d'importance, et ne nous rend de rien plus savants » (AT IV, p. 444 ; *OC* VIII-2, p. 722). Voir aussi les réponses de Descartes aux *Objections* aux *Méditations* du père Bourdin, par ex. : « nihil potest clare ac distincte percipi, a quocunque demum percipiatur, quod non sit tale quale percipitur, hoc est, quod non sit verum » (AT VII, p. 461). Pour une trad. fr., voir R. Descartes, *Œuvres philosophiques. Tome II-1638-1642*, F. Alquié et D. Moreau (éd.), Paris, Classiques Garnier, 2010, p. 960.

matrice qui lui faisait entendre toutes les autres », ainsi que le signale Tallemant des Réaux[1].

Cette thèse d'une langue matrice se situe à l'articulation d'un questionnement théologique et technique : dans le contexte du développement des activités missionnaires en Amérique et en Chine, la découverte de langues d'un type nouveau invite à penser que l'une de ces langues est la langue originelle de l'humanité, parlée par tous avant l'épisode de la Tour de Babel, et rend conscient de l'intérêt qu'il y aurait à inventer un moyen de communication immédiatement compréhensible par tous[2]. D'où un mouvement de comparaison des langues remontant à Gelenius, qui montre dans son *Lexicon symphonicum* (Basileae, 1537) le parallélisme entre les mots latins, germaniques, slaves et grecs[3], et intéressant aussi Mersenne[4]. Ce dernier, dans ses *Quaestiones in Genesim*, cite en effet le *Thrésor de l'histoire des langues de cet univers* de Claude Duret, un traité sur les origines, la perfection et la mutation de toutes les langues, avant d'élaborer une méthode pour apprendre toutes les langues en une seule heure ; il écrit encore à Pereisc en 1636 ou 1637 qu'il a achevé une langue universelle

---

1. Citation donnée dans une note dans *Correspondance du P. Marin Mersenne religieux minime*, commencée par Mme P. Tannery, publiée et annotée par C. de Waard avec la collaboration de B. Rochot, Paris, Éditions du CNRS 1969 (1re édition 1946), t. 2, p. 329. Voir également U. Eco, *Ricerca della lingua perfetta nella cultura europea*, Roma, Laterza, 1993.

2. On consultera V. Salmon, « Caractéristiques et langues universelles », dans S. Auroux (dir.), *Histoire des idées linguistiques*, t 2, Liège, Mardaga, 1992, p. 407-409.

3. *Correspondance du P. Marin Mersenne*, *op. cit.*, p. 328-329.

4. A. Robinet, *Le Langage à l'âge classique*, Paris, Klinsieck, 1978, p. 117-132.

(AT I, 572)[1]. La lettre à Mersenne du 20 novembre 1629 est ainsi communément présentée comme « le texte le plus explicite de Descartes sur les langues, suffisant à démentir le *dictum* assez absurde d'un « oubli cartésien du langage », répercuté par le titre d'un chapitre du livre d'André Robinet, *Le langage à l'âge classique* »[2].

Si le thème de ce texte est bien connu, il est cependant souvent mal compris, car il est d'usage de l'analyser seulement le plan culturel, c'est-à-dire en se contentant de le mettre en lien avec ce mouvement intellectuel qui consiste à envisager la construction d'une langue universelle, sans dégager ses implications s'agissant d'une éventuelle philosophie de la grammaire chez Descartes. Ainsi que l'indique Rhodri Lewis, les philosophes du XVIIe siècle, pensaient possible d'élaborer une langue qui serait comprise universellement[3]. Ce mouvement a pour fondement théorique l'idée de Bacon d'une grammaire philosophique. Selon *Du progrès et de la promotion des savoirs* :

> Le projet de la grammaire a un double visage. L'un est populaire, et a pour but l'acquisition d'une maîtrise rapide et parfaite des langues, autant pour converser que pour lire des auteurs; l'autre est philosophique, et examine le pouvoir et la nature des mots, en tant qu'ils sont les traces de pas et les empreintes de la raison. Cette sorte d'analogie entre les mots et la raison est

1. Voir aussi *Correspondance de Peiresc*, Ph. Tamizey de Larroque (éd.), fasc. XIX, Paris, 1894, p. 160-161, ainsi que mentionné en *OC* VIII-1, note 2, p. 806.

2. J.-P. Séris, *Langages et machines à l'âge classique*, *op. cit.*, p. 35.

3. R. Lewis, *Language, Mind and Nature. Artificial Languages in England from Bacon to Locke*, Cambridge, Cambridge University Press, 2007, p. 12-13.

traitée *sparsim*, par bribes et non de façon complète. Je ne puis donc noter que ceci manque, bien que je sois convaincu que cela vaudrait vraiment la peine qu'on en constitue une science à part entière[1].

Bacon part du constat qu'il n'y a pas que les mots pour exprimer les pensées, étant donné que leur notation ne repose pas seulement sur des conventions, mais aussi sur une certaine similitude ou congruence avec les notions représentées, ce qui se voit très bien avec les hiéroglyphes ou les gestes. Il ouvre ici un chantier de recherche concernant les signes des choses et des pensées en général. La question qu'il pose de savoir comment représenter des choses par-delà la diversité des langues est reprise notamment par des auteurs anglais, parmi lesquels George Dalgarno dans l'*Ars signorum* (1661) et John Wilkins dans *An Essay towards a Real Character, and a Philosophical Language* (1668)[2]. Ils élaborent des projets de langues artificielles fondés sur des « caractéristiques universelles », un caractère étant un symbole graphique, quel qu'il soit, que le référent en soit un son, un mot ou un objet. Il s'agit de fournir un moyen de communication graphique susceptible d'être lu dans une langue vernaculaire, quelle qu'elle soit.

Dans cette perspective, Descartes n'est pas en reste. Sa lettre à Mersenne constitue en effet une autre source potentielle de ce mouvement d'exploration linguistique[3],

1. F. Bacon, *Du progrès et de l'avancement des savoirs*, avant-propos, trad. et notes M. Le Dœuff, Paris, Tel-Gallimard, 1991, p. 181-182.

2. V. Salmon, « Caractéristiques et langues universelles », dans S. Auroux (dir.) *Histoire des idées linguistiques*, t. 2, *op. cit.*, p. 416-423.

3. Nous empruntons l'expression de « another potential source » à R. Lewis. Voir *Language, Mind and Nature. Artificial Languages in England from Bacon to Locke*, *op. cit.*, p. 20.

même s'il est difficile de connaître sa portée exacte[1]. Dans ce texte, après avoir critiqué le projet soumis à son regard, il écrit :

> Et si quelqu'un avait bien expliqué quelles sont les idées simples qui sont en l'imagination des hommes, desquelles se compose tout ce qu'ils pensent, et que cela fût reçu par tout le monde, j'oserais espérer une langue universelle, fort aisée à apprendre, à prononcer et à écrire, et ce qui est le principal, qui aiderait au jugement, lui représentant si distinctement toutes choses, qu'il lui serait presque impossible de se tromper.

Il se confronte donc, comme Bacon, au problème de savoir comment faire pour que les mots reflètent exactement les choses qu'ils ont pour fonction de désigner.

Mais, comme le signale Lewis, tandis que Bacon entend réformer le langage de manière à s'assurer que l'esprit puisse représenter correctement les objets du monde, Descartes ne se préoccupe que de la relation entre les deux derniers composants de la triade sémiotique aristotélicienne, en l'occurrence les mots et les idées[2]. De fait, il soutient qu'une langue universelle est envisageable, à partir de l'identification des idées les plus simples et de leur mise en ordre, c'est-à-dire grâce à la mise en œuvre de la « vraie philosophie ; car il est impossible autrement de dénombrer toutes les pensées des hommes, et de les mettre par ordre, ni seulement de les distinguer en sorte

---

1. P. Rossi va dans le même sens. Il écrit que cette lettre publiée à Paris dans le recueil de Clerselier (1657, réédité en 1663 et 1667) a pu « être lue par quelques-uns des théoriciens du langage universel (mais nous sommes là dans le domaine des hypothèses, et je n'ai trouvé aucune preuve de cette lecture) » (*Clavis universalis, arts de la mémoire, logique combinatoire et langue universelle de Lulle à Leibniz*, trad. fr. P. Vighetti, Paris, Jérôme Millon, 1993, p. 199).

2. R. Lewis, *Language, Mind and Nature*, op. cit., p. 21.

qu'elles soient claires et simples »[1]. Mais que cette
« vraie philosophie » soit encore à venir rend donc cette
langue universelle « *possible impossible* »[2]. C'est, du
reste, précisément sur ce point que Leibniz se distingue
de Descartes, puisqu'il soutient que

> quoique cette langue dépende de la vraie philosophie,
> elle ne dépend pas de sa perfection. C'est-à-dire que
> cette langue peut être établie, quoique la philosophie
> ne soit pas parfaite : et à mesure que la science des
> hommes croîtra, cette langue croîtra aussi. En attendant
> elle sera d'un secours merveilleux et pour se servir de
> ce que nous savons, et pour voir ce qui nous manque,
> et pour inventer les moyens d'y arriver, mais surtout
> pour exterminer les controverses dans les matières
> qui dépendent du raisonnement. Car alors raisonner et
> calculer sera la même chose[3].

Situer cette lettre à Mersenne dans le seul contexte de
l'histoire des idées, c'est ainsi insister sur son caractère
déceptif. Les enjeux linguistiques de ce texte doivent
être pris en vue pour eux-mêmes. Les contours du projet
adressé à Descartes sont identifiables à partir de ce que le
philosophe en dit dans cette lettre. Or Descartes examine
six propositions, mais sans les formuler intégralement et
en adoptant un ordre qui est tout sien. Il évoque ainsi
1) la quatrième proposition de Des Vallées, à partir de
son titre latin *linguam illam interpretari dictionario*, 2) la
première, à partir d'une présentation de son sujet, soit
la composition de cette langue à l'aide du dictionnaire,
3) la seconde, intitulée *cognita hac lingua, caeteras*

---

1. AT I, p. 81 ; *OC* VIII-1, p. 39.
2. J. Derrida, *Du droit à la philosophie, op. cit.*, p. 327.
3. Leibniz, *Opuscules et fragments inédits de Leibniz*, L. Couturat
(éd.), Paris, Alcan, 1903, p. 27-28.

omnes, ut ejus dialectos, cognoscere, 4) la sixième, dont il donne le début du titre *scripturam invenire, etc*, et enfin 5) la cinquième et 6) la troisième, dont il ne dévoile pas le contenu, même partiellement. Mais même si cette lettre n'est jamais qu'une pièce des travaux de jeunesse de Descartes, par rapport auxquels il prend beaucoup de distance par la suite, elle exprime un souci pour la grammaire qu'un travail sur l'idée chomskyenne de linguistique cartésienne ne peut pas ne pas prendre en compte.

Dans cette lettre, le philosophe indique tout d'abord le genre d'outil linguistique qu'est la grammaire à ses yeux : l'une des « deux choses à apprendre en toutes les langues »[1], avec la signification des mots. Mais, alors qu'il suffirait d'ouvrir un dictionnaire pour connaître la signification des mots en quelque langue que ce soit, même en chinois, ce qui est un geste facile, l'apprentissage de la grammaire serait difficile, en raison de l'irrégularité de certaines de ses règles, qui sont le fruit de l'histoire. Pour autant, la cause de cette difficulté ainsi élucidée[2], elle perd tout caractère rédhibitoire, puisqu'il existe des moyens de la faire disparaître. Descartes écrit ainsi :

> Faisant une langue, où il n'y ait qu'une façon de conjuguer, de décliner, et de construire les mots, qu'il n'y en ait point de défectifs et d'irréguliers, qui sont

1. AT I, p. 76 ; *OC* VIII-1, p. 36.
2. « Descartes évoquant "la corruption de l'usage", prend position sur la structure et l'histoire de la langue, à quoi il donne la forme d'un processus de dégénérescence. Celui-ci serait lié par accident à l'usage historique et non à l'essence originaire de l'idiome ; la dégénérescence aurait la forme de la complication inutile, de l'irrégularité au regard d'une régularité ou d'une simplicité originaires, à restaurer », J. Derrida, *Du droit à la philosophie, op. cit.*, p. 332-333.

toutes choses venues de la corruption de l'usage,
et même que l'inflexion de noms ou des verbes et
la construction se fassent par affixes, ou devant ou
après les mots primitifs, lesquelles affixes soient
toutes spécifiées dans le dictionnaire, ce ne sera pas
merveille que les esprits vulgaires apprennent en moins
de six heures à composer cette langue avec l'aide du
dictionnaire[1].

Pour Descartes, la maîtrise de la grammaire
déterminant la maîtrise d'une langue, en ce qu'elle
permet d'en composer correctement les éléments et de
produire des énoncés dotés de sens, l'invention d'une
langue se fait d'autant mieux qu'elle prend appui sur
une grammaire ne comportant ni exception ni règles
équivoques. Il y va d'une telle évidence à ses yeux qu'il
présente comme triviales les propositions de l'auteur
qu'il commente, d'interpréter une langue universelle à
partir du dictionnaire, et de constituer une grammaire
avec une seule conjugaison, une seule déclinaison et sans
défectifs et irréguliers. Descartes fait ainsi émerger l'idée
que le sens d'un discours est d'autant mieux maîtrisé par
celui qui le produit et celui qui l'écoute, qu'il est structuré
à partir de règles de grammaire simples.

Ses remarques le conduisent ensuite à enquêter sur
la pertinence qu'il y aurait à réformer la grammaire en
vigueur, en inventant une langue nouvelle, c'est-à-dire à
mener une réflexion sur le rapport que le philosophe doit
avoir au langage. Cette recherche comporte un premier
volet critique. Descartes commence en effet par mettre
en question les propositions linguistiques faites par Des
Vallées. Il écrit :

1. AT I, p. 77 ; *OC* VIII-1, p. 36.

Toute l'utilité donc que je vois qui peut réussir de cette invention, c'est pour l'écriture : à savoir, qu'il fît imprimer un gros dictionnaire en toutes les langues auxquelles il voudrait être entendu, et mît des caractères communs pour chaque mot primitif, qui répondissent au sens, et non pas aux syllabes, comme un même caractère pour *aimer*, *amare* et *philein* ; et ceux qui auraient ce dictionnaire, et sauraient sa grammaire, pourraient en cherchant tous ces caractères l'un après l'autre interpréter en leur langue ce qui serait écrit [1].

En quoi consiste cette invention ? Des Vallées, désireux de construire une langue universelle, dont les langues actuellement en usage seraient des dialectes, ainsi que le révèle sa seconde proposition, envisage la constitution d'un dictionnaire contenant 1) des mots primitifs, c'est-à-dire des mots dont « l'unité de signification ne se laisse ni décomposer ni dériver » [2], 2) une spécification de l'ensemble des affixes infléchissant le sens de ces mots, et 3) l'indication de synonymes de ces mots primitifs en usage dans toutes les langues, car il y a, selon lui, de tels mots dans ces dernières également. Descartes pense qu'il y a une inadéquation entre cet instrument et sa finalité supposée, qui est de faciliter la communication entre les hommes, car 1) l'élaboration d'une grammaire universelle requiert des associations de sons, dont le caractère inhabituel peut les rendre « désagréables et insupportables à l'ouïe » [3] et 2) l'apprentissage des mots de cette langue est difficile, ce qui rend très improbable d'« acquérir l'usage de la parler » [4]. De ce projet,

1. AT I, p. 79-80 ; *OC* VIII-1, p. 38.
2. J. Derrida, *Du droit à la philosophie*, *op. cit.*, p. 333.
3. AT I, p. 79 ; *OC* VIII-1, p. 37.
4. AT I, p. 79 ; *OC* VIII-1, p. 38.

Descartes retient néanmoins qu'il ouvre la possibilité d'une « caractéristique universelle », c'est-à-dire d'un dictionnaire comportant des « caractères communs », c'est-à-dire des concepts, qui sont universels, quoi qu'il en soit de la diversité des langues, dans lesquelles ils sont le plus souvent exprimés.

Dans la seconde partie de cette lettre, il dégage les règles selon lesquelles construire cette caractéristique, ainsi que le rôle et le statut qu'il convient de lui attribuer. Il complète en ce sens sa critique de la proposition de Des Vallée par une contre-proposition :

> Je trouve qu'on pourrait ajouter à ceci une invention, tant pour composer les mots primitifs de cette langue, que pour leurs caractères ; en sorte qu'elle pourrait être enseignée en fort peu de temps, et ce par le moyen de l'ordre, c'est-à-dire, établissant un ordre entre toutes les pensées qui peuvent entrer en l'esprit humain, de même qu'il y en a un naturellement établi entre les nombres ; et comme on peut apprendre en un jour à nommer tous les nombres jusqu'à l'infini, et à les écrire en une langue inconnue, qui sont toutefois une infinité de mots différents, qu'on pût faire le même de tous les autres mots nécessaires pour exprimer toutes les autres choses qui tombent en l'esprit des hommes [1].

Descartes posant une équivalence entre les idées simples et les mots primitifs et reprenant sa thèse de la possibilité d'une correspondance entre ces mots et des caractères, soutient qu'il est techniquement possible de composer ces mots et ces caractères, dès l'instant que l'on prête attention à leur sens, fourni par la pensée, et que l'on s'assure de ce dernier, en mettant les pensées

1. AT I, p. 80-81 ; *OC* VIII-1, p. 39.

en ordre. Il fait un parallèle avec les mathématiques, pour signaler que sa préoccupation pour l'ordre des pensées ne doit pas être interprétée dans le sens d'une mise entre parenthèses des questions d'expression, mais, au contraire, comme un effort de réflexion sur la manière la plus efficace d'encoder linguistiquement les pensées. Penser l'ordre entre les pensées sur le modèle de l'ordre « naturellement établi entre les nombres », c'est, tout d'abord, renvoyer immédiatement aux rapports de proportion qu'il y a entre ces derniers et que l'écriture mathématique doit rendre apparents. C'est par ailleurs, affirmer par analogie, qu'il faut avoir dénombré les pensées pour pouvoir les composer dans un discours doté de sens, c'est-à-dire qu'il faut avoir appris à les nommer.

Comment Descartes comprend-il donc la grammaire ? Le dernier temps de sa lettre à Mersenne du 20 novembre 1629, insistant sur le caractère problématique de son idée de langue universelle, permet de le savoir :

> L'invention de cette langue dépend de la vraie Philosophie, car il est impossible autrement de dénombrer toutes les pensées des hommes, et de les mettre par ordre, ni seulement de les distinguer en sorte qu'elles soient claires et simples, qui est à mon avis le plus grand secret qu'on puisse avoir pour acquérir la bonne Science. Et si quelqu'un avait bien expliqué quelles sont les idées simples qui sont en l'imagination des hommes, desquelles se compose tout ce qu'ils pensent, et que cela fût reçu par tout le monde, j'oserais espérer ensuite une langue universelle, fort aisée à apprendre, à prononcer et à écrire, et ce qui est le principal, qui aiderait au jugement, lui représentant si distinctement toutes choses, qu'il lui serait presque impossible de se tromper ; au lieu que, tout au

rebours, les mots que nous avons n'ont quasi que des
significations confuses, auxquelles l'esprit des hommes
s'étant accoutumé de longue date, cela est cause qu'il
n'entend presque rien parfaitement[1].

Dans ce passage, Descartes présente, d'une part, la
fonction de la grammaire : servir d'outil garantissant le
sens et la vérité des énoncés qu'elle permet de construire.
D'autre part, il indique que les règles de cette grammaire
sont déterminées par le fonctionnement logique de
l'esprit. Par-là, il reprend, en les généralisant, plusieurs
des conclusions des *Règles pour la direction de l'esprit*,
où il montre que la construction du savoir a pour unité
de base non la proposition mais le problème. Dans ce
texte, il examine en effet les modalités discursives de
résolution des questions scientifiques, en particulier, des
« questions parfaites » :

> Il faut noter qu'au nombre des questions parfaitement
> comprises, nous ne rangeons que celles où nous
> percevons distinctement trois choses, à savoir : à quels
> signes on peut reconnaître ce qu'on cherche, quand
> il se présentera ; de quoi précisément nous devons le
> déduire ; et comment il faut prouver qu'il y a entre eux
> une dépendance telle que l'un ne peut être changé sous
> aucun rapport si l'autre reste inchangé. De façon que
> nous possédions toutes les prémisses, et qu'il ne reste
> rien d'autre à enseigner que la manière de trouver la
> conclusion, non certes en déduisant d'une seule chose
> simple une chose unique (car, on l'a déjà dit, cela
> peut se faire sans préceptes), mais en dégageant une
> certaine chose unique, dépendant d'une multiplicité
> de conditions qu'elle enveloppe toutes ensemble, avec
> tant d'art que nulle part n'y soit requise une plus grande

1. AT I, p. 81 ; *OC* VIII-1, p. 39.

capacité d'esprit pour effectuer la plus simple des inférences[1].

Cette définition 1) présuppose que l'élaboration d'une question, c'est-à-dire d'une formulation correcte de ce qui est recherché, requiert l'application d'un savoir grammatical, c'est-à-dire sémantique et syntaxique, à l'objet pris en vue, à l'aide des données dont dispose l'esprit. 2) Elle signale que le fait de l'entière détermination conceptuelle de ces données se marque linguistiquement à la fois par la précision de leur désignation dans les prémisses et par la complétude de celles-ci, ce qui a pour effet de structurer formellement non seulement la question à traiter, mais aussi la solution à lui donner. Cette définition témoigne donc de préoccupations d'ordre grammatical.

Quelles sont les règles de cette grammaire ? Ce ne sont pas celles des langues naturelles en usage dans un endroit ou un autre du globe. Le manque de rigueur de certains usages des signes linguistiques impose en effet de se décentrer par rapport à eux. Ainsi, la question étudiée formulée correctement, il convient de la trans-porter à l'étendue réelle des corps, et de la poser tout entière devant l'imagination à l'aide de figures nues, de manière à ce que l'entendement l'aperçoive distinc-tement[2]. La figure n'intervient pas ici au titre de l'objet, mais du codage universel de toute différence exprimable « distinctement »[3]. Pour Descartes, rappelons-le, la projection spatiale permet au scientifique de se concentrer

1. *Règle XII* dans *Règles pour la direction de l'esprit*, AT X, p. 429 ; *OC* I, p. 434-437.

2. *Règle XIV*, dans *Règles pour...*, AT X, p. 441 ; *OC* I, p. 452-454.

3. D. Rabouin, *Mathesis universalis* : *l'idée de mathématique universelle d'Aristote à Descartes*, Paris, P.U.F., 2009, p. 317.

sur les rapports entre les termes de la question qu'il examine, en tant qu'il s'agit de rapports de proportion entre des grandeurs, qu'il lui faut se donner les moyens de mesurer en toute exactitude[1]. La résolution d'une question, en tant qu'elle requiert d'avoir mesuré les rapports entre les termes de cette question, revient donc à mettre en œuvre deux règles de mesure : l'une, portant sur ces termes, l'autre, sur la manière dont ils sont situés les uns par rapport aux autres. Le programme consiste en effet à réduire ces termes à des grandeurs et à transposer celles-ci dans une grandeur qui se dépeint facilement dans l'imagination : l'étendue. Il s'agit alors de schématiser les relations entre ces termes à l'aide de figures exprimant clairement toutes les différences de rapports ou de proportion, comme les points, pour les multiplicités, et les figures continues et indivisibles, pour les grandeurs. L'enjeu de ce travail de mesure est de faire apparaître à l'esprit l'ordre à suivre pour résoudre la difficulté qu'il considère.

Dans ce contexte, l'objet étudié par le savant n'est donc pas donné par les mots du langage ordinaire, qui, dans le meilleur des cas, parviennent péniblement à le circonscrire ; il est à construire mathématiquement. Pour Descartes, la figuration géométrique tout à la fois soutient les ressources cognitives de l'esprit, puisqu'elle facilite leur déploiement, et elle constitue un espace idéal pour cerner ce que la question qu'il s'agit de traiter, a de singulier. Bien plus, si les choses qui requièrent l'attention de l'esprit lui sont d'autant plus présentes qu'elles sont désignées par des figures complètes, il

---

1. M. Fichant, *Science et métaphysique dans Descartes et Leibniz*, Paris, P.U.F., 1998, p. 18.

vaut mieux désigner les autres par des chiffres très brefs, c'est-à-dire introduire l'algèbre comme instrument de représentation symbolique. L'enjeu est de soulager la mémoire : la pensée déduit d'autant plus facilement qu'elle a moins de signes à retenir[1]. Dans sa lettre à Mersenne du 20 novembre 1629, Descartes prend donc appui sur son schéma des *Règles* où, après avoir donné le statut d'élément de sa grammaire de la science au problème, en tant qu'il est pris en vue par l'esprit qui cherche à en inventer la solution, il a montré que les règles à suivre pour le résoudre sont des règles sémantiques et syntaxiques et que ces règles mettent en jeu l'écriture mathématique, en tant que celle-ci est un moyen pour l'esprit de visualiser ce qu'il est en train de construire.

Mais il ne fait pas que cela. Il signale ensuite les limites de ce schéma : 1) la science, qu'il doit permettre de produire, est encore à venir, 2) cette science est elle-même tributaire de la venue à l'être de « la vraie philosophie ». Ces indications sont contemporaines de la fin de la rédaction des *Règles*. Elles sont l'expression tout à la fois d'une mise en crise des propositions méthodologiques de ce texte, que Descartes laisse inachevé, et d'une conservation de l'idéal linguistique dont il est porteur, celui de la possibilité de la production d'énoncés à partir d'un recours aux mots, non réduit à ce qu'impose leur usage courant. C'est bien pourquoi Descartes conclut en déplorant que « les mots que nous avons n'ont quasi

---

1. *Règle XVI* dans *Règles ...*, AT X, p. 454-455 ; *OC* I, p. 475.

Voir P. Rossi : « l'écriture et la « représentation sur le papier » servent à débarrasser l'esprit de tout effort mnémotechnique, à l'en libérer, de façon que la fantaisie et l'intelligence puissent s'appliquer pleinement aux idées et aux objets présents » (*Clavis universalis*, *op. cit.*, p. 149 *sq.*).

que des significations confuses, auxquelles l'esprit des hommes s'étant accoutumé de longue main, cela est cause qu'il n'entend presque rien parfaitement ». C'est là une des formulations de l'idée, qu'il reprend sans cesse, que l'usage ordinaire du langage empêche le déploiement d'une pensée en quête de la vérité, ce qui fait qu'un philosophe, c'est-à-dire un individu qui cherche la vérité dans les sciences, doit chercher à s'en détacher.

La présence de cette idée dans ce qui est probablement le seul texte de Descartes à propos de la grammaire est riche de trois enseignements essentiels. 1) Descartes articule son travail de philosophe avec une recherche sur les conditions de production de son discours, qui est dans une certaine mesure d'ordre grammatical. Il s'agit en effet de critiquer l'incapacité de certaines règles en usage à produire des énoncés corrects, de leur en substituer de nouvelles, sans pour autant aller jusqu'à faire de la production de ces énoncés la simple itération d'une procédure mécanique.

2) Chomsky, en élaborant l'idée de linguistique cartésienne, élabore un outil herméneutique utile pour éclairer des problématiques essentielles à l'intelligibilité de la philosophie de Descartes, alors même qu'elles sont souvent laissées au second plan par les interprètes. D'une part, la créativité linguistique, que Chomsky repère à juste titre chez Descartes, et à partir de laquelle il construit l'idée de linguistique cartésienne, est un révélateur de la consistance de plusieurs problèmes au cœur du projet du philosophe, en tant que celui-ci caractérise la philosophie comme recherche de la vérité dans les sciences et qu'il étudie les modalités techniques, les objets théoriques et les enjeux pratiques de cette recherche. De fait, comme nous l'avons montré dans ce qui précède, le constat de

Descartes que « la capacité qu'a l'homme de former de nouveaux énoncés qui expriment des pensées nouvelles, adaptés à des situations nouvelles »[1] se traduit par des discours marqués par la précipitation et la prévention, le conduit à forger la conviction qu'une prise de parole est légitime si elle est le produit d'une pensée attentive à l'objet sur lequel elle discourt. Pour lui, la satisfaction de cette exigence épistémologique passe par l'exercice d'une critique à l'égard des termes généraux et des procédures linguistiquement constituées de la rhétorique.

L'idée de linguistique cartésienne révèle, d'autre part, une relative proximité entre le geste philosophique de Descartes et l'approche de Chomsky de la linguistique. Descartes, sans faire, comme Chomsky, du langage une partie de la psychologie humaine, ménage dans son étude du rapport cognitif de l'individu à ce qui l'entoure une place au langage. Il fait de ce dernier le produit d'une élaboration intellectuelle. Cette orientation rend possible conceptuellement la définition par Chomsky de la linguistique en termes psychologiques, en tant qu'elle aurait pour objet de rendre compte des opérations mentales du locuteur-auditeur.

3) Si l'idée de linguistique cartésienne a une réalité textuelle, en tant qu'elle désigne un des objets sur lesquels Descartes se penche, et l'ensemble des textes dans lesquels il l'étudie, elle n'a pas chez lui une réalité disciplinaire. En effet, les enjeux rhétoriques, logiques et grammaticaux des remarques produites sur le langage par le philosophe ne se réduisent pas à une préfiguration de la linguistique de Chomsky. On l'a vu, le questionnement linguistique de Descartes prend d'abord la forme d'une

---

1. N. Chomsky, *La linguistique cartésienne, op. cit.*, p. 19.

mise en question de la rhétorique, en tant que celle-ci enseigne à aborder la construction du discours à partir de termes généraux, potentiellement identifiables dans les classifications des topiques. Mais il revêt également une *pars construens* logique et grammaticale. L'intérêt de Descartes pour les fondements logiques de la production d'un discours vrai explique l'intérêt que Chomsky a pu trouver dans la lecture de son œuvre et met en lumière d'irréductibles différences entre ces auteurs.

CHAPITRE II

LA PHILOSOPHIE CARTÉSIENNE
DU LANGAGE ET L'EMPIRISME

Nous avons montré dans notre introduction que l'idée de linguistique cartésienne élaborée par Chomsky fonde historiquement et conceptuellement son projet linguistique : en plaçant à la racine de sa pensée l'approche cartésienne de l'homme, comme être doté de pensée et donc de langage, Chomsky ancre la linguistique dans une anthropologie organisée autour d'une théorie rationaliste de l'esprit. Nous avons établi dans notre premier chapitre que la linguistique cartésienne est aussi un outil herméneutique grâce auquel mettre en lumière un champ de problèmes d'ordre logique explorés par Descartes, mais souvent placés au second plan par ses interprètes, alors qu'ils sont essentiels à l'intelligibilité de son projet philosophique.

Nous allons voir à présent que des philosophes empiristes de la seconde moitié du XVIIᵉ siècle et de la première moitié du XVIIIᵉ siècle ont une connaissance de ce champ de questions logiques, puisqu'ils s'appuient sur elles, quand ils réfléchissent à leur tour sur la nature humaine. Nous allons dégager la relation dialectique entretenue par Gassendi, Locke, Condillac et Rousseau avec les propositions cartésiennes en matière de langage. Nous ferons ressortir le lien de ces auteurs avec Descartes et leur accord par anticipation avec la lecture qu'en propose Chomsky. Par-là, apparaîtra la portée théorique du geste de ce dernier : réélaborer la linguistique, en présupposant la conservation au XXe siècle de l'actualité de la définition de l'homme à l'âge classique.

LANGAGE ET NATURE HUMAINE :
UN DIALOGUE MÉCONNU ENTRE LES EMPIRISTES ET LES RATIONALISTES

Écartons d'emblée deux objections qui pourraient nous être faites. Il ne s'agit pas ici de critiquer encore le schéma historique de *La linguistique cartésienne*, pris dans son ensemble. L'objet n'est pas non plus de sélectionner encore dans les références données par Chomsky, celles qui seraient plus authentiquement « cartésiennes » que les autres, suivant que leurs auteurs se reconnaissent ou non comme cartésiens. Certes, de telles lectures du projet de Chomsky ne sont pas sans raisons. Mais, comme nous l'avons rappelé, d'une part, elles ont déjà été entreprises. D'autre part, l'analyse de la revendication par Chomsky d'un rapport à l'histoire de la philosophie qui ne soit pas celui de l'historien de la philosophie nous a conduite à faire un pas de côté par rapport à cette orientation critique. L'idée de Chomsky est que faire un usage réflexif de l'histoire de la philosophie moderne autorise à dire ce que l'on retient d'un texte, sans forcément chercher à être exhaustif au sujet de ce dernier.

Par suite, la question ne sera pas de savoir si Chomsky a tort ou raison de vouloir montrer dans quelle mesure les remarques de Descartes sur le langage servent de matrice aux théories de la relation entre le langage et la pensée élaborées 1) par Arnauld et Lancelot dans la *Grammaire de Port-Royal*, et 2) par un ensemble de philosophes de langue allemande de la seconde moitié du XVIIIe siècle et du début du XIXe siècle, parmi lesquels Humboldt, dont le projet linguistique constitue, aux yeux de Chomsky, l'expression la plus importante de l'importance accordée par les cartésiens à l'aspect créateur de l'utilisation du langage humain[1].

On ne reviendra pas non plus sur la question de la pertinence qu'il y a ou non à considérer, comme le fait Chomsky, que les Messieurs de Port-Royal développent « un schéma de grammaire universelle »[2] en s'appuyant sur Descartes. L'objet n'est pas de savoir si Chomsky est fondé à tirer de Port-Royal l'idée que, sous-jacente à un énoncé produit dans une langue donnée, se trouve une structure commune à toutes les langues, qui exprime le sens, et qui est le reflet des formes de la pensée, structurée identiquement en tout homme. On l'a dit : cette question a déjà été traitée.

Plutôt que de nous interroger sur la pertinence des liens établis par Chomsky, entre Descartes et les auteurs postérieurs à ce dernier, nous nous interrogerons sur la logique qui sous-tend cette mise en relation. Le fait est

---

1. *La linguistique cartésienne*, *op. cit.*, p. 40. Pour une présentation de Humboldt, voir M. Losonsky, *op. cit.*, p. 83-115. Pour une mise en perspective des liens que Chomsky voit entre le travail de Humboldt et le sien, voir H. Aarsleff, *From Locke to Saussure* : *Essay on the Study of Language and Intellectual History*, *op. cit.*, p. 101-119. Et aussi Humboldt, *On Language* : *On the Diversity of Human Language Construction and Its Influence on the Mental Development of the Human Species*, M. Losonsky (éd.), trad. fr. P. Heath, Cambridge, Cambridge University Press, 1999.

2. *Ibid.*, p. 60.

que Chomsky se contente de décoder des proximités dans des figures saillantes, sans voir le fond sur lequel ces figures se découpent. Il ne signale pas que son projet linguistique prend très largement appui sur le concept d'homme à l'âge classique, en tant qu'il est construit indissociablement à partir de Descartes et de la réception des propositions de ce dernier chez certains philosophes empiristes qui lui sont contemporains. Pourquoi ce silence ?

La manière dont il établit son corpus a ses raisons théoriques : l'enjeu est de prouver par l'exemple la fécondité d'un projet intellectuel consistant à articuler le langage et la pensée, et non de rendre compte des applications connues par les remarques de Descartes sur le langage à l'intérieur de sa philosophie. Ce choix n'est pas sans légitimité sur le plan historique : ce que Chomsky présente comme le cœur des propositions linguistiques de Descartes (à savoir que la raison est le principe créateur du langage) l'est véritablement. Non seulement, Descartes critique en de nombreux points de son œuvre les usages linguistiques induisant en erreur, ce qui justifie sa focalisation sur la pensée quand il aborde le langage. Mais surtout, ces critiques et la thèse qu'elles conduisent Descartes à formuler remplissent une fonction essentielle dans son projet en matière de théorie de la connaissance : elles montrent que c'est de l'usage maîtrisé des ressources de l'esprit que procède la connaissance, et que celle-ci doit être pensée dans sa dimension discursive, c'est-à-dire en tant qu'elle a des fondements logiques, mais aussi grammaticaux et rhétoriques. En mettant en lumière l'inscription de Descartes dans un paradigme représentationnaliste, qui fait des mots les signes des idées, donc du langage ce qui permet de penser l'essence de la connaissance, Chomsky éclaire le geste cartésien de façon pertinente.

Sa démarche ne soulève pas moins une difficulté fondamentale, relevant à la fois de l'histoire de la philosophie et de l'historiographie. Chomsky se contente de convoquer Descartes pour prendre position contre des linguistes empiristes de son temps à lui, comme Skinner ou Bloomfield[1]. Il ne dit rien du fait que les empiristes de l'époque moderne, qui comptent parmi les premiers lecteurs de Descartes, reprennent à leur compte dans une certaine mesure ses propositions à propos du rapport entre le langage et la pensée. En effet, comme nous le verrons, Gassendi, Locke, Condillac et Rousseau[2] ont beau être en désaccord avec Descartes, ils ne pourraient pas faire ce qu'ils font en matière de théorie de l'homme, s'ils ne retravaillaient pas ses propositions en matière linguistique. N'est-ce pas à dire que Chomsky n'appréhende que de façon partielle la question de la nature humaine telle qu'elle se pose à l'âge classique, quand il travaille sur la théorie cartésienne de la pensée, en tant qu'elle est déterminée par des décisions théoriques sur la nature de l'homme ?

Le fait est que Chomsky ne dit rien des contours exacts de l'anthropologie à laquelle il adosse la linguistique, parce qu'il reste prisonnier d'une présentation de l'histoire de la linguistique en termes de querelle de lignée. Il le reconnaît lui-même au moment de conclure *La linguistique cartésienne* :

1. Dans « The History of Linguistics and Professor Chomsky » (*From Locke to Saussure…*, *op. cit.*, p. 110-111), H. Aarsleff parle de « Chomsky and his sharp rejection of Locke in favour of Descartes ». Cette affirmation nous semble devoir être nuancée.

2. C'est à Condillac que nous consacrerons l'essentiel de nos remarques dans ce chapitre.

L'organisation même de cette étude introduit une distorsion, car elle projette en arrière certaines idées d'un intérêt actuel au lieu d'offrir une présentation systématique du cadre dans lequel ces idées ont germé et ont trouvé leur place. Aussi a-t-on souligné des ressemblances, et passé sous silence des divergences, des conflits[1].

Après avoir abstrait de la philosophie cartésienne des schémas de pensée auxquels il reconnaît un statut matriciel pour ce qui est de la compréhension de la relation entre le langage et la pensée, Chomsky étudie le devenir de ces schémas dans des textes auxquels ils servent de socle conceptuel. Les auteurs qu'il a retenus, si différents soient-ils les uns des autres, ont en commun d'aborder, comme Descartes, la cognition d'un point de vue innéiste, dont on a vu qu'il est, pour le linguiste, synonyme de rationalisme[2].

Mais, si l'on veut prendre vraiment la mesure des idées de Descartes en matière linguistique, comme Chomsky invite à le faire dans *La linguistique cartésienne*, il faut paradoxalement faire un pas de plus que lui. Il faut arrêter de considérer l'histoire de la linguistique dans les termes d'une querelle de lignée.

On l'a vu[3], cette présentation s'est vue reprocher notamment de ne pas rendre compte correctement de ce qui se passe dans l'histoire de la linguistique entre 1660 et 1800, étant donné qu'elle néglige Locke et Condillac, alors que ce sont les figures clé de l'époque. Mais, il n'y a pas vraiment de sens à opposer une « linguistique

---

1. *La linguistique cartésienne*, *op. cit.*, p. 113.
2. Voir notre introduction, p. 49 *sq.*
3. Nous renvoyons ici à notre introduction, p. 39 *sq.*

condillacienne »[1] à une linguistique cartésienne. Aarsleff a raison de dire que *La linguistique cartésienne* « could hardly have been written without doctrinaire acceptance of the nineteenth-century distinction between rationalism and empiricism, by now conventional but *without foundation in the texts at issue* »[2]. Il a raison de rappeler que Descartes n'a pas le monopole de l'approche de la raison en termes de lumière naturelle, puisque celle-ci est reprise par Condillac[3].

Cette situation commande de faire ce que Chomsky ne fait pas, à savoir prendre en compte la réception connue par les idées cartésiennes en matière de langage, dans des complexes théoriques qu'il est pratique et discutable de présenter comme étrangers et même hostiles au cartésianisme, ceux liés à l'empirisme de la seconde moitié du XVIIe siècle et de la première moitié du XVIIIe siècle en l'occurrence. Il y a trois raisons à cela.

1) Parce que les empiristes se demandent s'il est de bonne méthode d'aborder la question du propre de l'homme en postulant que des idées générales lui sont d'emblée données, comme le fait Descartes quand il construit le concept de chose pensante, ils rendent sensible la consistance de cette hypothèse, qu'ils étudient et à

1. Nous empruntons cette expression à Henri Joly, dans « Cartesian or Condillacian Linguistics ? », *op.cit.*

2. H. Aarsleff, *From Locke to Saussure...*, *op. cit.*, p. 11. Nous soulignons.

3. « Condillac's philosophy of mind and language not only builds on Locke's philosophy but is also a reaction to, as well as a continuation of, Cartesian views on the relationship between mind and language » (M. Losonsky, *Linguistic Turns in Modern Philosophy*, *op. cit.*, p. 69). C'est, du reste ce qui explique que le problème de la réflexion ait pu être inventé en « site empiriste », ainsi que l'a montré André Charrak dans *Empirisme et théorie de la connaissance*, Paris, Vrin, 2009.

laquelle ils font place dans leurs travaux respectifs. Leur position de la question de savoir si l'approche innéiste de l'esprit, d'origine cartésienne, est conforme à la réalité de ce qu'est un homme, et leur usage de cette question pour construire leurs travaux, montrent qu'elle est essentielle bien avant Chomsky, et même pour des auteurs qui, à la différence de Chomsky, aspirent à la défaire.

Leur prise au sérieux de l'explication innéiste du fonctionnement cognitif s'observe, d'une part, dans l'empirisme anglo-saxon. Dans le premier livre de l'*Essai philosophique concernant l'entendement humain*, consacré aux notions innées, Locke vise à démontrer « qu'il n'y a point de principes innés dans l'esprit de l'homme » (chap. I) et « qu'il n'y a point de principes de pratique qui soient innés » (chap. II). À partir de là, il lui devient possible de conclure que :

> La vérité est, que les idées, quelles qu'elles soient, ne sont pas plus nées avec nous, que les arts et les sciences, quoi qu'il y en ait effectivement quelques-unes qui se présentent plus aisément à notre esprit que d'autres, et qui par conséquent sont plus généralement reçues, bien qu'au reste elles ne viennent à notre connaissance, qu'en conséquence de l'usage que nous faisons des organes de notre corps et des facultés de notre âme : Dieu ayant donné aux hommes des facultés et des moyens, pour découvrir, recevoir et retenir certaines vérités, selon qu'ils se servent de ces facultés et de ces moyens dont il les a pourvus[1].

---

1. J. Locke, *Essai philosophique concernant l'entendement humain*, E. Naert (éd.), trad. fr. P. Coste, Paris, Vrin, 1989, I, chap. III, § 22, p. 55-56.

Après avoir évacué l'innéisme, Locke va pouvoir établir comment l'entendement procède, selon lui, en matière de production de connaissances. Son approche de la cognition est donc fondamentalement nourrie par une prise en considération très circonstanciée de la position illustrée notamment par Descartes et consistant à soutenir que l'homme accède au savoir grâce à des notions générales, présentes en l'âme dès la naissance [1].

Soit, d'autre part, l'empirisme continental. Selon Condillac :

> Descartes n'a connu ni l'origine ni la génération de nos idées. C'est à quoi il faut attribuer l'insuffisance de sa méthode ; car nous ne découvrirons pas comment elles se sont formées [2].

Pourquoi critiquer encore les idées innées, après Locke, figure par rapport à laquelle l'abbé revendique une continuité bien connue [3], et même Malebranche ? Condillac le sait, selon la *Recherche de la vérité*, la thèse de l'innéisme revient à faire de l'esprit « un magasin de toutes les idées qui lui sont nécessaires pour voir les

---

1. Nous mettons ici entre parenthèses la question de savoir si c'est plutôt Descartes ou les platoniciens de Cambridge que Locke discute ici, car cela n'est pas utile au raisonnement qui est le nôtre. Nous renvoyons à *Réflexions sur le langage*, *op. cit.*, p. 259, où Chomsky affirme qu'il ne rejette pas l'empirisme de Locke.

2. Condillac, *Essai sur l'origine des connaissances humaines*, *op. cit.*, p. 60.

3. Voir *Traité des systèmes*, revu F. Markovits et M. Authier, Paris, Fayard, 1991, note 3, p. 60. On notera aussi que la traduction de l'*Essai sur l'origine des connaissances humaines* (1756) a pour sous-titre « a supplement to Mr Locke's *Essay on the human understanding* ». Cette mise en relation de Condillac et de Locke est donc topique au XVIIIe siècle. *Cf.* l'article « Logique » de l'*Encyclopédie*, selon lequel l'écrit de Condillac est supérieur à celui de Locke.

objets »[1]. Cette thèse pose, d'une part, le problème ontologique de savoir pourquoi Dieu aurait créé « tant de choses avec l'esprit de l'homme », étant donné qu'il « agit toujours par les voies les plus simples »[2]. Elle pose, d'autre part, le problème gnoséologique de savoir comment l'âme peut choisir les idées en elle, pour se représenter les objets qu'elle voit, « comment par exemple il se pourrait faire qu'elle aperçût dans l'instant même où elle ouvre les yeux au milieu d'une campagne, tous ces divers objets, dont elle découvre la grandeur, la figure, la distance, et le mouvement »[3].

Du fait de ces deux difficultés, Malebranche conclut « que nous ne voyons point les objets par des idées créées avec nous. Que Dieu ne les produit point en nous à chaque moment que nous en avons besoin »[4].

Condillac n'accepte pas plus que ses prédécesseurs ce dont elles sont le nom : un mode de compréhension du fonctionnement de l'intelligence humaine tel que celle-ci dispose en elle d'idées immédiatement générales. Ne pas voir que le général est le produit d'une généralisation, c'est mettre de « grands obstacles aux progrès de l'art de raisonner »[5] : les hommes, impatients d'acquérir des connaissances, c'est-à-dire des notions communes, se flattent de « pouvoir deviner la nature »[6], sans avoir à prendre le temps de l'observer. Ils cherchent la connaissance de la nature dans des idées loin des sens, parce qu'ils sont convaincus de l'antériorité logique des

1. Malebranche, *Recherche de la vérité*, III, II, 4, *op. cit.*, p. 334.
2. *Ibid.*, p. 333-334.
3. *Ibid.*, p. 334.
4. *Ibid.*, p. 332.
5. *Traité des systèmes*, *op. cit.*, p. 55.
6. *Ibid.*, p. 55.

idées générales sur les idées des choses particulières. Mais cette conviction repose sur l'illusion du pouvoir explicatif des opérations mentales, fournie par deux expressions métaphoriques : celle de l'âme comme « surface polie, où sont tracées les images de toutes les choses que nous sommes capables de connaître »[1], celle de l'âme « comme une pierre sur laquelle ont été gravées différentes figures »[2]. La première pose problème, en ce qu'elle revient à postuler que des idées peuvent se conserver en l'âme, indépendamment de l'action des objets sur celle-ci. La seconde ne va pas non plus de soi, parce qu'elle ne va pas jusqu'à relever le caractère plus ou moins superficiel de l'empreinte de certaines de nos idées, qui peuvent entièrement s'effacer. Dans tous les cas, privilégier le général par rapport au particulier, sans s'assurer de la solidité de son mode de formation, ce serait confondre l'ordre d'exposition des connaissances, qui va du général vers le particulier, avec celui de leur invention, qui est à rebours[3]. Les critiques de cette position illustrée par Descartes montrent que celle-ci est essentielle pour problématiser la question de la nature de l'homme : celle-ci consiste-t-elle seulement dans ce en quoi l'homme est équipé en naissant ?

2) Le désaccord des empiristes de l'âge classique avec l'approche cartésienne du propre de l'homme les pousse à la retravailler, c'est-à-dire à reprendre à nouveaux frais la compréhension de la relation entre le langage et la pensée qui la sous-tend et donc, à réagir aux propositions cartésiennes en matière de langage. Descartes lègue en effet aux empiristes la conviction, reprise ensuite par

1. *Ibid.*, p. 56.
2. *Ibid.*, p. 57.
3. *Ibid.*, p. 4.

Chomsky, et selon laquelle il faut analyser le langage, pour comprendre ce qui distingue le fonctionnement de l'esprit humain de l'animal.

On l'a vu, il fait de l'action de parler la conséquence de l'action de penser. Pour lui, quelqu'un qui dit qu'il voit ou qu'il marche, et quelqu'un qui dit qu'il lui semble qu'il voit ou qu'il marche, expriment deux pensées différentes, l'une douteuse, l'autre indubitable[1]; dans tous les cas, les mots qu'ils prononcent sont l'expression d'une élaboration mentale qui leur est antérieure logiquement.

Condillac, « convaincu que l'usage des signes est le principe qui développe le germe de toutes nos idées »[2], inverse ce schéma. Pour lui, c'est par la parole que la pensée se construit. Analysant l'origine du langage, il montre que l'imposition de noms sur des objets sensibles et sur leurs différentes qualités détermine des idées, et développe en l'homme des capacités réflexives, c'est-à-dire de mise en relation de ces idées à partir de leur nom et d'invention de dénominations nouvelles. Il réagit ainsi à l'approche cartésienne de la relation entre le langage et la pensée, tout en s'inscrivant dans l'horizon théorique qu'elle contribue à élaborer et suivant lequel les mots ont du sens, s'ils expriment des idées qui représentent des objets réels.

3) Cette réception de Descartes est facilitée par l'accord de tous, rationalistes comme empiristes, quant à la nécessité d'un regard critique sur la manière dont les hommes désignent les choses qu'ils perçoivent et qu'ils constituent comme choses à partir des sensations.

---

1. R. Descartes, *Principes de la philosophie*, I, 9, AT VIII, p. 7-8; AT IX, p. 28.

2. Condillac, introduction de l'*Essai sur l'origine des connaissances humaines*, *op. cit.*, p. 65.

Soit la condamnation cartésienne de la pratique de la définition en tant qu'elle requiert traditionnellement la position de genres et d'espèces, c'est-à-dire la prédication catégoriale. Nous avons étudié ce parti pris dans notre précédent chapitre, en référence à l'exemple classique de l'homme comme animal raisonnable. Soit la *Lettre à Voet* :

> Rien, en effet, n'est plus facile, que de considérer séparément le nom de l'objet dont il s'agit, sa définition, son genre, son espèce, ses similitudes, ses antécédents, ses conséquents et tous les autres points que l'on trouve dans les topiques[1].

Descartes récuse la définition, parce qu'il critique l'espace théorique dans lequel cette pratique a lieu, celui des topiques, où il s'agit de faire entrer la réalité phénoménale dans des classes abstraites, en ne s'assurant ni de la correspondance ontologique entre ces deux dimensions ni de l'efficacité explicative de ces entités abstraites. Les enjeux logiques et épistémologiques de ce rejet ont été mis en évidence par A. Charrak dans *Empirisme et théorie de la connaissance*[2], dans les termes d'une préférence de Descartes pour la description plutôt que pour la définition.

La mise en cause de la définition par Descartes se fonde sur sa conviction du caractère erroné de la croyance selon laquelle la raison commande aux mots et non les mots à la raison. Cette conviction est présente aussi chez Bacon, empiriste. Certes, elle ne commande pas, chez le Lord Chancelier, le rejet massif

---

1. *Querelle d'Utrecht*, Th. Verbeek (éd.), Paris, Les Impressions nouvelles, 1988, p. 355.
2. *Empirisme et théorie de la connaissance*, *op. cit.*, p. 96-107.

des topiques qui s'observe chez Descartes[1]. Cependant,
1) dans le *Novum Organum* notamment, comme nous
l'avons rappelé plus haut[2], Bacon critique les idoles
de la place publique, c'est-à-dire l'action d'imposer à
l'entendement des noms de choses qui n'existent pas, ou
des noms de choses qui existent, mais qui sont confus,
mal déterminés. 2) Dans des textes servant de brouillon
à cet ouvrage, et dans lesquels le concept d'idole est
encore en cours d'élaboration, Bacon met en cause la
pertinence de la pratique de la dispute, querelle de mots,
portant sur des objets définis inadéquatement[3]. Une thèse
caractéristique du « rationalisme » cartésien, puisqu'elle
met en lumière la nécessité épistémique d'une antériorité
de la pensée sur l'expression, procède donc d'un usage
de remarques présentes en « site » empiriste, et portant
sur la désignation de réalités particulières par des termes
généraux.

La présence de cette thématique en climat empiriste et
en climat rationaliste montre qu'elle est une thématique
d'époque. C'est ainsi par exemple que, quand la thèse de
Descartes est présentée comme productive par plusieurs
de ses contemporains, c'est en étant à chaque fois mise
en lien avec Bacon.

En territoire rationaliste, dans la *Logique* de
Port-Royal, Arnauld et Nicole, qui vont dans le sens de
l'innéisme cartésien, parlent « d'une cause qui met de la
confusion dans nos pensées et dans nos discours, qui est

1. Voir A. Charrak, « La critique du syllogisme dans Bacon
et Descartes », *Les études philosophiques* 4, « Les logiques de
Descartes », 2005, p. 469-484.

2. Voir notre premier chapitre, p. 105 *sq.*

3. Voir par ex. *Cogitata et visa*, D. Deleule (éd.), Paris, P.U.F.,
1987, p. 166.

que nous les attachons à des mots »[1]. Ils reconduisent le geste baconien de mise en garde du lecteur contre les disputes,

> qui n'ont souvent pour sujet que l'ambiguïté des termes que l'un prend en un sens, et l'autre en un autre : de sorte que de très grandes contestations cesseraient en un moment, si l'un ou l'autre des disputants avait soin de marquer nettement et en un peu de paroles ce qu'il entend par les termes qui sont le sujet de la dispute[2].

Après avoir élaboré des règles de définition à même d'éviter, selon eux, l'équivoque des mots, ils reprennent à leur compte l'idée de Descartes selon laquelle il ne faut pas entreprendre de définir tous les mots, et ils énoncent cette idée dans des termes d'inspiration cartésienne, qui mettent l'accent sur le primat de la conception :

> Lorsque l'idée que les hommes ont de quelque chose est distincte, et que tous ceux qui entendent une langue forment la même idée en entendant prononcer un mot, il serait inutile de le définir, puisqu'on a déjà la fin de la définition, qui est que le mot soit attaché à une idée claire et distincte[3].

Dans la *Logique* de Port-Royal, il ne s'agit donc pas seulement de reprendre la critique cartésienne de la pratique de la définition en tant que telle, mais aussi de lui associer les remarques, d'origine baconienne, qui

---

1. *Logique*, I, 11, p. 83 (« D'une autre cause qui met de la confusion dans nos pensées et dans nos discours, qui est que nous les attachons à des mots »).
2. *Ibid.*, IV, 4, p. 308 (« Observations importantes touchant la définition des noms »).
3. *Ibid.*, I, 13, p. 90-91 (« Explication plus particulière de ces règles, et premièrement de celles qui regardent les définitions »).

justifient conceptuellement cette critique. L'empirisme, exclu en principe par les Messieurs à travers la remise en question de la thèse que « *nihil est in intellectu quod non prius fuerit in sensu* », énoncée à l'occasion d'une critique de l'hypothèse d'une origine sensible des idées, est donc pris en compte de manière opératoire, à l'instar de ce que faisait déjà Descartes.

En territoire empiriste, dans l'*Essai sur l'entendement humain*, Locke englobe dans un même tout les idées de Bacon et de Descartes à propos de la technique de la définition et de la pratique de la dispute, qu'il convoque en particulier dans le livre III, où il reconnaît la nécessité d'étudier le fonctionnement des mots pour traiter, comme il entend le faire dans l'ouvrage, de l'étendue et de la certitude de nos connaissances[1].

Dans ce passage, il soutient en effet, d'une part, qu'un examen des « imperfections du langage considéré comme l'instrument de nos connaissances » ferait tomber d'elles-mêmes « la plus grande partie des disputes »[2] : il relève non seulement que les mots s'interposent entre notre esprit et la vérité que l'entendement veut contempler et comprendre, mais aussi que « l'art d'augmenter cet inconvénient a fait la plus considérable partie de l'étude des hommes, et a passé pour érudition, et pour subtilité d'esprit »[3]. C'est là une thèse d'inspiration baconienne au moins en partie.

Locke associe, d'autre part, cette thèse à l'adoption d'une grille de lecture indissociablement baconienne et cartésienne. Il soutient tout d'abord que « le premier et le

1. *Essai philosophique sur l'entendement humain op. cit.*, 9, § 21, p. 395-396.
2. *Ibid.*, p. 396.
3. *Ibid.*, p. 396.

plus visible abus » des mots consiste à se servir de mots « auxquels on n'attache aucune idée claire et distincte, ou, qui pis est, qu'on établit signes, sans leur faire signifier aucune chose »[1]. Il convoque ainsi une problématique élaborée par Descartes notamment à l'article 71 de la première partie des *Principes* et dont nous avons parlé dans notre premier chapitre. Par ailleurs, il affirme que « la plupart des sectes de philosophie et de religion » ont introduit des mots ne signifiant aucune idée claire et déterminée ; ceci revient à faire un usage opératoire des idoles du théâtre baconiennes, et à retravailler les critères distinguant selon Descartes les idées claires et distinctes. Locke ajoute enfin « qu'on apprend les mots avant que d'apprendre les idées qui leur appartiennent », ce qui reprend l'idée de Descartes qu'il ne sert à rien de se réfugier derrière une définition, si l'on ne cherche pas à concevoir la chose sur laquelle elle porte. Les remarques de Descartes sur la définition s'inscrivent donc dans un espace textuel vaste, auquel elles sont redevables pour leur élaboration et qu'elles contribuent à constituer et à développer.

Cet exemple permet de comprendre, par la métonymie, qu'à l'âge classique, les textes philosophiques rationalistes et empiristes portant sur des questions de théorie de la connaissance se situent les uns par rapport aux autres moins dans une opposition binaire que dans une interaction constante. 1) Dans la mesure où leurs auteurs se posent la question de la relation entre la pensée et le langage, ils prennent tous position sur chacun de ces deux pôles et sur ce qui les lie, à savoir la question du rôle du langage dans la construction du savoir et

1. *Ibid.*, III, 10, § 2, p. 397-398.

dans l'expression de la pensée en général; et 2) cette communauté de questionnement fait que des arguments identiques peuvent se trouver chez eux, tout en étant associés à des conclusions divergentes.

Dans ces conditions, pour prendre pleinement la mesure des propositions cartésiennes, il ne faut pas les considérer comme une entité qui émerge d'elle-même. Il faut les relier à leur contexte d'apparition et de réception immédiate, et montrer que la toile de fond à partir de laquelle Chomsky réfléchit est bien plus vaste que ce qu'il en dit.

Soient les deux traits constituant la linguistique cartésienne : le fait de la créativité linguistique, qui fonde la distinction entre l'homme et l'animal et la définition de l'homme comme être composé d'un corps et d'une âme; l'hypothèse de la pertinence qu'il y a à développer d'un point de vue linguistique cette distinction entre le corps et l'âme, en étudiant le langage non seulement du point de vue de sa physicalité mais aussi du point de vue de la manière dont il signifie les pensées.

Nous allons montrer que Gassendi, Locke, Condillac et Rousseau, tout en critiquant les thèses de Descartes sur l'âme et l'instinct de bêtes, ainsi que sur la séparation de la *ratio* humaine, acceptent son idée de la centralité du langage et de son rapport à la pensée (même si c'est pour les analyser autrement). À cette fin, nous dégagerons chez ces auteurs 1) la présence et le retravail des remarques de Descartes sur le langage, en tant que différence spécifique de l'homme par rapport à l'animal. Nous étudierons 2) l'influence de l'idée cartésienne selon laquelle on peut étudier une phrase à partir de la façon dont elle exprime une pensée ou à partir de sa forme physique, dans la compréhension qu'ont ces auteurs du fonctionnement de l'esprit humain, en particulier Rousseau et Condillac, quand ils débattent sur la question de l'origine des langues. Nous verrons 3) comment la question de l'intersubjectivité, qui se construit en territoire cartésien, de l'auteur du *Discours de la méthode* à Cordemoy, arrive dans l'empirisme moderne.

LA DIFFÉRENCE ENTRE L'HOMME ET L'ANIMAL

Après avoir construit le concept de créativité linguistique, Chomsky relève avec raison que la thèse cartésienne d'une irréductibilité entre le langage humain, sans cause mécanique assignable, et les modes de communication des animaux, déterminés d'un point de vue organique, n'a, pour ainsi dire, pas fait l'objet d'une réfutation expresse[1]. Mais il a tort de dire que « les discussions ultérieures n'ont guère essayé de reprendre ou de réfuter les arguments cartésiens sur les limites de l'explication mécanique »[2]. Nous allons voir, au contraire, que de telles discussions existent et qu'elles sont instructives sur le plan linguistique, précisément dans la perspective selon laquelle il aborde cette discipline, à savoir, en la reliant à des questions de philosophie de la connaissance et du langage. Nous prendrons l'exemple de Gassendi et de Condillac.

Ces études de cas montreront 1) que Chomsky n'est pas le premier à comprendre l'invention cartésienne du concept de substance pensante comme le « principe

---

1. Chomsky cite Rosenfield, *From Beast-Machine to Man-Machine* (Fair Lawn (NJ), Oxford University Press, 1941), dans *La linguistique cartésienne, op. cit.*, p. 25, note 13.
2. *La linguistique cartésienne, op. cit.*, p. 27.

explicatif » de ce phénomène qu'est le langage [1]. Ce geste, constitutif à ses yeux de la linguistique cartésienne, est déjà présenté comme typiquement cartésien par ces philosophes empiristes. 2) Voir comment Gassendi et Condillac réfléchissent sur la nature de l'homme en tenant compte de la manière dont Descartes s'y prend pour faire de la capacité de parler le critère de l'humanité, fera apparaître que les coordonnées cartésiennes de ce problème, sur lesquelles Chomsky se concentre, sont bel et bien déterminantes dès l'âge classique.

Gassendi et Condillac sélectionnent des matériaux précis dans des textes cartésiens, dont ils ont une connaissance de première main, et cette sélection leur permet de constituer la position cartésienne du rapport entre la pensée et le langage dans des termes qui ne sont pas fondamentalement différents de ceux de Chomsky, quand il lit ces textes à son tour. Gassendi et Condillac mettent en effet l'accent, comme Chomsky, sur des questions de physiologie et d'irréductibilité éventuelle du langage à cette dimension de l'homme car, comme lui, ils établissent un lien de cause à effet entre la compréhension qu'a Descartes du phénomène du langage et son élaboration du concept de substance pensante.

---

1. Voir par ex. la seconde conférence de *Le langage et la pensée* qui évoque « le postulat par Descartes de la pensée comme *principe explicatif* » (p. 29-30). Nous soulignons. C'est la formalisation logique d'une idée énoncée ainsi dans *La linguistique cartésienne* : « Présumant qu'il est *impossible d'expliquer* mécaniquement l'aspect créateur de l'utilisation normale du langage, Descartes en conclut, qu'outre le corps, il faut attribuer à autrui un esprit, substance dont l'essence est la pensée. Les arguments qu'il offre pour attribuer un aspect aux corps qui ressemblent au sien, montrent bien que la substance postulée joue le rôle de « principe créateur », à côté du « principe mécanique » qui rend compte des fonctions du corps » (p. 21). Nous soulignons.

On le voit quand ils mettent en perspective la position de Descartes d'un point de vue historique, en tant qu'expression d'un désaccord fondamental avec Montaigne. C'est un fait bien connu : dans sa lettre au marquis de Newcastle du 23 novembre 1646, Descartes reconnaît qu'en expliquant le langage chez l'homme par la présence de la pensée en lui, et qu'en soutenant que « la parole, étant ainsi définie, ne convient qu'à l'homme seul », il prend position contre Montaigne et même contre Charron, tous deux partisans de l'âme des bêtes. L'analyse historique que Descartes donne lui-même de sa position autorise Gassendi et Condillac à comprendre son approche du langage comme l'autre face d'une pièce déjà constituée par l'auteur des *Essais*, la référence à Charron n'étant, généralement, pas reprise.

Certes, cette restitution de la perspective de Descartes va de pair avec la revendication d'une prise de position contre elle, associée à un usage à cette fin de deux des arguments déployés par Descartes contre Montaigne. Mais paradoxalement cette démarcation assumée par rapport à Descartes manifeste une vraie proximité par rapport au noyau fondamental de son groupe d'idées sur le langage et la pensée. Elle revient même à valider son hypothèse suivant laquelle c'est en lien avec la question du mécanisme qu'il faut réfléchir sur le langage en tant qu'expression de la pensée.

Soit d'abord la lecture de Gassendi. On le sait, Descartes se refuse à dire des bêtes « qu'elles parlent entre elles, mais que nous ne les entendons pas ; car, comme les chiens et quelques autres animaux nous expriment leurs passions, ils nous exprimeraient aussi bien leurs pensées s'ils en avaient »[1], et il justifie cette position en référence à la grande similitude des organes phonatoires des hommes et des animaux, car elle est loin d'interdire *a priori* l'émission de sons proches, qui ne se produit pourtant pas. Il exprime par là son hostilité envers l'idée de Montaigne selon laquelle :

> C'est à deviner, à qui est la faute de ne nous entendre point : car nous ne les entendons non plus qu'elles nous. Par cette même question, elles nous peuvent estimer bêtes, comme nous les en estimons. Ce n'est pas grand'merveille si nous ne les entendons pas ; aussi ne faisons-nous les Basques et les Troglodites. Toutefois aucuns ne se sont vantés de les entendre, comme Apollonius Thyaneus, Melapsus, Tyresias, Thales et autres. Et puisqu'il est ainsi, comme disent les cosmographes, qu'il y a des nations qui reçoivent un chien pour leur Roi il faut bien qu'ils donnent certaine interprétation à sa voix et mouvements. Il nous faut remarquer la parité qui est entre nous[2].

Or, c'est exactement l'argument repris contre Descartes par Gassendi dans un passage de la *Disquisitio Metaphysica* où il estime que l'absence de cohérence de son approche de l'âme rend nécessaire d'attribuer une âme aux bêtes. La logique générale du propos de Gassendi est montanienne : même si Gassendi considère la différence entre l'homme et l'animal du point de vue

---

1. À Newcastle du 23 novembre 1646, AT IV, p. 575 ; *OC* VIII-2, p. 453. Voir aussi *Discours de la méthode*, AT VI, p. 58 ; *OC* III, p. 119-120 : dans ce dernier cas, il n'y a pas de référence à Montaigne mais les mêmes arguments et références aux Anciens, dont certains sont cités par Montaigne dans texte ci-dessous.

2. *Essais*, II, 12, *op. cit.*, p. 453. Voir aussi : « il y a plus de distance de tel à tel homme qu'il n'y a de tel homme à telle bête » (*ibid.*, p. 258).

de l'homme, ce qui le différencie de Montaigne, il pense, comme lui, cette différence en termes quantitatifs et non qualitatifs. Il écrit :

> Vous dites qu'*elles ne parlent pas* : mais si elles ne profèrent point de paroles humaines (aussi ne sont-elles point des hommes), elles en profèrent pourtant qui leur sont propres, et dont elles usent comme nous usons des nôtres. *Un fou*, dites-vous, *peut bien assembler plusieurs mots pour signifier quelque chose, ce que néanmoins la Bête la plus intelligente ne saurait faire.* Mais voyez s'il est bien équitable de votre part d'exiger d'une bête les paroles d'un homme, et de ne pas tenir compte de celles qui lui sont propres [1].

Par-là, Gassendi dit à Descartes que conclure, comme il le fait, à l'absence du langage chez l'animal à partir d'une incompréhension des sons émis par ce dernier est une expression de la présomption humaine : que, par définition, les animaux ne disposent pas de « *voces humanas* » ne suffit pas pour établir qu'ils ne disposent pas de « *voces proprias* ».

Du texte de Montaigne dont l'enjeu, moral, est d'affirmer que l'homme n'est pas fondé à utiliser l'animal au service de la revendication prétentieuse de son excellence dans la création, Gassendi fait ainsi l'élément d'une argumentation contre la thèse cartésienne de la différence de nature de l'âme par rapport au corps, discutable, à ses yeux, en raison de la fragilité de sa justification physiologique. Parce que Gassendi, tout en adoptant, comme Descartes, une

---

1. P. Gassendi, *Disquisitio Metaphysica seu Dubitationes et Instantiae adversus Renati Cartesii Metaphysicam et Responsa*, texte établi, traduit et annoté par B. Rochot, Paris, Vrin, 1962, p. 152-153.

approche mécaniste de la nature et du vivant, explique le fonctionnement corporel en termes non cartésiens, il ne peut que rejeter l'hypothèse de ce dernier que le langage a une cause extra-corporelle[1]. Il critique donc Descartes par Montaigne non pas en raison de son idée d'un lien privilégié entre le langage et la pensée, mais à cause des contours qu'il donne à cette dernière. Comme l'auteur des *Essais*, contre celui du *Discours*, Gassendi aborde la pensée dans les termes d'une action corporelle et inintelligible, si elle n'est pas mise en relation avec le corps, en tant qu'il constitue un espace d'expression à part entière. Mais par là même, il s'inscrit, comme Descartes avant lui, dans un paradigme mécaniste.

Il en va de même chez Condillac, alors qu'il critique la mécanisation cartésienne de l'instinct des animaux :

> Les philosophes ont été fort embarrassés pour expliquer l'instinct des bêtes. Il leur est arrivé, ce qui ne peut manquer toutes les fois qu'on raisonne sans être remonté à l'origine des choses : je veux dire qu'incapables de prendre un juste milieu, ils se sont égarés dans les deux extrémités. Les uns ont mis l'instinct à côté ou même au-dessus de la raison ; les autres ont rejeté l'instinct et ont pris les bêtes pour de purs automates. Ces deux opinions sont également ridicules, pour ne rien dire de plus[2].

Dans ce texte, une allusion très claire à Descartes, à l'horizon de la mention d'auteurs qui « ont pris les bêtes pour de purs automates », sert de contrepoint à une

---

1. P. Gassendi, *Disquisitio*, *op. cit.*, p. 148.
2. Condillac, *Essai sur l'origine des connaissances humaines*, *op. cit.*, I, II, 4, § 43, p. 104. Voir aussi *Traité des animaux*, *op. cit.*, II, 5, p. 487-495.

référence à Montaigne : le traitement de la question de la causalité de l'action chez l'animal laisserait à désirer chez l'un comme chez l'autre. Ici, Condillac met en cause à la fois la thèse cartésienne selon laquelle l'action d'un animal est explicable entièrement par la manière dont ses organes sont disposés par la nature, « ainsi qu'on voit qu'une horloge, qui n'est composée que de roues et de ressorts, peut compter les heures, et mesurer le temps, plus justement que nous avec toute notre prudence »[1], et la thèse montanienne selon laquelle la raison est présente en l'animal et selon laquelle elle n'est pas toute-puissante en général et dans l'homme en particulier. Ce renvoi dos-à-dos de Montaigne et de Descartes traduit, comme chez Gassendi, la claire conscience de ce que le second entend s'opposer au premier en déconstruisant certains de ses arguments. En l'occurrence, en comprenant en termes mécaniques l'industrie dont témoignent les animaux dans « quelques-unes de leurs actions »[2], Descartes refuse la solution de Montaigne, pour qui « l'industrie naturelle des bêtes » interdit de les considérer comme dénuées d'intelligence, hypothèse qu'il illustre par de nombreux exemples[3].

Condillac, à la différence de Gassendi, ne prend pas le parti de Montaigne contre Descartes. Il associe Descartes et Montaigne pour leurs opinions « ridicules ». Il leur reproche en effet de n'avoir enquêté ni sur la genèse de

---

1. *Discours de la méthode*, VI, p. 59 ; *OC* III, p. 120.
2. *Ibid.*
3. Voir par ex. : « Est-il police réglée avec plus d'ordre, diversifiée à plus de charges et d'offices, et plus constamment entretenue que celle des mouches à miel ? Cette disposition d'actions et de vacations si ordonnée, la pouvons-nous imaginer se conduire sans discours et sans providence ? » (Montaigne, *Essais*, II, 12, *op. cit.*, p. 454-455).

l'instinct ni sur celle de la raison. À ses yeux, ce défaut de méthode prive leur propos de consistance. C'est un « embarras » qu'il entend lever : en discutant à la fois l'idée cartésienne qu'il n'y a pas d'âme des bêtes et l'idée montanienne qu'il n'y a pas de hiérarchie à faire entre cette âme et celle des hommes, il se donne les moyens de penser l'instinct animal en lui-même et pour lui-même, en tant qu'il est un degré de connaissance à part entière[1]. Cette prise de distance par rapport à Descartes permet à Condillac de situer la césure entre l'homme et l'animal au niveau de l'usage de la réflexion.

Condillac se sert donc des outils conceptuels de Descartes en pensant leur déploiement à nouveaux frais, autour d'une nouvelle approche de l'âme. Selon Condillac, chez l'animal, l'imagination supplée au défaut de mémoire qui l'empêche de se souvenir de lui-même et à son gré des perceptions liées dans son cerveau. Chez l'homme, l'association de la mémoire et de l'imagination est fondatrice :

> Aussitôt que la mémoire est formée, et que l'exercice de l'imagination est à notre pouvoir, les signes que celle-là rappelle, et les idées que celle-ci réveille, commencent à retirer l'âme de la dépendance où elle était de tous les objets qui agissaient sur elle. Maîtresse de se rappeler les choses qu'elle a vues, elle peut y porter son attention et la détourner de celles qu'elle voie. Elle peut ensuite la rendre à celles-ci, ou seulement à quelques-unes, et la donner alternativement aux unes et aux autres[2].

---

1. *Traité des animaux*, op. cit., II, 5, p. 487-495.
2. *Essai sur l'origine des connaissances humaines*, op. cit., I, II, 5, p. 106.

Condillac appelle « réflexion » cette application libre de l'attention à un objet. Il retrouve de la sorte la leçon de Gassendi. En effet ce dernier accorde un primat à la réflexion plutôt qu'à la conscience, quand il construit le concept d'âme[1]. En ce sens, il remet en question la logique sous-tendant l'affirmation cartésienne du *cogito* :

> Mais c'est d'abord une chose tout à fait fortuite que cette idée, *Je pense*, vous vienne à l'esprit plutôt qu'une autre ; car il est certain que vous ne pouvez l'avoir par l'effet d'un choix ; le choix en effet est un jugement, mais vous vous êtes privé de jugement, et celui-ci : *Moi, je pense*, tient le premier rang dans la série. C'est pourquoi tous les jugements qui dans la suite viendront s'y superposer n'auront aucune espèce de nécessité, mais dépendront du même hasard que celui-là[2].

Pour Gassendi, comme, au terme de la *Première Méditation*, l'esprit est dépouillé de tout préjugé, c'est-à-dire vide de tout jugement, il n'a rien sur quoi fixer son attention. Il n'a pas matière à réflexion. Par suite, l'idée selon laquelle *je pense*, que Descartes fait venir à l'esprit au début de la *Seconde Méditation*, n'est pas apte à jouer le rôle de fondement de la science, qu'entend lui attribuer son auteur. Elle est dénuée de nécessité logique. En défendant cette thèse, Gassendi met en cause la pertinence de la caractérisation cartésienne de la pensée comme « *illud omne quod sic in nobis est, ut ejus nomine immediate conscii simus* »[3]. Ainsi après avoir rapporté, comme Chomsky, la formation du

---

1. Voir A. Charrak, *Empirisme et théorie de la connaissance op. cit.*
2. *Disquisitio, op. cit.*, p. 82-83.
3. AT VII, p. 160 ; « tout ce qui est tel en nous, que nous en sommes immédiatement connaissants » (AT IX, p. 125).

concept cartésien de substance pensante à la recherche d'un principe explicatif du phénomène du langage, il souligne, à la différence de ce dernier, que cette approche de la pensée est problématique. Pourquoi a-t-il besoin de disqualifier Descartes ?

Tout comme le fera Condillac, il prend acte de la manière nouvelle d'aborder l'action de penser que l'étude du langage donne à Descartes l'occasion de produire, parce qu'il estime cette nouveauté décisive du point de vue de ce que doit être une élaboration philosophique au sujet de la nature de l'homme. Ni Gassendi ni Condillac n'adoptent la perspective de l'historien de la philosophie ; même Condillac, qui parle de l'embarras des « philosophes » sur la question de l'âme des bêtes, ne restitue pas les modalités de constitution de la position de Descartes en la matière, pas plus qu'il ne la situe précisément sur le plan historique, par-delà son opposition à Montaigne, à laquelle il fait jouer un rôle archétypal. Ni Gassendi et Condillac ne s'inscrivent dans la perspective d'une histoire des idées : ils ne retracent pas l'histoire des idées concernant les points communs et les différences entre l'homme et l'animal, ils ne font pas de Descartes un indicateur d'un état des savoirs à un moment donné de cette histoire. Gassendi et Condillac se placent sur un plan philosophique : ils se saisissent des propositions cartésiennes à propos du langage, parce qu'elles fournissent à leurs yeux des matériaux capitaux dans une perspective anthropologique. Ils ont donc besoin d'elles pour construire leurs propres hypothèses à ce sujet.

Tout d'abord, l'approche cartésienne du langage joue un rôle opératoire essentiel dans la réflexion de Gassendi sur la nature humaine. En effet, Gassendi ne se contente pas de s'interroger, après Descartes, sur l'existence d'une différence spécifique de l'homme par rapport à l'animal ; il se sert des propositions cartésiennes à ce sujet, en pensant à nouveaux frais la relation entre les concepts d'esprit et de corps sur lesquels elles prennent appui. Il accorde par là une certaine validité aux remarques de Descartes sur le langage et la pensée, à titre de position de la question du propre de l'homme, à partir de laquelle il y a du sens à construire toute nouvelle enquête sur le sujet.

Dans la *Disquisitio*, dans son « réquisitoire » contre la *Seconde Méditation*, qui se décompose en huit « doutes », et plus précisément à la fin de l'exposé du sixième de ces « doutes », il commence par refuser la thèse cartésienne de la nature incorporelle de l'esprit humain, et son corollaire, l'idée que l'esprit est plus connu que le corps. Dans ce sixième temps, Gassendi se consacre à la question de savoir au sujet des bêtes, « *si Mens sit res sentiens, imaginans, etc.* ». Il se propose d'établir le caractère contradictoire de la définition cartésienne de l'âme et de tirer de cette contradiction la nécessité d'aborder à nouveaux frais la question de la différence entre l'homme et l'animal.

À ce stade de son raisonnement, il a soutenu que Descartes, en présentant l'âme comme ne consistant qu'à penser, a postulé que le corps n'a rien à voir avec l'intelligence. Selon Gassendi, Descartes, en disant « Je suis donc absolument une chose qui pense, c'est-à-dire un esprit, une âme, une intelligence, une raison » [1], prétend en effet dépouiller l'esprit du corps, c'est-à-dire faire fi de la caractérisation traditionnelle de l'âme comme principe d'animation du corps. Ainsi qu'il l'écrit dans son « Quatrième Doute », Gassendi voit là la conséquence

---

1. « *Sum igitur praecise res cogitans, id est mens, sive animus, sive intellectus, sive ratio* », *Disquisitio, op. cit.*, p. 122- 123.

logique de la thèse de la cinquième partie du *Discours*, qui est au point de départ des remarques cartésiennes sur le langage :

> Vous semblez y prétendre que toutes les fonctions attribuées tant à l'âme végétative qu'à l'âme sensitive ne dépendent pas de l'âme raisonnable, et qu'elles peuvent s'exercer avant que cette dernière soit présente, comme aussi bien elles s'exercent chez les Bêtes, chez lesquelles vous soutenez qu'il n'y a point du tout de raison [1].

Descartes, en distinguant l'âme et le corps, ne penserait pas vraiment à nouveaux frais le fonctionnement du corps, en vue de fonder une physique mécanique. Il reprendrait, en le complexifiant, le concept aristotélicien d'âme, comme principe d'animation du corps : il ne considèrerait plus seulement que le comportement plus ou moins complexe d'un vivant est déterminé par les fonctions plus ou moins élaborées de son âme ; il supposerait possible de séparer nettement la sphère de l'âme végétative et sensitive de celle de l'âme raisonnable. Il confèrerait en effet à la raison un rôle hégémonique et préciserait que tout ne relève pas de sa législation.

Dans son « Cinquième Doute » Gassendi a ensuite affirmé que le projet cartésien de réduction de l'âme à la pensée, tel qu'il le reconstitue, est inconsistant car incohérent. Descartes, tout en aspirant à séparer radicalement la chose qui pense de son corps, ne pourrait pas y parvenir au bout du compte, dans la mesure où parmi les opérations qu'il attribue en propre à l'esprit, certaines, en l'occurrence la sensation et l'imagination, à la fois mobilisent le corps et sont la condition du déploiement

---

1. *Disquisitio, op. cit.,* p. 122.

de la conception. Descartes commettrait donc une erreur logique : ne pas prouver réellement la distinction de l'intellect et de l'imagination. Selon Gassendi en effet, quand Descartes évoque la connaissance des corps dans la *Seconde Méditation*, et qu'il dit qu'elle requiert le support de l'image, il reconnaît, même si c'est malgré lui, que toute notre connaissance tire son origine des sens [1], seuls à même de produire des images des choses. Descartes s'avèrerait donc incapable de démontrer la pertinence de sa séparation des opérations de l'âme de celles du corps.

Dans le « Sixième Doute », où il fait intervenir la question du langage, Gassendi tire de la mise en lumière de cette contradiction supposée, une raison de critiquer l'approche cartésienne de la distinction entre l'homme et l'animal. Concrètement, si l'âme sent, l'animal, qui sent, a une âme au même titre que l'homme [2]. Autrement dit, le fait d'avoir une âme n'est pas le propre de l'homme : « L'homme, encore qu'il soit le plus parfait des animaux, n'est cependant pas en dehors du nombre des animaux » [3]. L'homme et la bête sont des animaux, l'un est seulement plus noble que l'autre. « Car le fait que vous vous appliquiez spécialement la dénomination d'esprit peut constituer une dénomination d'une nature plus noble,

---

1. *Ibid.*,   p. 138-139.   Gassendi associe l'adage d'origine aristotélicienne selon lequel « tout ce qui est dans l'intellect doit d'abord avoir été dans le sens » à l'énoncé de sa thèse selon laquelle, si les matériaux de la connaissance sont le produit d'une rencontre, donc, relèvent d'une part de hasard, la connaissance proprement dite se construit par analogie, composition, division, augmentation, diminution.

2. *Ibid.*, p. 148-149.

3. *Ibid.*, p. 150-151.

mais non pas pour cela d'une nature différente »[1]. En d'autres termes, sur le plan ontologique, il n'y a aucun sens à affirmer, comme le fait Descartes, que ce qui soutient l'homme, qui est un corps mis en rapport avec le monde à partir de ce que ses sens lui en font percevoir, est d'ordre incorporel. Pour Gassendi, il est indiscutable que l'esprit soit autre chose que le corps dans ce que celui-ci a de visible, c'est-à-dire en tant qu'il se décompose en membres et en organes ; mais ce fait est loin de suffire à établir l'immatérialité de cet esprit comme le voudrait Descartes[2]. Dans ces conditions, ce dernier peut bien évidemment créer la dénomination d'esprit ct lui faire désigner l'âme de l'homme ; cependant, le fait de l'usage de cette catégorie linguistique à propos de ce seul référent ne veut pas dire que sous la généralité de ce nom se cache une réalité singulière. Ce n'est en soi qu'une manière de parler.

Cette thèse de Gassendi est, du reste, ce qui l'autorise à se moquer de Descartes en lui disant, dès le début de son analyse critique de la *Seconde Méditation*, que s'il a en propre d'être un esprit séparé du corps, il n'est pas homme. À l'observation faite par Descartes dans son texte qu'il n'a en lui rien qui appartienne à la nature du corps, Gassendi réagit en effet en disant : « À partir de cet endroit, vous ne vous considérez plus comme un homme entier, mais vous vous considérez comme étant cette partie la plus intérieure et la plus cachée qui est telle que vous aviez pensé être l'âme »[3]. Selon Gassendi, Descartes s'autorise d'une dénomination arbitraire pour

---

1. *Disquisitio, op. cit.*, p. 150-151.
2. *Ibid.*, p. 156-157.
3. *Ibid.*, p. 88-89.

se dispenser d'une enquête ontologique méthodique et systématique sur la nature humaine prise en son entier ; il ne tient pas compte du fait qu'un homme entier comprend un corps et une âme, pas une âme seule [1]. Adresser ce reproche à Descartes conduit Gassendi à faire preuve d'ironie à son égard :

> Je m'aperçois ici que je suis en proie à l'hallucination. Car je croyais m'adresser à une âme humaine, c'est-à-dire à ce principe intérieur qui fait que l'homme vit, sent, change de lieu, comprend ; et en fait je ne parlais qu'à un pur esprit : car vous êtes non seulement dépouillé de votre corps, mais aussi de votre âme même en tant que principe végétatif [2].

Derrière l'idée évidemment fantaisiste que l'auteur des *Méditations* ne serait peut-être qu'un fantôme, proposant des hallucinations en lieu et place de raisonnements, se joue une question philosophiquement fondamentale, celle de savoir comment produire une définition réelle de l'homme.

Or dans le « Sixième Doute », pour instruire cette question construite à partir d'une critique de Descartes, Gassendi fait référence au langage, c'est-à-dire en l'occurrence à un argument d'inspiration cartésienne. Gassendi veut montrer en effet que Descartes a tort de dire que seul l'animal agit par impulsion, tandis que l'homme agirait par choix et que sa liberté s'éprouverait précisément dans sa capacité de résister à ses impulsions. À cette fin, il convoque, comme Descartes, la parole, mais il le fait dans un sens non cartésien, considérant,

1. *Ibid.*, p. 92-93.
2. *Ibid.*, p. 122-123.

dans la suite de Montaigne, que celle-ci n'a pas qu'une forme humaine :

> *Le chien*, dites-vous, *aboie par pure impulsion, et non par choix, comme l'homme parle.* Mais il y a chez l'homme des raisons de penser qu'il parle impulsivement : car ce que vous attribuez à un choix réfléchi provient pour la plus grande part de la force de l'impulsion, et chez chaque animal aussi il y a un pouvoir de choix là où l'impulsion est la plus vive. En vérité, j'ai vu un chien qui réglait son aboiement sur le son d'une trompette de telle sorte qu'il imitait toutes les variations du son, aigu ou grave, lent ou rapide, bien qu'on les produisît de façon arbitraire et à l'improviste, soit en les augmentant, soit en les prolongeant [1].

Selon Gassendi, l'exemple d'un chien qui règle son aboiement sur les variations du son d'une trompette, impossibles à anticiper, témoigne de la capacité des animaux à faire des choix en situation, autant que l'expérience la plus quotidienne atteste du caractère impulsif et non réfléchi des paroles des hommes. L'enjeu est d'établir que les bêtes ne sont pas de purs mécanismes, mais qu'elles disposent d'une certaine faculté de connaître à l'aide de laquelle s'orienter. Si cette thèse est correcte, Descartes n'est plus fondé à faire de la parole l'apanage d'un homme se distinguant spécifiquement de l'animal par sa liberté et sa raison.

À ce point, Descartes répond à Gassendi qu'introduire la question de l'âme des bêtes dans la *Seconde Méditation* est hors de propos, étant donnée l'organisation analytique du raisonnement de son livre, qui veut qu'au moment où l'esprit médite sur soi-même il ne peut expérimenter si les bêtes pensent ou non (« En effet l'esprit occupé à méditer

---

1. *Disquisitio, op. cit.*, p. 150-151.

intérieurement sur soi-même peut bien expérimenter qu'il pense, mais non pas encore si les bêtes pensent ou non ; et il ne recherche cela qu'ensuite et seulement *a posteriori*, à partir des opérations dont elles sont capables » [1]).

Ce faisant, même si la logique de son argument est indiscutable, il ne répond que par l'esquive au problème essentiel soulevé par Gassendi en confrontant des passages de la cinquième partie du *Discours* à la *Seconde Méditation*. En effet, si, dans les *Méditations*, Descartes produit une compréhension erronée du mode de formation des idées en l'esprit, parce qu'il se trompe sur la nature de celui-ci, sa thèse du *Discours* selon laquelle c'est l'action immatérielle de penser qui explique le fait matériel de parler, se défait automatiquement : que l'action de raisonner soit possible à tout être doté de sensation ne peut pas ne pas invalider en retour l'idée que le raisonnement est le propre de l'homme, en tant que seul vivant à ne pas se réduire à des déterminations physiologiques causées par l'environnement dans lequel il évolue. Ceci implique que le schéma cartésien de l'antériorité logique de la pensée par rapport au langage n'a pas la portée anthropologique que son auteur lui reconnaît. Des paroles peuvent bien exprimer une pensée préalablement constituée ; celle-ci étant le produit de la capacité d'élaboration de tout animal par rapport aux matériaux fournis par l'expérience, n'est, par suite, pas le propre de l'homme. Les remarques de Descartes sur le langage interviennent ainsi à titre opératoire dans la réflexion de Gassendi sur la nature humaine.

Elles interviennent ensuite chez Condillac, par exemple, dans le passage de l'*Essai sur l'origine des*

1. *Ibid.*, p. 152-153.

connaissances humaines que nous avons évoqué et où il rapproche Descartes et Montaigne, car ils réfléchissent sur le propre de l'homme sans analyser son âme d'un point de vue génétique. Selon la méthode analytique de Condillac, la connaissance de la nature de l'âme est indissociable de celle de l'histoire de la formation et du développement de ses opérations. L'expérience est source de progrès dans la connaissance de l'environnement, non seulement pour des raisons ontologiques, parce qu'elle seule permet de se confronter aux objets à connaître, mais surtout pour des raisons gnoséologiques, parce que c'est dans le processus matériel de cette confrontation que l'esprit développe les ressorts de son intelligence. Cet examen génétique de la connaissance obéit à une exigence de rationalité : il s'agit de vérifier si une thèse, en l'occurrence celle de Descartes de l'âme comme propre de l'homme, a été dérivée correctement sur le plan logique, à partir d'un petit nombre de principes préalablement identifiés. Condillac applique ainsi à Descartes une grille d'intelligibilité cartésienne.

Son rapport critique au cartésianisme[1] s'exprime par sa réélaboration de l'idée de Descartes que l'animal a l'instinct alors que l'homme a la raison. D'après Condillac en effet, tant l'animal que l'homme reçoivent, organisent et utilisent des informations des sens, en fonction des rencontres qu'ils font et des besoins qu'ils ont. Dans ces conditions, il devient nécessaire de renverser la position cartésienne pour voir dans quelle mesure l'instinct doit vraiment être situé dans une extériorité par rapport à

---

1. « Descartes n'a connu ni l'origine ni la génération de nos idées », *Essai sur l'origine des connaissances humaines, op. cit.*, p. 60.

l'intelligence et dans quelle mesure il doit être considéré comme le monopole de l'animal.

En ce sens Condillac fait d'abord de l'instinct l'autre nom de l'imagination, en tant que celle-ci peut suffire à expliquer des actions qui paraissent raisonnées, parce qu'elles sont raisonnables, mais qui ne le sont pas, au sens où elles ne sont pas le produit de la réflexion.

> L'instinct n'est qu'une imagination dont l'exercice n'est point du tout à nos ordres, mais qui, par sa vivacité, concourt parfaitement à la conservation de notre être. Il exclut la mémoire, la réflexion et les autres opérations de l'âme. La folie admet au contraire l'exercice de toutes les opérations ; mais c'est une imagination déréglée qui les dirige. Enfin la raison résulte de toutes les opérations de l'âme bien conduites [1].

Ensuite, Condillac explique que cette caractérisation de l'instinct comme source d'une action cohérente non produite par la réflexion, s'applique au moins autant à l'homme qu'à l'animal :

> Quoique fort occupés d'une idée, les objets qui nous environnent continuent d'agir sur nos sens : les perceptions qu'ils occasionnent en réveillent d'autres auxquelles elles sont liées, et celles-ci déterminent certains mouvements dans notre corps. Si toutes ces choses nous affectent moins vivement que l'idée qui nous occupe, elles ne peuvent nous en distraire, et par là il arrive que, sans réfléchir sur ce que nous faisons, nous agissons de la même manière que si notre conduite était raisonnée : il n'y a personne qui ne l'ait éprouvé. Un homme traverse Paris et évite tous les embarras avec les mêmes précautions que s'il ne pensait qu'à ce

1. *Ibid.*, I, II, chap. XI, § 95, p. 133.

qu'il fait : cependant il est assuré qu'il était occupé de toute autre chose[1].

Cet exemple montre bien sûr, pour le dire avec les mots de Leibniz, que Condillac voit l'homme comme un être empirique dans la plupart de ses actions. Mais surtout, il fait voir que Condillac est loin de refuser de reprendre à son compte l'idée cartésienne d'un lien entre le mécanisme et le vivant, c'est-à-dire l'idée que le comportement d'un animal consiste dans un ensemble de réactions mécaniques à des stimulations de son environnement. Condillac étend ici cette idée à l'homme, soutenant que la survenue de certaines images à son esprit peut déterminer son action, sans qu'il ait même à réfléchir.

Par-là, il repense la ligne de démarcation entre l'homme et l'animal élaborée par Descartes, sans remettre en cause le principe qui justifie la position de l'auteur du *Discours*. D'un côté, il introduit dans la pensée une dimension machinale, absente chez Descartes. Mais d'un autre côté, il précise, comme Descartes, que le propre de l'homme précisément ne se situe pas là. Il soutient en effet que celui-ci se distingue de l'animal par la maîtrise de son attention que le langage lui permet d'acquérir, et grâce à laquelle des opérations mentales complexes peuvent se développer chez lui.

Cette thèse montre que Condillac, à la différence de Descartes, se place dans l'*Essai sur l'origine des connaissances humaines*[2] aux frontières d'une conception sémiotique de l'idée :

1. *Essai*, I, II, 4, § 42, p. 103.
2. Après l'*Essai sur l'origine des connaissances humaines*, cela redevient très classique.

> Je distingue trois sortes de signes. 1° Les signes
> accidentels, ou les objets que quelques circonstances
> particulières ont liés avec quelques-unes de nos
> idées, en sorte qu'ils sont propres à les réveiller. 2°
> Les signes naturels, ou les cris que la nature a établis
> pour les sentiments de joie, de crainte, de douleur,
> etc. 3° Les signes d'institution, ou ceux que nous
> avons nous-mêmes choisis, et qui n'ont qu'un rapport
> arbitraire avec nos idées[1].

Selon lui, l'homme ne saurait se réduire à obéir par instinct aux impressions faites par les choses sur ses sens, étant donné le fait de son invention et de son usage de signes d'institution. Condillac s'intéresse ici aux signes, car il aborde l'activité intellectuelle humaine dans les termes d'une opération de production de signification. L'esprit cherche à se relier à l'élément matériel sensible qu'il considère. Soit il le perçoit dans sa singularité, à partir des sensations qui s'impriment en lui. Soit il le pense, à l'aide des mots qu'il institue et grâce auxquels il peut construire des idées abstraites et générales, et même des objets de pensée non dérivés de la sensation, comme en mathématiques. Dénommer des idées rend ainsi possible de les lier les unes aux autres à sa guise, c'est-à-dire de les avoir présentes à l'esprit quand on veut les manipuler, quand bien même elles ne s'imposent pas à ce dernier suite à l'action des objets sur les sens[2]. Il y va de l'acquisition d'une maîtrise de sa pensée.

Le pouvoir de diriger son imagination que les mots lui donnent distingue l'homme de l'animal. Chez ce dernier, les opérations sont, pour le dire vite, du côté

1. *Essai*, I, II, 4, § 35, p. 100.
2. Voir en ce sens la distinction entre signes accidentels, signes naturels et signes d'institution, *ibid.*, p. 100.

d'une pure réception : « les opérations de l'âme des bêtes se bornent à la perception, à la conscience, à l'attention, à la réminiscence et à une imagination qui n'est point à leur commandement »[1]. Par suite, elles ne sont pas en leur pouvoir, ne leur permettant pas d'attacher leurs idées à des signes arbitraires, et, ainsi, de disposer elles-mêmes de leur attention. C'est là ce qui sépare radicalement les hommes d'elles.

Soient les mots d'« idée » et de « notion » :

> Le premier signifiant une perception considérée comme image, et le second une idée que l'esprit a lui-même formée, les idées et les notions ne peuvent appartenir qu'aux êtres qui sont capables de réflexion. Quant aux autres, tels que les bêtes, ils n'ont que des sensations et des perceptions : ce qui n'est pour eux qu'une perception, devient idée à notre égard, par la réflexion que nous faisons que cette perception représente quelque chose[2].

Si les hommes, comme les animaux, perçoivent ce qui les entoure, cependant, à la différence de ces derniers, ils ne peuvent s'en tenir là, en raison de leur recours au langage. Celui-ci assure le progrès de leur imagination, car il les rend capables de réveiller une perception, « par la seule force de la liaison que l'attention a mise entre elle et un objet »[3], quand cet objet se présente à la vue. Le langage permet le progrès de leur mémoire : il leur donne le moyen de se rappeler le nom d'une perception déjà éprouvée, « quelques-unes des circonstances qui les ont accompagnées, et une idée abstraite de perception »[4]. Il

---

1. *Essai*, I, II, 4, § 43, p. 104.
2. *Ibid.*, I, III, 3, § 16, p. 147-148.
3. *Ibid.*, I, II, 2, p. 90, § 17.
4. *Ibid.*, I, II, 2, § 18, p. 90.

est la cause du progrès de leur contemplation, opération qui « consiste à conserver, sans interruption, le nom ou les circonstances d'un objet qui vient de disparaître »[1]. Le maniement des mots fait ainsi des hommes des êtres capables de réflexion, « cette manière d'appliquer de nous-mêmes notre attention tour à tour à divers objets, ou aux différentes parties d'un seul »[2], opération dont l'exercice est facilité par la direction de l'attention vers des objets complexes dont l'étude requiert la liaison d'un grand nombre de signes et d'idées.

> C'est à la réflexion que nous commençons à entrevoir tout ce dont l'âme est capable. Tant qu'on ne dirige point soi-même son attention, nous avons vu que l'âme est assujettie à tout ce qui l'environne, et ne possède rien que par une vertu étrangère. Mais si, maître de son attention, on la guide selon ses désirs, l'âme alors dispose d'elle-même, en tire des idées qu'elle ne doit qu'à elle, et s'enrichit de son propre fonds[3].

La réflexion place l'homme en position, pour ainsi dire, de producteur face à ses perceptions, en raison de l'infinité des manières de les disposer qu'elle lui donne, en tant qu'elle a pour effets sensibles notamment la distinction entre les idées et l'abstraction[4].

Par cette thèse, Condillac, tout en se situant dans une très grande extériorité par rapport à l'innéisme cartésien, reprend malgré tout à son compte un schéma de pensée cartésien. En effet, 1) il dit que le propre de l'homme se joue dans la capacité qu'il a de faire des choix librement, en n'étant déterminé ni par l'état de son corps ni par l'état

1. *Ibid.*, I, II, 2, § 19, p. 91.
2. *Ibid.*, I, II, 5, § 48, p. 106.
3. *Ibid.*, I, II, 5, § 51, p. 108.
4. *Ibid.*, I, II, 6, p. 110-112.

de l'environnement dans lequel il se trouve. 2) Il fait un lien entre la possession du langage et l'élaboration de la pensée. Certes, il avance que c'est la capacité de parler qui fonde la capacité de penser, alors que Descartes dit précisément l'inverse. Il n'en reste pas moins que sa structuration plutôt sémiotique de la question est déterminée par sa connaissance de la position cartésienne, représentationnaliste.

Une confirmation de cette connaissance est encore donnée par la reprise à son compte par Condillac d'un argument cartésien déjà évoqué et consistant à souligner que dans les animaux rien ne s'oppose *a priori*, sur le plan physiologique, à l'articulation de sons. Il écrit en ce sens :

> Voilà où l'on commence à apercevoir la supériorité de notre âme sur celle des bêtes ; car, d'un côté, il est constant qu'il ne dépend pas d'elles d'attacher leurs idées à des signes arbitraires ; et de l'autre, il paraît certain que cette impuissance ne vient pas uniquement de l'organisation. Leur corps n'est-il pas aussi propre au langage d'action que le nôtre ? Plusieurs d'entre elles n'ont-elles pas tout ce qu'il faut pour l'articulation des sons ? Pourquoi donc, si elles étaient capables des mêmes opérations que nous, n'en donneraient-elles pas des preuves ?[1]

Condillac exprime ici son accord avec l'idée de Descartes d'un silence des bêtes dont la cause n'est pas assignable en termes corporels. D'un côté, à la différence de ce dernier, il n'interprète pas ce silence comme l'indice d'une absence de pensée. Il le rapporte en effet à la possession d'une pensée très rudimentaire. D'un autre côté, cependant, cette thèse n'équivaut pas à une

---

1. *Essai*, I, II, 4, § 46, p. 105.

sortie du cartésianisme, dans la mesure où elle revient à réaffirmer que c'est parce que l'homme parle, qu'il peut penser comme il le fait. La déconstruction du concept de substance pensante au profit d'une focalisation logique sur l'analyse de la pensée comme opération, donne lieu à la reprise d'une conclusion cartésienne, déjà évoquée dans notre précédent chapitre, et rappelée au début de celui-ci, à savoir que l'homme pense d'abord et avant tout, à partir de la pensée sédimentée dans l'usage ordinaire du langage.

Ainsi, comme Gassendi avant lui, et même si c'est sur des bases différentes, 1) Condillac entérine l'idée illustrée exemplairement chez Descartes et selon laquelle une théorie de la relation entre le langage et la pensée n'est ni plus ni moins qu'une hypothèse sur la nature de l'homme ; 2) il le fait en refusant l'idée cartésienne d'homme comme substance pensante et en pensant le concept d'âme d'un point de vue anthropologique, c'est-à-dire en abordant de manière critique l'idée cartésienne que la possession d'une âme est le propre de l'homme. Les remarques de Descartes sur le langage constituent donc bel et bien pour ses contemporains un point de repère fournissant de la matière à élaborer à quiconque souhaitant prendre en vue l'articulation entre l'anthropologie et la linguistique à l'âge classique.

Dans quelle mesure ces réélaborations empiristes de Descartes sont-elles productives d'un point de vue thétique ? Dans cet espace problématique ouvert par le questionnement cartésien, quel statut accorder aux conclusions cartésiennes ? Nous étudierons ces deux questions successivement, afin de dérouler davantage la toile de fond de la lecture que Chomsky donne de Descartes.

L'ESPRIT DE L'HOMME

Partons d'un constat : dans l'*Essai philosophique concernant l'entendement humain*, dans *l'Essai sur l'origine des connaissances humaines*, dans le *Discours sur l'origine et les fondements de l'inégalité parmi les hommes*, ainsi que l'*Essai sur l'origine des langues*, qui s'ouvre avec la phrase « la parole distingue l'homme entre les animaux », respectivement Locke, Condillac et Rousseau se proposent d'analyser les dispositions de l'homme, et ils considèrent, dans ce cadre, les langues comme des indicateurs de son développement. Leur prise en vue de ce qui relève de la culture est rendue possible par l'élaboration d'un rapport paradoxal aux propositions cartésiennes en matière de définition de l'homme, en tant qu'elles paraissent mettre au second plan les questions d'histoire et donc de construction de l'homme par la culture.

D'un côté, comme nous l'avons vu, ces auteurs refusent la théorie cartésienne de l'esprit, pour des raisons pas nécessairement identiques, mais convergentes. Selon Locke, il est contradictoire de soutenir qu'il y a des vérités dans l'âme dont elle ne s'aperçoit pas : si des choses sont imprimées dans l'âme, alors, du même mouvement, elles ne peuvent pas ne pas être aperçues[1]. Rousseau soutient quant à lui que ce qui conduit l'homme à vouloir progresser dans la connaissance ne s'explique pas par le fait d'avoir été doté de lumières :

> Quoi qu'en disent les moralistes, l'entendement humain doit beaucoup aux passions, qui, d'un commun aveu, lui doivent beaucoup aussi : c'est par leur activité

---

1. J. Locke, *Essai philosophique concernant l'entendement humain*, *op. cit.*, I, 1, § 5, p. 9.

que notre raison se perfectionne; nous ne cherchons à connaître que parce que nous désirons de jouir, et il n'est pas possible de concevoir pourquoi celui qui n'aurait ni désirs ni craintes se donnerait la peine de raisonner[1].

Comme Condillac, Rousseau fait de la situation sensible de tout individu, en tant qu'elle le requiert, ce qui détermine l'orientation de son intelligence, pas donnée au préalable. De Locke à Rousseau, est donc mise en cause une approche de la pensée comme étant le propre d'une substance pouvant être considérée en elle-même, indépendamment de toute prise en compte des objets auxquels elle s'applique et des modalités selon lesquelles elle s'y applique.

Mais, d'un autre côté, tout en critiquant cette méthode, déployée par Descartes quand il cherche à expliquer ce qui distingue l'homme de l'animal, à savoir la capacité de parler, Locke, Condillac et Rousseau reprennent très largement à leur compte ses analyses de ce qui fait que l'animal ne peut être considéré comme doté du langage. Certes, ils questionnent la radicalité de la comparaison entre l'homme et l'animal utilisée par Descartes en vue d'assigner une causalité non mécanique au langage, et donc d'en faire le propre de l'homme, non d'un animal-machine. Ils ne l'invalident pas cependant. Locke, Condillac et Rousseau soulignent que le silence des bêtes n'a pas de cause physiologique, précisément parce qu'ils reprennent à leur compte l'idée de Descartes que l'enracinement corporel du langage n'est pas son fondement logique.

---

1. *Discours sur l'origine et les fondements de l'inégalité parmi les hommes*, dans J.-J. Rousseau, *Œuvres Complètes*, t. 3, *Du Contrat social. Écrits politiques*, Paris, Gallimard, « Bibliothèque de la Pléiade », 1964, p. 143.

Par exemple, si l'on en croit Locke,

> On ne saurait dire que c'est faute d'organes propres
> à former des sons articulés qu'elles [les bêtes] ne
> font aucun usage ou n'ont aucune connaissance des
> mots généraux, puisque nous en voyons plusieurs qui
> peuvent former de tels sons, et prononcer des paroles
> assez distinctement, mais qui n'en font jamais une
> pareille application [1].

Il en va de même pour Rousseau :

> Les animaux ont pour cette communication une
> organisation plus que suffisante, et jamais aucun
> d'eux n'en a fait cet usage. Voilà, ce me semble, une
> différence bien caractéristique. Ceux d'entre eux
> qui travaillent et vivent en commun, les castors, les
> fourmis, les abeilles ont quelque langue naturelle pour
> s'entre-communiquer, je n'en fais aucun doute. Il y a
> même lieu de croire que la langue des castors et celle
> des fourmis sont dans le geste et parlent seulement aux
> yeux. Quoi qu'il en soit, par cela même que les unes et
> les autres de ces langues sont naturelles, elles ne sont
> pas acquises ; les animaux qui les parlent les ont en
> naissant ; ils les ont tous, et partout la même ; ils n'en
> changent point, ils n'y font pas le moindre progrès. La
> langue de convention n'appartient qu'à l'homme [2].

Pour Locke, comme pour Rousseau, ce n'est donc pas
la différence des organes qui explique que l'homme parle
et non l'animal.

---

1. *Essai philosophique concernant l'entendement humain, op. cit.*,
II, 11, § 11, p. 114.
2. Rousseau, *Essai sur l'origine des langues*, dans *Œuvres
Complètes*, t. 5, *Écrits sur la musique, la langue et le théâtre*, Paris,
Gallimard, « Bibliothèque de la Pléiade », 1995, p. 379.

C'est bien pourquoi, comme le disait déjà Descartes, le fait de la possibilité du dressage ne saurait constituer un argument en vue d'un langage animal : « on peut dresser les perroquets et plusieurs autres oiseaux à former des sons articulés et assez distincts, cependant ces animaux ne sont nullement capables de langage »[1]. Si l'animal, comme l'homme, a « ses organes façonnés de telle manière qu'ils sont propres à former des sons articulés que nous appelons des mots », en revanche, à la différence de l'homme, il n'est pas « capable de se servir de ces sons comme de signes de conceptions intérieures »[2]. Le présupposé cartésien d'un dressage rendu possible par une exploitation mécanique systématique des passions des animaux n'est donc pas invalidé.

Cette reprise par Locke du modèle cartésien ne se fait certes pas sans un détournement de cette image du dressage :

> Il y a non seulement des enfants, mais des hommes faits, qui parlent souvent comme des perroquets, se servant de plusieurs mots par la seule raison qu'ils ont appris ces sons, et qu'ils se sont fait une habitude de les prononcer[3].

De fait, l'homme, de par son éducation, n'échappe pas à un conditionnement culturel, qui peut le conduire lui aussi à un usage mécanique du langage : il peut ânonner des formules toutes faites, avoir un recours, pour ainsi dire, non humain, au langage, c'est-à-dire un usage qui n'est pas tel que les mots employés signifient

---

1. *Essai philosophique concernant l'entendement humain*, *op. cit.*, III, 1, § 1, p. 322.
2. *Ibid.*, § 1 et § 2, p. 322.
3. *Ibid.*, III, 2, § 7, p. 327.

les idées de celui qui parle. Il n'en reste pas moins qu'en énonçant cette thèse, Locke se fait, là encore, cartésien : il convoque ici de manière opératoire l'idée avancée dans les *Principes*, et déjà discutée dans notre ouvrage, que « par un usage qui nous devient familier dès le berceau »[1], apprendre des sons articulés, sans prendre la peine d'examiner leur signification ou de la déterminer, c'est appliquer davantage ses pensées aux mots qu'aux choses. Donc sur le fond, il valide en le développant le schéma cartésien selon lequel ce qui rend humains des sons articulés ce n'est pas tant leur matérialité que leur signification, qui n'est pas donnée, car elle est l'objet d'une construction mentale.

Cette relation paradoxale à la lettre de la position cartésienne en matière de langage s'explique par le fait que chez Locke, Condillac et Rousseau, la conservation de l'insertion de la question du langage dans une enquête sur la nature de l'homme va de pair avec l'affirmation de la nécessité de redéfinir cette nature en procédant à des recherches nouvelles sur ce que l'esprit humain a en propre, étant entendu que cette redéfinition prend appui sur les coordonnées cartésiennes de la question.

Le débat entre Condillac et Rousseau sur l'origine des langues le montre, parce qu'il repose sur un questionnement conceptuellement structuré par le cartésianisme sur la part de mécanique et de non mécanique dans la construction de la pensée et du langage. En effet ces auteurs, tout en critiquant Descartes, reprennent un certain nombre de ses thèses (sur le caractère non pertinent de la différence des organes, ou de la preuve par le dressage). En particulier,

---

1. *Essai philosophique concernant l'entendement humain*, *op. cit.*, III, 2, § 7, p. 327.

ils attribuent tous au langage et au développement des langues le rôle de critère de l'humanité.

Il est indéniable tout d'abord que Condillac et Rousseau, en mettant les réactions de l'homme face au présent de son environnement au point de départ du développement du langage, font précisément ce que Descartes se refuse à faire, puisqu'il estime que ces réactions ne sont pas porteuses de la rationalité caractéristique du langage humain. Rappelons la logique de leur argumentation : Condillac et Rousseau imputent le développement des langues au besoin, selon « un des lieux communs de la pensée sensualiste et encyclopédiste »[1].

Cela ne les empêche pas, bien sûr, d'être en désaccord entre eux quant à la détermination des contours de ce besoin. Pour Condillac, ce dernier est d'ordre physique et physiologique : parler sert, originellement, à demander à autrui ses secours. C'est ce qui ressort de la fiction de l'*Essai sur l'origine des connaissances humaines* de deux enfants ayant vécu séparément et en venant à vivre ensemble[2]. Pour Rousseau en revanche, si besoin il y a, il est moral :

> Toutes les passions rapprochent les hommes que la nécessité de chercher à vivre force à se fuir. Ce n'est ni la faim, ni la soif, mais l'amour, la haine, la pitié, la colère, qui leur ont arraché les premières voix. Les fruits ne se dérobent point à nos mains, on peut s'en nourrir sans parler ; on poursuit en silence la proie dont on veut se repaître ; mais pour émouvoir un jeune cœur,

1. J. Chouillet, « Descartes et le problème de l'origine des langues au XVIIIᵉ siècle », *Dix-huitième siècle* 4, 1972, p. 58.

2. Condillac, *Essai sur l'origine des connaissances humaines.*, II, I, 1, 62, *op. cit.*, p. 196.

pour repousser un agresseur injuste, la nature dicte des accents, des cris, des plaintes[1].

La communauté de perspective entre Condillac et Rousseau ne les empêche pas non plus d'avoir entre eux des désaccords de méthode. Dès le *Discours sur l'origine et les fondements de l'inégalité*, Rousseau se montre critique à l'égard de la méthode qui sous-tend la thèse condillacienne en matière de genèse des langues. La position d'un moment de l'invention des langues lui paraît discutable pour des raisons logiques. Rousseau part en effet du postulat que, si pour raisonner, il faut conférer à certains faits le statut de principe, il faut comprendre aussi que « les données de départ sont désormais inapparaisantes. De là résulte la nécessité de les reconstituer et, pour tout dire, de les fabriquer ou de les *feindre* – d'élaborer une fiction telle qu'elle permet de rendre compte du développement de l'homme sans présupposer ce qui n'est donné qu'à la fin »[2]. Comme l'a montré A. Charrak, Rousseau, en procédant ainsi, reprend à son compte la logique qui préside à l'élaboration de la fable du monde cartésienne telle qu'elle est mise en

---

1. J.-J. Rousseau, *Essai sur l'origine des langues*, *op. cit.*, p. 380. Cela n'empêche pas que Condillac associe fermement besoins physiologiques et passions dans *Essai...*, II, I, 2, § 5, p. 197. Voir *Discours sur l'origine et les fondements de l'inégalité*, *op. cit.*, p. 143 *sq*. Si l'on en croit une note de la *Grammaire*, « quand je parle d'une première langue, je ne prétends pas établir que les hommes l'ont faite, je pense seulement qu'ils l'ont pu faire » (*Grammaire*, I. II, dans Condillac, *Œuvres Complètes*, t. 5, Genève, Slatkine Reprints, 1970, p. 370). Pour aller plus loin sur la question de l'origine des langues, voir S. Auroux, *La question de l'origine des langues* suivi de *L'historicité des sciences*, Paris, P.U.F., 2007. En part, p. 31-40 (« Les programmes du XVIIIᵉ siècle »).

2. A. Charrak, *Rousseau. De l'empirisme à l'expérience*, *op. cit.*, p. 23.

forme dans les *Principes de la philosophie* : de même que Descartes recourt à la fiction pour engendrer « sur un mode diachronique l'ensemble des relations systématiques composant le monde actuel et qui ainsi, nous rend plus aisément compréhensible un ordre que Dieu a créé tout d'un coup », de même, chez Rousseau, l'hypothèse génétique est « en charge de produire l'analyse de ce qui est en en exposant la composition progressive fictive »[1]. Condillac a donc tort, parce qu'il a mal analysé les choses : le fonctionnement naturellement autonome des hommes, identifié par Rousseau, interdit de poser en principe que la nature les rapproche en vue de la satisfaction de leurs besoins mutuels. C'est bien pourquoi, du reste, Rousseau, dans le *Discours*, accorde à la fiction de l'état de nature la fonction de rendre raison à nouveaux frais de ce qu'il estime être l'état présent des hommes[2].

Dans tous les cas, il s'agit pour Condillac et Rousseau, pour le dire avec les mots de Voltaire[3], de contribuer à mettre un terme au « roman de l'âme » initié par Descartes, marqué par « la vanité de croire qu'on pense toujours », et développé par d'autres « raisonneurs » après lui, tel que Malebranche.

Il n'en reste pas moins que s'ils critiquent la position cartésienne de la question du propre de l'homme sur le plan noétique, ils se servent à cette fin des outils conceptuels mis en place par Descartes dans ce cadre, en l'occurrence, de l'idée du caractère entièrement mécanique du comportement animal et ils la réélaborent.

---

1. *Ibid.*, p. 24-25.
2. *Ibid.*, p. 26 *sq.*
3. Voltaire, Lettre 13 dans *Lettres philosophiques*, O. Ferret et A. McKenna (éd.), Paris, Classiques Garnier, 2010, p. 109.

En effet, si leur propos sur le caractère mécanique du comportement animal est globalement convergent par rapport à Descartes, ils ne voient pas dans les animaux de purs automates : l'empirisme estimant que les idées naissent des sensations, en conclut que les animaux en ont donc eux aussi. À partir de là, pour Condillac et Rousseau la question de la nature de l'homme ne peut plus se formuler dans les termes d'une distinction radicale entre l'homme et l'animal ; elle se décompose en question de savoir ce que l'homme a de commun avec l'animal et ce que l'homme a de supérieur par rapport à l'animal. Ils s'inscrivent donc dans le paradigme mécaniste cartésien, identifié par Chomsky, et ils en testent les limites.

Selon Rousseau, « l'homme sauvage, livré par la nature au seul instinct, ou plutôt dédommagé de celui qui lui manque peut-être, par des facultés capables d'y suppléer d'abord, et de l'élever ensuite fort au-dessus de celle-là, commencera donc par les fonctions purement animales : apercevoir et sentir sera son premier état, qui lui sera *commun avec tous les animaux* »[1]. Rousseau, commençant par identifier les éléments de la communauté entre l'homme et l'animal, l'aperception et la sensation, aborde donc la question de ce qui distingue l'homme par rapport à l'animal dans des termes quantitatifs, pas éloignés de ceux utilisés par Montaigne à ce sujet, et auquel il fait allusion dans le passage canonique ci-dessous :

> Tout animal a des idées puisqu'il a des sens, il combine même ses idées jusqu'à un certain point, et l'homme ne diffère à cet égard de la bête que du plus au moins. Quelques philosophes ont même avancé

---

1. *Discours sur l'origine et les fondements de l'inégalité, op. cit.*, p. 142-143. Nous soulignons.

qu'il y a plus de différence de tel homme à tel homme
que de tel homme à telle bête ; ce n'est donc pas tant
l'entendement qui fait parmi les animaux la distinction
spécifique de l'homme que sa qualité d'agent libre.
La nature commande à tout animal, et la bête obéit.
L'homme éprouve la même impression, mais il se
reconnaître libre d'acquiescer, ou de résister ; et c'est
surtout dans la conscience de cette liberté que se montre
la spiritualité de son âme : car la physique explique en
quelque manière le mécanisme des sens et la formation
des idées ; mais dans la puissance de vouloir ou plutôt
de choisir, et dans le sentiment de cette puissance on
ne trouve que des actes purement spirituels, dont on
n'explique rien par les lois de la mécanique[1].

Faisant de l'hypothèse de l'origine empirique des idées
un argument en faveur de la thèse d'une communauté
entre les animaux et les hommes, Rousseau cherche la
supériorité des derniers par rapport aux premiers dans
une qualité à laquelle l'organisation physiologique de
ceux-ci ne leur permet pas d'accéder : la liberté, définie
dans les termes d'une capacité à résister à certaines de ses
impulsions. À la différence de ce qu'il fera dans d'autres
textes, il n'insiste ici ni sur la complexité de l'entendement
humain[2], plus grande que celle des animaux, ni sur les

1. *Ibid.*, p. 141-142.
2. Exemple « l'une des acquisitions de l'homme, et même des plus
lentes, est la raison. L'homme apprend à voir des yeux de l'esprit ainsi
que des yeux du corps ; mais le premier apprentissage est beaucoup
plus long que l'autre, parce que les rapports des objets intellectuels ne
se mesurant pas comme l'étendue, ne se trouvent que par estimation,
et que nos premiers besoins, nos besoins physiques, ne nous rendent
pas l'examen de ces mêmes objets si intéressant » (*Lettre à Christophe
de Beaumont*, dans *Œuvres complètes IV. Émile. Education. Morale.
Botanique*, Paris, Gallimard, « Bibliothèque de la Pléiade », 1969,
p. 951).

modalités de sa formation. Il se contente de poser une théorie naturaliste de l'esprit « qui ménage une place centrale aux conditions corporelles de la formation des pensées »[1], l'originalité de l'homme tenant précisément dans le fait qu'il peut prendre position par rapport au contenu de ces pensées.

En effet, Rousseau fonde une anthropologie et pas seulement une physique. Son « entreprise [...] consiste au fond à étendre à une théorie générale de l'homme, considéré dans tous ses rapports, une méthode que Condillac destinait d'abord à l'élaboration d'une métaphysique bien fondée »[2]. Cette démarche lui permet de ne pas s'en tenir à une caractérisation abstraite de l'homme comme pur esprit. Elle lui permet de réunir cet esprit au corps qui le porte. Elle le conduit à prendre en considération le fait que l'homme a à vivre dans un horizon éthique, qui a des conditions de possibilité politiques, et le fait que l'intelligence de l'homme peut se développer parce qu'il se trouve dans un tel cadre.

C'est pourquoi Rousseau, dans la suite de Condillac, peut écrire : « qu'on songe de combien d'idées nous sommes redevables à l'usage de la parole »[3]. 1) Il ne veut pas dire qu'on peut selon lui, effectivement observer les progrès d'une langue et mesurer leurs conséquences sur le fonctionnement de l'esprit. Il ne se place pas d'un point de vue historique, inaccessible, à ses yeux[4], mais dans une fiction, entendue comme recherche logique des causes

1. A. Charrak, *Rousseau – De l'empirisme à l'expérience*, op. cit., p. 97.

2. *Ibid.*, p. 16.

3. *Discours sur l'origine et les fondements de l'inégalité*, op. cit., p. 146. Pour Condillac, nous renvoyons à *Traité des animaux*, II, 4, introduction de F. Dagognet, Paris, Vrin, 1987, p. 481-487.

4. *Discours sur l'origine et les fondements de l'inégalité*, op. cit., p. 146-148.

qui font que les hommes possèdent le langage. 2) Dans cet espace argumentatif, il entend dire qu'en société la confrontation des hommes les uns aux autres, qui passe par les mots, les conduit à former des idées générales grâce auxquelles ils peuvent penser[1]. Une fois élucidé le lieu physique et symbolique où l'homme s'invente comme homme, à savoir la société, en tant qu'elle met en jeu la dimension de la culture, Rousseau peut reprendre l'analyse de ce qui sépare irréductiblement l'homme de l'animal, en l'occurrence la capacité réflexive, en tant qu'elle se déploie par le truchement des mots, hors d'accès de l'animal, comme nous l'avons vu. Il remodèle ainsi l'approche cartésienne de l'âme et du rapport entre le langage et la pensée.

Ce n'est pas à dire cependant qu'il y ait entre Descartes, d'un côté, et des empiristes comme Rousseau et Condillac, de l'autre, une « coupure épistémologique »[2]. Si l'on en croit notamment Jacques Chouillet, certes Descartes se distingue évidemment des philosophes des Lumières en n'envisageant pas de généalogie des langues, mais cela n'empêche pas qu'à travers son argumentation, il se montre tout sauf hostile à l'égard des questions d'historicité. C'est ainsi que dans la cinquième partie du *Discours*, il insère ses remarques sur le langage dans un passage qui est « l'amorce d'une expérimentation abstraite sur l'idée d'origine »[3]. Alors qu'il résume dans ce texte son traité *De l'homme*, il écrit :

1. « Les idées générales ne peuvent s'introduire dans l'esprit qu'à l'aide des mots, et l'entendement ne les saisit que par des propositions. C'est une des raisons pourquoi les animaux ne sauraient se former de telles idées, ni jamais acquérir la perfectibilité qui en dépend » (*ibid.*, p. 149).

2. J. Chouillet, « Descartes et le problème de l'origine des langues au XVIIIe siècle », art. cit., p. 50.

3. *Ibid.*

De la description des corps inanimés et des plantes, je passai à celle des animaux, et particulièrement à celle des hommes. Mais pource que je n'en avais pas encore assez de connaissance pour en parler du même style que du reste, c'est-à-dire en démontrant les effets par les causes, et faisant voir de quelles semences et en quelle façon la nature les doit produire, je me contentai de supposer que Dieu formât le corps d'un homme entièrement semblable à l'un des nôtres, tant en la figure extérieure de ses membres qu'en la conformation intérieure de ses organes, sans le composer d'autre matière que de celle que j'avais décrite, et sans mettre en lui au commencement aucune âme raisonnable, ni aucune autre chose pour y servir d'âme végétante ou sensitive, sinon qu'il excitât en son cœur un de ces feux sans lumière que j'avais déjà expliqués, et que je ne concevais point d'autre nature que celui qui échauffe le foin lorsqu'on l'a renfermé avant qu'il fût sec, ou qui fait bouillir les vins nouveaux lorsqu'on les laisse cuver sur la râpe[1].

Descartes fait ici procéder son anthropologie de l'hypothèse d'un homme-machine, et donc aussi ses idées sur le langage, dont l'élaboration le conduit à modifier cette hypothèse en la comparant à celle de l'animal-machine. Ce mode de raisonnement, qui relève d'une « expérience dans l'imaginaire »[2], met en jeu une interrogation sur la nature de l'homme en tant qu'elle fait l'objet d'un engendrement, c'est-à-dire qu'elle engage une genèse.

Dans cette mesure, il y a donc bel et bien une continuité logique entre Descartes, d'une part, Condillac

1. *Discours de la méthode*, AT V, p. 45-46 ; *OC* III, p. 111-112.
2. J. Chouillet, « Descartes et le problème de l'origine des langues au XVIIIe siècle », art. cit., p. 47.

et Rousseau, d'autre part. Sans être d'accord sur le mode de formation de l'esprit, 1) ils reconnaissent tous la nécessité, pour penser ce dernier, de l'aborder du point de vue de sa genèse ; 2) dans cette perspective, ils attribuent tous au langage et au développement des langues le rôle d'indicateur. Toutefois, la manière dont ils conçoivent ce rôle du langage diverge. Soient par exemple les « termes du langage ordinaire »[1]. Descartes souligne d'abord qu'il convient de s'en méfier, en tant qu'ils sont facteurs d'erreur de raisonnement. Condillac et Rousseau, en revanche, commencent par signaler le rôle essentiel de ces termes dans le développement de l'intelligence, en tant qu'ils donnent accès à la généralité et donc permettent la réflexion. Nous allons voir que cette dissymétrie est l'expression d'un intérêt commun pour la question de l'intersubjectivité et d'un refus de l'aborder dans les mêmes termes.

AUTRUI ET LE LANGAGE

Remarquons, pour commencer, à la fois que l'intersubjectivité ne fait pas question pour Descartes et qu'elle constitue un phénomène philosophiquement essentiel à ses yeux, et à la portée linguistique très conséquente. Le philosophe considère en effet que l'homme, en tant qu'il a en propre d'être une « chose pensante », a des choses à dire et à entendre dire. C'est pourquoi, contrairement à ce que certains interprètes, parmi les plus autorisés, ont pu soutenir[2], il nous apparaît que, si dans

---

1. *Seconde Méditation*, AT IX, p. 25.
2. Voir par ex. J.-L. Marion, « L'*Ego* altère-t-il autrui ? La solitude du *cogito* et l'absence d'*alter ego* » dans *Questions cartésiennes*, Paris, P.U.F., 1991, p. 192-193.

les *Méditations* Descartes se focalise sur la substance pensante, il ne perd pas autrui de vue[1]. Par suite, il n'a pas à réengendrer l'intersubjectivité, en commençant par Dieu, parfois présenté comme le premier interlocuteur rencontré par l'esprit dans son parcours analytique[2].

Tout d'abord, dans la *Première Méditation*, quand il élabore les raisons de douter des sens, et qu'il dit qu'un objet peut ne pas nous apparaître également à tous, à la fois il soutient que, pour sa part, il ne peut aller jusqu'à mettre en doute l'évidence du corps propre et il reconnaît que d'autres, « des insensés »[3], y parviennent. Puis, il se refuse à intégrer ce constat de la diversité des points de vue sur soi-même et sur l'environnement partagé avec autrui, dans l'argumentation générale qu'il construit au service de la mise en doute du monde extérieur. Il écrit : « Mais quoi ? ce sont des fous, et je ne serais pas moins extravagant, si je me réglais sur leurs exemples »[4]. Le fait de l'intersubjectivité échappe donc à la mise en doute. Ce refus, textuellement bien assignable, explique qu'à aucun moment dans ce texte, Descartes n'entreprenne de « retrouver autrui ». Et ce, même quand, dans la *Sixième Méditation*, il revient sur le pouvoir des sens en mettant au point ce que doit être pour lui la grammaire de la

---

1. J. Cottingham défend la même hypothèse à propos d'autres textes métaphysiques cartésiens. Voir « "The only sure sign" : Thought and Language in Descartes », *op. cit.*, p. 35-36.

2. G. Matthews, « Descartes and the Problem of Other Minds », *Essays on Descartes' Meditations*, A. Oksenberg Rorty (ed.), Berlekey (CA), University of California Press, 1986, p. 223-241. Voir aussi G. de Cordemoy, *Six discours sur la distinction et l'union du corps et de l'âme. Discours physique de la parole*, K. S. Ong-Van-Cung (éd.), Paris, Vrin, 2016, p. 64.

3. *Méditation Première*, AT VII, p. 18 ; AT IX, p. 14.

4. *Ibid.*, AT VII, p. 19 ; AT IX, p. 14.

phénoménalité, c'est-à-dire, même quand il aborde de manière constructive l'espace sensible, qui est celui du rapport à autrui. Ce fonctionnement discursif confirme que pour lui le fait d'autrui s'impose de lui-même, autant que celui de l'union de l'âme avec le corps[1].

Dans ces conditions, pourquoi observe-t-il un silence sur la question de l'altérité dans les *Méditations métaphysiques* ? En réalité dans les *Méditations*, il cherche à fonder une physique, ainsi qu'il le dit à Mersenne dans une lettre où il lui demande aussi de rester discret sur ce sujet[2]. Dans ce cadre, il n'y aurait aucun sens à réserver un chapitre à autrui. Cette absence ne doit donc pas être comprise comme un rejet par le philosophe de la question de l'altérité.

De la présence de celle-ci dans son travail, attestent son intégration de la problématique du destinataire à son analyse de la construction du discours philosophique, ainsi que son approche d'autrui comme d'un être sensible et intellectuel à toucher, c'est-à-dire comme un interlocuteur avec lequel dialoguer, voire, auquel s'opposer en élaborant une pensée personnelle.

À Mersenne, Descartes écrit ainsi :

> J'éprouverai en la *Dioptrique* si je suis capable d'expliquer mes conceptions, et de persuader aux autres une vérité, après que je me la suis persuadée : ce que je ne pense nullement. Mais si je trouvais par expérience que cela fût, je ne dis pas que quelque jour

---

1. *Méditation Sixième*, AT VII, p. 75-76 ; AT IX, p. 59-60.
2. À Mersenne du 28 janvier 1641, AT III, p. 297-298 ; *OC* VIII-1, p. 449. « Je vous dirai entre nous que ces six Méditations contiennent tous les fondements de ma Physique. Mais il ne faut pas le dire s'il vous plaît ». Voir « *Semel in vita*. L'arrière-plan scientifique des *Méditations de Descartes* », in *Corps cartésiens. Descartes et la philosophie dans les sciences* (trad. fr. O. Dubouclez, Paris, P.U.F., 2004, p. 279-320).

> je n'achevasse un petit Traité de Métaphysique, lequel
> j'ai commencé étant en Frise, et dont les principaux
> points sont de prouver *l'existence de Dieu, et celle de
> nos âmes*, lorsqu'elles sont séparées du corps, d'où suit
> leur immortalité[1].

Autrement dit, en 1630, Descartes pose que de la
réception de sa *Dioptrique*, parue effectivement en 1637,
avec ces deux autres « essais » de la méthode que sont
la *Géométrie* et les *Météores*, dépend la poursuite de son
projet métaphysique, qui prend alors la forme d'un « petit
Traité de Métaphysique ». Par-delà l'allusion à un texte
qui n'a pas été retrouvé et n'a donc pu être comparé aux
développements de la métaphysique dans le *Discours* et
dans les *Méditations*, le propos de Descartes mérite d'être
relevé : s'il a pu « persuader *aux autres* une vérité » dont
il est persuadé lui-même, alors il y aura du sens pour
lui à produire encore du discours philosophique, sur un
autre objet. Descartes reconnaît donc une productivité
philosophique à un certain rapport d'autrui à son travail.

Sa référence à la persuasion, c'est-à-dire à la rhétorique, revient à rattacher la philosophie à l'acceptation par
autrui du discours qu'on lui présente. De fait, persuader
c'est avoir un effet sur autrui, en tant qu'il est un être
sensible. En formulant l'espoir que l'explication de ses
conceptions persuade autrui de leur vérité, Descartes
inscrit ses travaux dans l'horizon de la recherche d'une
« bonne » persuasion, délivrant, raisons à l'appui, le
bouleversement caractéristique de la persuasion[2].

---

1. À Mersenne du 25 novembre 1630, AT I, p. 182 ; *OC* VIII-1,
p. 85.
2. Voir M. Fumaroli : « ce qui écarte du *Discours* tout soupçon
de solipsisme, c'est le sens, chez ce platonicien chrétien, du banquet,
et d'abord du banquet des mots, de la fête de l'éloquence » (« La

Il précise les contours épistémologiques de cette idée notamment dans une lettre à Mersenne où il écrit : « j'ai seulement tâché par la *Dioptrique* et par les *Météores* de persuader que ma méthode est meilleure que l'ordinaire, mais je prétends l'avoir démontré par ma *Géométrie* »[1]. Il veut dire par là que la persuasion est un procédé explicatif appliqué aux objets de nature phénoménale, par distinction d'avec la démonstration, qui doit rendre raison des mathématiques pures. On peut être persuadé par le vrai, par exemple, à propos du fonctionnement des rayons lumineux, et s'efforcer de transmettre cette persuasion à autrui, par exemple, en écrivant la *Dioptrique* et en la donnant à lire à autrui. Le souci de Descartes de « persuader aux autres » une vérité dont il est persuadé rend donc compte de sa recherche d'une confirmation par autrui de la validité des raisons qu'il a identifiées comme soutenant cette vérité. Ceci revient à considérer autrui comme un *alter ego* qu'il s'agit de rencontrer, voire d'affronter, dans les mots et par les mots.

C'est pourquoi, il peut écrire dans *Le Monde* :

> Vous savez bien que les paroles, n'ayant aucune ressemblance avec les choses qu'elles signifient, ne laissent pas de nous les faire concevoir, et souvent même sans que nous prenions garde au son des mots, ni à leurs syllabes ; en sorte qu'il peut arriver qu'après avoir ouï un discours dont nous aurons fort bien compris le sens, nous ne pourrons pas dire en quelle langue il aura été prononcé[2].

diplomatie au service de la méthode rhétorique et philosophique dans le *Discours de la méthode* », *La diplomatie de l'esprit de Montaigne à La Fontaine*, Paris, Gallimard, 1998, p. 401).

1. À Mersenne de fin décembre 1637 ?, AT I, p. 478 ; *OC* VIII-1, p. 149.

2. *Le Monde, op. cit.*, p. 4.

Pour analyser la notion de parole, Descartes se concentre sur les paroles en tant qu'elles sont entendues et en tant que ce qui est alors retenu d'elles est ce qu'elles signifient, bien plus que la manière dont elles sont dites[1]. Il pose ainsi la question de la relation entre le langage et la pensée, en se plaçant dans la perspective de l'esprit, non seulement en tant qu'il compte s'exprimer, mais aussi en tant qu'il a à interpréter ce qu'il entend de ce qu'autrui lui dit.

Par suite, dans *La linguistique cartésienne*, Chomsky a bel et bien raison de présenter la substance pensante cartésienne comme vouée à parler et donc à sortir de soi. Il le fait, on le sait, en examinant les développements donnés aux remarques de Descartes sur le langage dans le *Discours physique de la parole*. Il rappelle que dans la suite de Descartes, Cordemoy relève que le comportement linguistique d'autrui, en tant qu'il est créatif et à propos, ne peut être expliqué en termes mécanistes, et que le fait de la parole, ainsi défini, autorise le postulat de l'existence d'autres esprits.

Il aborde le texte de Cordemoy sans restituer la progression logique en sept étapes de son argumentation. Certes, il met l'accent sur le fait que pour le philosophe

1. Les sons ne comptent qu'en tant qu'ils sont en liaison durable avec des pensées. « Lorsqu'on apprend une langue, on joint les lettres ou la prononciation de certains mots, qui sont des choses matérielles, avec leurs significations, qui sont des pensées ; en sorte que lorsqu'on ouït après derechef les mêmes mots, on conçoit les mêmes choses ; et quand on conçoit les mêmes choses, on se ressouvient des mêmes mots » (À Chanut du 1er février 1647, AT IV, 604 ; *OC* VIII-2, p. 678). Selon J.-P. Séris, l'apprentissage d'une langue vaut ici « non seulement à titre de modèle, mais comme preuve de la possibilité d'instituer, artificiellement mais aussi déjà naturellement, une liaison indéfectible entre des termes différant *toto coelo* », *Langages et machines à l'âge classique*, op. cit., p. 27.

cartésien 1) je sais que je ne suis pas le seul être à avoir un corps et une âme, grâce à mon observation dans d'autres corps que dans le mien de l'action consistant à parler de manière toujours nouvelle, en adéquation constante avec la situation, et grâce au fait que cette action a déjà été rendue intelligible par l'hypothèse que je dispose d'une âme. Chomsky prend en compte également le second temps du raisonnement de Cordemoy, selon lequel 2) la parole, qui donne des signes de la pensée en tant qu'elle s'appuie sur des signes d'institution, consiste à « faire connaître ce que l'on pense à qui est capable de l'entendre »[1]. Mais il ne fait pas état des enjeux physiques du propos du philosophe, en tant qu'il se propose ensuite de démêler en la parole « tout ce qui s'y rencontre de la part du corps » 3), et que cette démarche lui permet d'élaborer sa propre position au sujet de l'âme des bêtes 4). Enfin, il ne cherche pas non plus à dégager la portée morale du texte de Cordemoy, quand bien même ce dernier, après avoir dégagé les points communs et les différences entre ces manières d'exprimer nos pensées que sont la voix, l'écriture et les signes 5), et recherché les « causes physiques de l'éloquence » 6), en vient à faire du langage le paradigme de l'action volontaire 7)[2]. Comme Chomsky l'écrit, « l'important pour nous, plus que les efforts cartésiens pour rendre compte des facultés humaines, est l'accent mis sur l'aspect

---

1. Cordemoy, *Discours physique de la parole* [1668], Genève, Slatkine reprints, 1973, p. 21. Cf. *Six discours sur la distinction et l'union du corps et de l'âme*, K. Sang Ong-Van-Cung (éd.), *op. cit.*, p. 198.

2. D. Antoine-Mahut, « Langage et pouvoir chez Géraud de Cordemoy », *Langage et pouvoir à l'âge classique*, P.-F. Moreau et J. Robelin (éd.), Besançon, Presses Universitaires Franc-Comtoises, 2000, p. 221.

créateur de l'utilisation du langage, sur la distinction fondamentale qui sépare le langage humain des systèmes de communication animaux, purement fonctionnels et mus par des stimuli »[1].

Son point de vue est très cohérent par rapport à la lecture qu'il a proposée de Descartes, et il est justifié textuellement. On peut regretter cependant qu'il présente le passage de Descartes à Cordemoy comme une application par le second de préceptes à un objet négligé par le premier : autrui. Car, outre que cela induit une lecture partielle du *Discours physique de la parole*, cela ne tient pas compte non plus du fait que, comme nous l'avons vu, autrui est déjà présent au sein des remarques de Descartes sur le langage. Dans le rationalisme tel qu'il s'illustre chez Descartes et ensuite chez Cordemoy, l'étude de la relation entre le langage et la pensée engage la dimension de l'intersubjectivité : a) pour Descartes, on pense en se confrontant à ce qu'autrui nous dit, b) pour Cordemoy, l'appartenance des hommes à une communauté des esprits, c'est-à-dire des êtres capables d'exprimer leur pensée, les conduit à agir par la parole les uns sur les autres et à avoir d'autant plus de pouvoir qu'ils maîtrisent cette parole.

Comme nous allons le voir, ce schéma n'est pas l'apanage de ces auteurs, qui sont aussi, selon Chomsky, les deux premiers représentants de la linguistique cartésienne. Par exemple, selon Locke,

> § 1. Dieu ayant fait l'homme pour être une créature sociable, non seulement lui a inspiré le désir, et l'a mis dans la nécessité de vivre avec ceux de son espèce, mais de plus lui a donné la faculté de parler, pour que ce fût le grand instrument et le lien commun de cette

---

1. *La linguistique cartésienne, op. cit.*, p. 27.

société. C'est pourquoi l'homme a naturellement ses organes façonnés de telle manière qu'ils sont propres à former des sons articulés que nous appelons des mots. Mais cela ne suffisait pas pour faire le langage ; car on peut dresser les perroquets et plusieurs autres oiseaux à former des sons articulés et assez distincts, cependant ces animaux sont capables de langage.

§ 2. Il était donc nécessaire qu'outre les sons articulés, l'homme fût capable de se servir de ces sons comme de signes de conceptions intérieures, et de les établir comme autant de marques des idées que nous avons dans l'esprit, afin que par-là elles pussent être manifestées aux autres, et qu'ainsi les hommes pussent s'entre-communiquer les pensées qu'ils ont dans l'esprit[1].

Ce texte s'inscrit dans l'espace problématique ouvert par les propos de Descartes et de Cordemoy sur le rapport à autrui : que les paroles d'autrui fournissent de la matière à la pensée et que ces pensées aient vocation à s'exprimer met en lumière le caractère structurant du langage dans le cadre sociétal. Les remarques cartésiennes sur le langage appellent logiquement un développement sur le rôle et le statut de ce dernier en société.

Mais Locke ne se contente pas d'envisager les thèses cartésiennes du point de vue de leurs implications conceptuelles. Il rejoint en outre, sur le fond, la leçon de Descartes. En effet, s'il postule une sociabilité naturelle, ce qui confère des accents aristotéliciens à son argumentation, il justifie son hypothèse à l'aide d'arguments cartésiens. Non seulement il se place d'un point de vue mécanique, en considérant, dans la suite de

---

1. Locke, *Essai philosophique concernant l'entendement humain*, *op. cit.*, III, I, § 1-2, p. 322.

Descartes, que les hommes se parlent parce qu'en règle générale la nature leur en fournit les moyens physiques : elle façonne leurs organes phonatoires de manière à ce qu'ils puissent prononcer des sons articulés, c'est-à-dire des mots. Mais surtout, il précise que cet équipement organique ne suffit pas pour parler et qu'il faut de surcroît une capacité chez l'homme de constituer ces sons en signes d'institution renvoyant à des idées présentes en l'esprit. Dans son analyse du langage en tant qu'il s'agit d'une capacité qui a à s'exercer en société, il se donne donc un point de départ psycho-physique inspiré de Descartes.

Certes, à la différence de ce dernier, qui relie le rapport à autrui à la problématique rhétorique de la persuasion retravaillée dans une perspective épistémologique, Locke se place dans le cadre d'une réflexion sémantique sur la signification ; il se consacre à l'analyse de la fonction pratique du langage et la considère pour elle-même :

> § 1. […] Comme on ne saurait jouir des avantages et des commodités de la société sans une communication de pensées, il était nécessaire que l'homme inventât quelques signes extérieurs et sensibles par lesquels ces idées invisibles dont ses pensées sont composées, pussent être manifestées aux autres. […]

> § 2. […] Lorsqu'un homme parle à un autre, c'est afin de pouvoir être entendu ; et le but du langage est que ces sons ou marques puissent faire connaître les idées de celui qui parle, à ceux qui l'écoutent[1].

Dans ce passage de l'*Essai*, ce qui pose problème à Descartes, à savoir que les conceptions communément exposées par les hommes sont l'expression de leurs

---

1. Locke, *Essai philosophique concernant l'entendement humain*, *op. cit.*, III, 2, § 2, p. 325.

préjugés et de leur prévention, est accepté par Locke. Comme ce dernier le précise, « à cet égard, l'homme habile et l'ignorant, le savant et l'idiot se servent des mots de la même manière, lorsqu'ils lui attachent quelque signification »[1]. Autrement dit, les mots ont toujours pour fonction de signifier aux autres les idées présentes dans notre esprit, car ce qu'ils communiquent ce sont les concepts, les croyances et les expériences du locuteur[2].

À partir de là, la question de savoir comment faire correspondre des significations de manière à assurer la compréhension des hommes entre eux se pose[3]. Cette question a occupé de nombreux interprètes de la pensée de Locke, suite à une objection adressée à ce dernier entre autres par Frege, Wittgenstein et Putnam : comment est-il possible de communiquer si les mots signifient à l'origine des idées privées ?

Cette présentation « mentaliste » de la position de Locke a été discutée grâce à des recherches sur son approche de la signification. N. Kretzman a établi que chez Locke c'est seulement immédiatement que les mots ne signifient que les idées de l'utilisateur, de sorte que là où les idées signifiées immédiatement sont elles-mêmes des signes, c'est-à-dire des idées représentatives, leurs originaux peuvent signifier de manière médiate par ces mots[4].

1. *Ibid.*, § 3, p. 325.

2. Voir E. J. Ashworth, « Locke on Language », *Canadian Journal of Philosophy* 14, 1984, p. 72.

3. M. Lenz, *Lockes Sprachkonzeption*, Berlin-New York, De Gruyter, 2010.

4. N. Kretzman, « The Main Thesis of Locke's Semantic Theory », in *Locke on Human Understanding*, I. C. Tipton (éd.), Oxford, Oxford University Press, p. 133 ; première publication dans *Philosophical Review* 77, 1968, p. 175-196.

E. J. Ashworth, précisant le contexte dans lequel Locke écrit, a alors pu montrer que le fait que chez Locke les mots signifient les idées ne saurait les empêcher de remplir une fonction d'ordre social. Les mots, en effet, sont là pour faire référence aux choses particulières rencontrées par le locuteur, en tant qu'il cherche à les présenter à autrui et à les lui faire connaître. Locke s'inscrit dans un débat hérité de la scolastique tardive, et portant sur le problème de savoir si les mots signifient d'abord les choses et les concepts de manière seconde (Smiglecius), ou si les mots renvoient d'abord aux concepts par lesquels les choses sont saisies (Du Trieu, Sanderson, Burgersdijck). Il prend position en faveur de la seconde branche de cette alternative. Il fait ainsi des idées les objets immédiats, et des choses, les objets médiats du langage, arguant du fait que ce sont les idées, en tant que représentations, qui produisent le savoir [1].

Plus récemment, Ott a complexifié cette présentation de la compréhension lockienne de la signification. Selon lui, dans l'*Essai sur l'entendement humain*, si les mots signifient les idées, c'est d'abord pour des raisons épistémiques, c'est-à-dire pour autant qu'ils sont des signes indicateurs, qu'ils indiquent les idées dans l'esprit du locuteur [2].

Dans tous les cas, dans ce cadre sémantique, préoccupation que Descartes ne passe pas sous silence mais qu'il n'aborde pas dans les mêmes termes,

---

1. E. J. Ashworth, « Locke on Language », art. cit., p. 63 *sq.*

2. W. Ott, *Locke's Philosophy of Language*, Cambridge, Cambridge University Press, 2004, p. 7-33. En particulier p. 19 : « I shall call an *indicative* sign any sign whose significate is of necessity unavailable to perception, and which serves as an indication of that significate. I depart from the Hellenistic tradition in leaving open the question of necessary connection ».

Locke pense la rencontre avec autrui de manière très concrète. Par exemple, il insiste sur l'importance de la maîtrise des usages linguistiques dans le processus de la communication. L'usage

> approprie par un consentement tacite certains sons à certaines idées, et limite de telle sorte la signification de ce son, que quiconque ne l'applique pas justement à la même idée, parle improprement : à quoi j'ajoute qu'à moins que les mots dont un homme se sert, n'excitent dans l'esprit de celui qui l'écoute, les mêmes idées qu'il leur fait signifier en parlant, il ne parle pas d'une manière intelligible [1].

Certes, Descartes ne se concentre pas sur la communauté de la pratique de la langue. Il ne se place pas d'un point de vue pragmatique. Il n'en reste pas moins que les analyses pratiques de Locke reviennent à redistribuer des cartes élaborées par l'auteur du *Discours de la méthode*, quand il fait du langage le critère de la distinction entre l'homme et l'animal.

En l'occurrence, il n'est pas anodin que Locke distingue un usage « civil » des mots, d'un usage « philosophique », c'est-à-dire qu'il distingue « cette communication de pensées et d'idées par le secours des mots, autant qu'elle peut servir à la conversation et au commerce qui regarde les affaires et les commodités ordinaires de la vie civile dans les différentes sociétés qui lient les hommes les uns aux autres » et l'usage qu'on doit faire des mots « pour donner des notions précises des choses et pour exprimer en propositions générales des vérités certaines et indubitables sur lesquelles l'esprit

---

1. *Essai philosophique concernant l'entendement humain, op. cit.*, III, 2, § 8, p. 327.

peut s'appuyer, et dont il peut être satisfait dans la recherche de la vérité » [1]. Cette distinction montre, d'une part, qu'il prend acte de la créativité linguistique mise au jour par Descartes comme constitutive de l'humanité. Elle montre, d'autre part, qu'il entend enquêter de manière systématique sur le phénomène repéré par Descartes et à partir duquel il développe les analyses sur le langage que nous avons étudiées dans notre dernier chapitre : le rapport problématique au réel des mots pris dans leur usage courant. Il inscrit donc sa recherche dans un complexe problématique lié, au moins en partie, au cartésianisme, en tant que celui-ci développe d'un point de vue épistémologique l'hypothèse du mot comme expression de l'idée, et qu'il soutient que, parce que l'homme est une chose pensante, il a des choses à dire.

Dans cette mesure, le travail de cet empiriste qu'est Locke confirme le rôle structurant au XVIIᵉ siècle des propositions cartésiennes en matière de théorie de l'homme et de théorie du langage. Cet exemple, en tant qu'il illustre le fait du dialogue constant entre le rationalisme et l'empirisme à l'âge classique, montre ainsi l'étendue immense de la toile philosophique sur laquelle Chomsky construit ses hypothèses de lecture sur Descartes.

1. *Essai philosophique concernant l'entendement humain*, *op. cit.*, III, 9, § 3, p. 385-386.

CHAPITRE III

LA COMPÉTENCE LINGUISTIQUE
COMME QUESTION POLITIQUE

LINGUISTIQUE ET POLITIQUE

La linguistique cartésienne n'est pas que l'élément d'une théorie linguistique ayant un effet retour sur la compréhension de quelques textes philosophiques classiques et de la méthodologie de l'histoire de la philosophie moderne. La portée anthropologique de cette catégorie chomskyenne interdit de la réduire à un dispositif interne *ad hoc*.

Comme nous l'avons vu en effet, si Chomsky se reconnaît dans la caractérisation cartésienne de la relation entre la pensée et le langage en tant qu'elle est commandée par la décision de ne pas réduire l'homme à un automate, il n'est pas le premier à relever en ces termes l'apport de la philosophie cartésienne en matière de compréhension de la nature humaine. Tel est aussi le cas de philosophes empiristes de l'âge classique comme Gassendi, Locke, Condillac et Rousseau. En se référant aux remarques de Descartes sur le langage, 1) Chomsky convoque un modèle de rationalité bien précis et selon lequel il y a un lien essentiel entre l'idée d'homme et l'idée de raison. 2) À ce modèle construit à l'âge classique avec, mais aussi, contre Descartes, il reconnaît une valeur opératoire : ce modèle lui permet de construire un concept de nature humaine indépendant des conditions sociales et historiques, et à l'aide duquel fonder logiquement son hypothèse d'une base cognitive de l'étude du langage. De ce modèle, il se sert donc comme d'un outil au service de sa demande de rationalité.

Ainsi, pour Chomsky, Descartes n'est pas seulement le nom du premier des ancêtres de la grammaire générative. Il n'est pas non plus juste un philosophe qui, contre toute attente, se soucie de l'homme dans sa concrétude, en tant qu'il existe en un temps et en un lieu donnés, en relation avec d'autres hommes, qui lui parlent et auxquels il parle. Aux yeux de Chomsky, Descartes incarne surtout une manière de raisonner à propos de l'homme qu'il intègre à la sienne, c'est-à-dire dont il considère qu'elle peut soutenir une version parmi d'autres de l'exigence rationnelle au XXe siècle.

L'objet du présent chapitre sera d'évaluer le poids de ce passage par Descartes dans la demande de rationalité formulée par Chomsky. En effet, Descartes ne se contente pas de montrer que la créativité linguistique est un élément de la liberté de l'homme. Il s'interroge surtout sur ce en quoi consiste un usage averti de la liberté, en tant que celle-ci se caractérise comme absence de détermination par la nature, de la conduite de la pensée et de son expression. En ce sens, il déplore l'usage précipité et prévenu, trop souvent fait par les hommes, de leur capacité de dire ce qu'ils pensent, qui leur est donné par la nature ; fort de ce constat, il entreprend de rechercher les conditions logiques, grammaticales et rhétoriques d'un usage alternatif de cette faculté, en analysant les modalités de l'accès de l'homme à la vérité. Le cadre épistémologique qu'il élabore n'est alors pas sans application politique. En effet, si pour lui il faut apprendre à prendre position, c'est, pour le dire avec les mots de Chomsky, qu'il ne se soucie pas des « compétences » constitutives de la nature de l'homme, en elles-mêmes et pour elles-mêmes, mais qu'il s'interroge sur le parti le meilleur qui peut en être tiré. Cette question, dans la mesure où elle entrecroise celle des modalités du devenir autonome de l'esprit critique et celle de savoir comment se situer comme citoyen par rapport aux contraintes imposées par le fait de la vie en société, est une question essentielle de notre modernité politique.

Mais questions linguistiques et questions politiques peuvent-elles s'articuler par-delà le *topos* aristotélicien suivant lequel la capacité de parler des hommes les rend en mesure de débattre des termes de leur vie en commun ?

Tout d'abord, d'un côté, si, comme le relève à juste titre Chomsky, Descartes ne consacre que quelques passages de son œuvre au langage, il est encore moins disert en matière de politique. Il paraît donc laisser les préoccupations politiques à l'arrière-plan. D'un autre côté, en faisant du langage le propre de l'homme, il va bien plus loin qu'Aristote, qui insiste seulement sur le rôle de la parole dans la construction politique de la vie des hommes en communauté. En établissant l'absence de conditionnement mécanique de la parole, il soutient que la liberté de l'homme est attestable empiriquement, et qu'elle relève de la nature de l'homme considéré en général. Il s'inscrit donc dans un horizon politique réinventé.

Ensuite, d'un côté, Chomsky se refuse à lier logiquement ses activités scientifiques dans l'étude du langage et ses activités politiques comme analyste de l'idéologie impérialiste américaine[1]. Mais, d'un autre côté, il considère que ce n'est pas parce que, linguiste, il n'est pas spécialiste de politique et de questions de société, à la différence d'autres auteurs, dotés de ce titre institutionnel, que son propos est dénué d'autorité. Il se méfie en effet « du rôle de l'intelligentsia dans une société comme la nôtre »[2].

> Cette classe sociale, qui comprend les universitaires, les historiens, les journalistes, les commentateurs politiques, etc., a pour tâche d'analyser et de représenter la réalité sociale. Grâce à leurs analyses et à leurs interprétations, ils servent de médiateurs entre les faits sociaux et les masses : ils créent la justification idéologique de la vie sociale. Regardez le travail de ces spécialistes des affaires contemporaines, et essayez de comparer leur interprétation des événements, ce qu'ils disent et ce qu'ils cachent, avec le monde des faits. Vous trouverez souvent de grandes divergences. Vous pouvez donc faire un pas de plus, et expliquer ces divergences en tenant compte de la position de classe de l'intelligentsia...[3]

Pour le dire vite, selon Chomsky le discours du « spécialiste », quel qu'il soit, est, pour une large part, moins du côté de la recherche de la vérité et de l'objectivité, que de celui de la défense des agendas

---

1. N. Chomsky, *Langue, linguistique, politique. Dialogues avec Mitsou Ronat* [1977], trad. fr. M. Ronat, Paris, Champs-Flammarion, 2015, p. 33.
2. *Ibid.*
3. *Ibid.*, p. 33-34.

économiques, sociaux et politiques de ceux qui le mandatent, et qui privilégient la version qui convient le mieux à l'image qu'ils ont d'eux-mêmes. Ainsi par exemple, dans *La fabrique du consentement*, Chomsky explique comment les médias des sociétés démocratiques, loin de constituer les contrepoids au gouvernement qu'ils prétendent être et d'aider la population à exercer sur le processus politique un contrôle significatif, construisent une image du monde conforme aux intérêts des groupes privilégiés sur le plan économique ; ou encore, dans *L'an 501 : la conquête continue*, il montre comment certaines présentations de l'histoire du monde depuis la découverte de l'Amérique par Christophe Colomb le 12 octobre 1492 masquent la réalité des dynamiques géopolitiques actuelles[1]. L'entretien d'une constante confusion entre science et idéologie dans nos sociétés modernes impose de tenter de voir le réel par soi-même, indépendamment des questions de positionnement institutionnel.

Une connexion entre linguistique et politique peut alors être faite « à un niveau assez abstrait »[2], dont l'analyse donne lieu à une nouvelle référence à Descartes. Selon Chomsky en effet,

> Dans l'analyse de l'idéologie, il suffit de regarder les faits en face, et de vouloir suivre une argumentation. Seul le bon sens cartésien, « la chose du monde la mieux partagée », est exigé…C'est l'approche scientifique de Descartes – si par là vous entendez la volonté de regarder les faits avec un esprit ouvert, de tester les

---

1. N. Chomsky, E. Herman, *La Fabrique du consentement. De la propagande médiatique en démocratie* [1988], trad. fr. D. Arias, Marseille, Agone, 2008 ; N. Chomsky, *L'AN 501. La conquête continue* [1993], trad. fr. C. Labarre, Québec, Editions Ecosociété, 2016.

2. N. Chomsky, *Langue, linguistique, politique, op. cit.*, p. 33.

hypothèses, et de suivre une argumentation jusqu'à ses conclusions. Mais au-delà, aucun savoir ésotérique spécial n'est requis pour explorer des « profondeurs » qui n'existent pas[1].

La philosophie cartésienne est ici pour Chomsky le nom d'une arme de résistance contre le contrôle idéologique qu'il dénonce : appliquer méthodiquement son intelligence à l'observation d'un fait donné, comme l'enseigne Descartes, rendrait capable d'organiser ses propres affaires et de se passer des services d'un tuteur dans ce domaine. Autrement dit, chez Chomsky, 1) Descartes ne joue pas seulement un rôle de fondement généalogique dans le cadre linguistique ; il incarne également une démarche intellectuelle valide pour tout individu désireux de comprendre par lui-même la réalité sociale dans laquelle il se trouve. 2) Ces deux aspects de la référence à Descartes ne sont pas indépendants l'un de l'autre, si on les aborde du point de vue de la logique qui les sous-tend. En affirmant que les citoyens ont intérêt à apprendre à se méfier des autorités qui veulent les empêcher de penser dans leur singularité, Chomsky soutient en effet que les citoyens doivent faire un usage non conformiste de leur créativité linguistique et que c'est salutaire politiquement. Un concept qu'il met en place à partir de Descartes, celui de créativité linguistique, lui paraît donc pouvoir trouver un point d'application dans un contexte politique, en lien avec une autre idée cartésienne, celle de la capacité d'accéder au vrai, effectivement présente en tout homme pour autant qu'il fait preuve de méthode.

1. N. Chomsky, *Langue, linguistique, politique, op. cit.*, p. 34.

Chomsky n'est bien évidemment pas le premier à s'appuyer sur des matériaux théoriques empruntés à Descartes, pour les exporter sur un autre terrain que celui sur lequel ils sont édifiés immédiatement. Mais cela montre en l'occurrence qu'il reconnaît une très grande pertinence au concept cartésien d'homme, comme être au comportement pleinement intelligible à partir d'une interrogation des limites du paradigme mécaniste. Concrètement, il s'intéresse à la mise en lumière par Descartes du pouvoir inventif de l'homme, en tant que le contenu de ses pensées n'est pas déterminé organiquement. Ceci le conduit à reprendre à son compte la question cartésienne de l'étendue du pouvoir de l'entendement en matière de compréhension du réel et d'action sur lui, et à l'appliquer au domaine politique. Chomsky témoigne en cela d'une vraie compréhension de la conception cartésienne de la raison humaine comme identique à elle-même dans ses applications, ce par quoi elle est porteuse de vérité ne variant pas, quels que soient ses objets. Mais, il n'a rien de l'érudit faisant un effort très technique d'élucidation de ce que Descartes cherche à penser dans le contexte culturel dans lequel il se trouve ; il recherche dans des textes philosophiques cartésiens des outils conceptuels pour décrypter le monde.

De là notre programme dans ce chapitre. Nous évaluerons la consistance de la conception cartésienne de la raison en la passant au crible des critiques que lui adresse Bourdieu, quand il analyse la rationalité pratique de l'homme en se saisissant de la linguistique de Chomsky, en tant qu'elle se revendique de Descartes.

La linguistique de Chomsky détermine en creux un des objets de la sociologie de Bourdieu, l'économie des échanges linguistiques. L'élaboration de cet objet passe par une réflexion critique sur Chomsky et sur son héritage cartésien[1], parce que linguistique et sociologie ont ici un horizon commun : une théorie de l'homme en tant qu'être rationnel. Cette réception bourdieusienne du Chomsky cartésien, auquel nous avons consacré tout cet ouvrage, a tout entière consisté à se demander dans quelle mesure il doit faire l'objet d'une appropriation et d'une remise en question. Elle conduit Bourdieu à se demander ce que signifie l'exigence rationnelle. C'est pourquoi, elle nous aidera à déterminer ce qu'il en est des fondements du rationalisme, qu'incarne Descartes selon Chomsky et Bourdieu, et ce qu'il en est de la légitimité de ses ambitions en matière d'explication du réel, c'est-à-dire en l'occurrence, du fonctionnement de l'homme et de son environnement.

Adopter cet angle d'approche sur la sociologie de la parole élaborée par Bourdieu, s'en servir comme d'un instrument pour évaluer la conception de la rationalité élaborée par Chomsky à partir de Descartes, contraindra à ne pas présenter pour eux-mêmes quelques-uns de ses enjeux propres. Mais ce silence forcé est tout sauf l'expression d'une ignorance du statut de ces recherches à l'intérieur de l'œuvre de Bourdieu, et encore moins celle d'une indifférence à l'égard du caractère fondamental de leur apport, notamment pour ce qui est de comprendre le lien entre le fonctionnement de l'institution scolaire et la

---

1. Sur la question de savoir d'où parle le sociologue nous renvoyons à *Sociologie générale*, vol. 1, Cours au Collège de France 1981-1983 (Paris, Seuil, 2015, p. 415-449) avec la distinction le sociologue comme théoricien et le sociologue comme « utilisateur d'un discours socialement marqué » (p. 426).

plus ou moins grande capacité des élèves à apprendre la langue officielle qu'elle enseigne[1].

Toutefois, notre propos n'est ni de présenter ces travaux comme tels ni d'expliquer à quel point ils rendent parfaitement intelligible le phénomène des rapports de force symboliques, expérimentable au quotidien. Il s'agit pour nous de dégager ce que signifie de faire référence à Descartes quand on entend définir l'homme. Dans ce cadre, nous irons chercher dans Bourdieu la manière dont il invite à réfléchir sur la question de savoir ce que c'est que d'étudier l'homme de façon rationnelle, quand il met en scène Chomsky et Descartes, c'est-à-dire quand il relie Chomsky à ses présupposés théoriques cartésiens. Bourdieu se demande en effet si un cartésien peut être autre chose qu'un phénoménologue qui s'ignore, soit l'auteur d'un projet philosophique à l'orientation très discutable selon lui.

Descartes ne prétend-il à l'objectivité que parce qu'il ne se rend pas compte qu'un philosophe peut seulement étudier la manière dont le monde apparaît et dont il se constitue comme un phénomène par et pour la conscience, et non ce que ce monde est en lui-même ? Ignore-t-il que la prétention universelle de la philosophie a pour corrélat une mise entre parenthèses du réel le plus quotidien et donc un déficit en matière

---

1. La valeur et la productivité de ces travaux sont connues. Ces travaux sont à l'origine du présent ouvrage, dans la mesure où notre découverte de la richesse philosophique de l'usage chomskyen de Descartes est pour une large part redevable à notre lecture de ce que Bourdieu dit de la linguistique de Chomsky dans *Ce que parler veut dire. L'économie des échanges linguistiques*, Paris, Fayard, 1982, est le texte de Bourdieu sur lequel nous prenons essentiellement appui dans ce qui suit.

d'explication? Le concept cartésien de raison comme compétence universelle n'incarne-t-il que la promotion d'une compréhension subjective du monde, forcément discutable épistémologiquement? Nous répondrons par la négative à ces questions en analysant pourquoi, là où Bourdieu voit du psychologique, Chomsky voit du logique, l'enjeu n'étant, encore une fois, pas de trancher entre ces deux auteurs, dont les entreprises ne sont pas réductibles l'une à l'autre, mais de dégager ce que signifie d'entreprendre de construire une démarche rationnelle et ce que sont les alternatives possibles quand on se propose ce projet.

LA RATIONALITÉ PRATIQUE EN QUESTION

Bourdieu se demande ce qu'il est possible d'atteindre légitimement dans le rationalisme, et, par suite, dans quelle mesure ce modèle théorique, en tant qu'il est illustré exemplairement par Descartes, peut avoir une quelconque portée heuristique de nos jours. À cette fin, il élabore deux séries de remarques critiques sur Chomsky [1].

Bourdieu critique tout d'abord la linguistique de Chomsky au motif que ce dernier se trompe dans son analyse du langage, parce qu'il la fait reposer en dernière instance sur des propositions anthropologiques d'origine cartésienne. Chomsky caractérise la compétence linguistique de manière abstraite. Il le dit lui-même au début d'*Aspects de la théorie syntaxique* :

1. Pour une présentation très synthétique de différences et de points communs entre Bourdieu et Chomsky, voir F. Delorca, « Chomsky et Bourdieu : une rencontre manquée », dans J. Bricmont et J. Franck (dir.), *Chomsky*, Paris, Flammarion, 2007, p. 264-267.

L'objet premier de la théorie linguistique est un locuteur-auditeur idéal, appartenant à une communauté linguistique complètement homogène, qui connaît parfaitement sa langue et qui, lorsqu'il applique en une performance effective sa connaissance de la langue, n'est pas affecté par des conditions grammaticalement non pertinentes, telles que limitation de mémoire, distractions, déplacements d'intérêt ou d'attention, erreurs (fortuites ou caractéristiques)[1].

Selon Bourdieu, ce geste de Chomsky fait difficulté si on le considère du point de vue de ses enjeux anthropologiques et logiques et pas seulement dans son opérativité intra-linguistique et philosophique[2] : il revient à faire fi de la dimension de l'histoire politique, dans laquelle un groupe en vient à apprendre à parler une langue parce qu'elle lui est imposée pour des raisons économiques et sociales. En mettant entre parenthèses l'histoire, Chomsky ne rendrait donc pas compte correctement de ce qui fait l'identité d'un homme. Il la ramènerait à une nature qui s'illustre semblablement en tout individu, en tant qu'il a un esprit et un corps.

De fait, cette approche essentialiste d'inspiration cartésienne le conduit, d'une part, à faire comme si les structures cognitives d'un homme n'étaient pas tributaires de lois sociales de construction, mais seulement d'une philosophie de la conscience, dont la philosophie cartésienne est « l'expression paradigmatique »[3]. Pour

1. N. Chomsky, *Aspects de la théorie syntaxique*, *op. cit.*, p. 12.
2. « La sociologie se distingue donc des autres disciplines par une prétention à les penser. Autrement dit, elle ne reste pas à sa place. Elle dit que c'est à partir de sa place qu'on peut repenser tout l'univers (social) », P. Bourdieu, *Sociologie générale*, *op. cit.*, p. 436.
3. P. Bourdieu, *Méditations pascaliennes* [1997], Paris, Seuil, 2003, p. 94.

Bourdieu, aborder l'homme en termes intellectualistes, c'est faire le choix de l'abstraction, c'est-à-dire d'une fiction inapte à rendre le réel intelligible.

D'autre part, cet homme conçu par Chomsky a, certes, un corps, mais la structure de ce dernier n'est vue qu'en extériorité.

> Ce corps chose, connu du dehors comme simple mécanique, dont la limite est le cadavre livré à la dissection, démontage mécaniste, ou le crâne aux orbites vides des vanités picturales, et qui s'oppose au corps habité et *oublié*, éprouvé de l'intérieur comme ouverture, élan, tension ou désir, et aussi comme efficience, connivence et familiarité, est le produit de l'extension au corps d'un rapport au monde de spectateur[1].

Il s'agit d'un corps qui n'est pas déterminé par le cadre social dans lequel il se trouve, alors que pourtant, celui-ci ne peut pas ne pas influencer ses usages, c'est-à-dire, en l'occurrence, ses modalités de production et d'utilisation du langage. L'anthropologie cartésienne qui sous-tend la linguistique de Chomsky fournit-elle donc vraiment un modèle théorique doté d'efficacité explicative ?

Cette question conduit ensuite Bourdieu à réfléchir sur ce que signifie de revendiquer, comme le font Descartes puis Chomsky à partir de Descartes, un lien constitutif entre les notions d'homme et de raison. Bourdieu ne met pas en cause l'idée de Chomsky selon laquelle la définition cartésienne de l'homme comme substance pensante ne traduit pas, de la part de Descartes, une indifférence à l'égard de l'extériorité. Il trouve réductrice l'idée de Descartes, reprise à son compte par

---

1. P. Bourdieu, *Méditations pascaliennes, op. cit.*, p. 193-194.

Chomsky, et selon laquelle le rapport de l'homme à son environnement est fondé sur ce qu'il en comprend. Cette hypothèse intellectualiste lui pose problème : Chomsky, alors qu'il entend œuvrer contre la réduction de la philosophie cartésienne à une théorie solipsiste ne ferait que la reconduire malgré qu'il en ait, en négligeant la causalité sociale. En adoptant cette perspective, Bourdieu prend donc en vue la question des limites de la pertinence de l'usage opératoire dans les sciences humaines de l'approche cartésienne de l'homme. Le décalage entre la compréhension de Bourdieu de l'idée cartésienne d'homme comme être rationnel et la compréhension de Chomsky de cette idée, montre qu'ils se confrontent tous les deux à la conviction cartésienne que la raison peut être une aptitude universelle.

Nous allons voir que leur désaccord quant à la question de savoir s'il est possible de dégager cette essence éclaire en retour l'ambition cartésienne de penser la raison comme un universel indissociablement psychologique et logique. À cette fin, il convient tout d'abord de procéder à un examen de la réélaboration bourdieusienne du concept chomskyen de compétence linguistique.

De la compétence linguistique comme compétence socialement acquise

Chomsky entend par compétence linguistique, « la connaissance que le locuteur-auditeur a de sa langue »[1], par distinction d'avec la performance, « l'emploi effectif de la langue dans des situations concrètes ». Bourdieu interprète cette notion à partir d'une analyse

---

1. *Aspects de la théorie syntaxique, op. cit.*, p. 13.

des conditions de production et de circulation d'un message. D'où deux effets de distorsion : 1) Bourdieu se place dans la dimension de la performance, précisément exclue de la linguistique par Chomsky, 2) il ramène le langage à une fonction de communication, alors que l'effet d'intersubjectivité du langage à l'âge classique, et donc notamment chez Descartes, qui sert de référence à Chomsky, n'est pas réductible à la communication d'un message.

Bourdieu parvient à ce résultat à partir d'une présentation du concept chomskyen de compétence linguistique en termes historiques, c'est-à-dire, à partir de son inscription dans une généalogie saussurienne. Selon le sociologue en effet,

> la compétence chomskyenne n'est qu'un autre nom de la langue saussurienne. À la langue comme « trésor universel », possédé en propriété indivise par tout le groupe, correspond la compétence linguistique comme « dépôt » en chaque individu de ce « trésor » ou comme participation de chaque membre de la « communauté linguistique » à ce bien public. Le changement de langage cache la *fictio juris* par laquelle Chomsky, convertissant les lois immanentes du discours légitime en normes universelles de la pratique linguistique conforme, escamote la question des conditions économiques et sociales de l'acquisition de la compétence légitime et de la constitution du marché où s'établit et s'impose cette définition du légitime et de l'illégitime [1].

Le projet linguistique de Chomsky se placerait dans la suite directe de celui de Saussure dans le *Cours de*

---

1. *Ce que parler veut dire. op. cit.*, p. 24.

linguistique générale parce que, comme lui, il procèderait d'une « autonomisation de la langue par rapport à ses conditions sociales de production, de reproduction et d'utilisation »[1].

> Tout le destin de la linguistique moderne se décide en effet dans le coup de force inaugural par lequel Saussure sépare la « linguistique externe » de la « linguistique interne », et, réservant à cette dernière le titre de linguistique, en exclut toutes les recherches qui mettent la langue en rapport à l'ethnologie, l'histoire politique de ceux qui la parlent, ou encore la géographie du domaine où elle est parlée, parce qu'elles n'apporteraient rien à la connaissance de la langue prise en elle-même[2].

Du fait que Chomsky reprend à son compte le geste saussurien de séparation de la linguistique par rapport aux autres disciplines des sciences humaines, Bourdieu conclut qu'il « a le mérite de prêter explicitement au sujet parlant dans son universalité la compétence parfaite que la tradition saussurienne lui accordait tacitement »[3].

Cette conclusion ne va pas de soi dans la mesure où, comme nous l'avons vu, Chomsky pense la compétence linguistique, entre autres, contre la conception de la langue élaborée par Saussure, car il ne souscrit pas à l'idée que la langue d'une communauté linguistique donnée se trouve en quelque sorte dans l'esprit de l'ensemble de ses membres. En effet, dans cette approche, 1) une langue se ramène à un répertoire de termes communs, ce qui est une thèse fondamentalement fausse à ses yeux ; 2) elle occupe aussi un espace mental déterminé dans l'esprit des

1. *Ibid.*, p. 24.
2. *Ibid.*
3. *Ibid.*

individus dans lesquels elle se retrouverait, comme si la question de ses modalités de constitution, que Chomsky met au cœur des préoccupations linguistiques, n'avait pas à se poser. Dans ces conditions, de Saussure à Chomsky, il ne se joue pas tant un « changement de langage », comme le suggère Bourdieu, qu'un changement d'orientation.

Deux raisons justifient malgré tout cette lecture de Bourdieu. 1) Bourdieu n'entend pas rappeler la perspective biologique dans laquelle Chomsky inscrit son projet linguistique. Parce qu'il met entre parenthèses l'orientation épistémologique et méthodologique précise de ce linguiste, il peut voir dans son travail sur le concept de compétence linguistique une réélaboration plus nette de la métaphore saussurienne de la langue comme un « trésor déposé par la pratique de la parole dans les sujets appartenant à une même communauté, *un système grammatical existant virtuellement dans chaque cerveau, ou plus exactement dans les cerveaux d'un ensemble d'individus* ; car la langue n'est complète dans aucun, elle n'existe parfaitement que dans la masse » [1].

2) Cette approche réductrice de Chomsky permet à Bourdieu de mettre clairement en lumière une difficulté, pour le coup, réellement commune à l'auteur de *La linguistique cartésienne* et à celui du *Cours de linguistique générale*, et qu'il appelle « l'illusion du communisme linguistique, qui hante toute la théorie linguistique » [2].

> L'illusion du communisme linguistique, qui hante la
> linguistique (la théorie de la compétence de Chomsky
> a au moins le mérite de rendre explicite l'idée de

1. F. de Saussure, *Cours de linguistique générale, op. cit.*, p. 30. Nous soulignons.

2. *Ce que parler veut dire, op. cit.*, p. 25.

« trésor universel » qui restait tacite dans la traduction saussurienne), est l'illusion que tous participent au langage comme ils profitent du soleil, de l'air ou de l'eau – en un mot, que le langage n'est pas un bien rare [1].

En soutenant que cette difficulté est plus lisible chez Chomsky que chez Saussure, Bourdieu signale qu'il cherche à prendre position par rapport à la conception de la rationalité dont témoigne la démarche du premier. Pour Bourdieu en effet, il ne faut pas faire « comme si la *capacité de parler*, qui est à peu près universellement répandue, était identifiable à *la manière socialement conditionnée de réaliser cette capacité naturelle*, qui présente autant de variétés qu'il y a de conditions sociales d'acquisition » [2]. Autrement dit à ses yeux, d'un côté, il n'est pas douteux que l'acquisition de la capacité de parler ait pour condition une disposition innée, comme le postulent tant Descartes que Chomsky. Bourdieu énonce ici cette conviction, qu'il partage, en des termes d'inspiration cartésienne, ou, en tout cas, compatibles avec l'héritage cartésien revendiqué par Chomsky, puisqu'ils reviennent à convoquer de manière opératoire l'*incipit* du *Discours de la méthode*. Mais c'est pour mieux souligner la distance dans laquelle il se place par rapport à ces auteurs. En effet, d'un autre côté, en suivant Descartes, Chomsky n'aurait pas pris toute la mesure du problème des modalités de génération et, d'abord, d'acquisition d'une langue par l'individu qui la parle. L'approche chomskyenne de la question du langage, de la langue et de la parole serait donc partielle, de par la mise entre parenthèses qu'elle opère de la

1. P. Bourdieu, L. Wacquant, *Invitation à la sociologie réflexive* [1992], Paris, Seuil, 2014, p. 198.

2. *Ce que parler veut dire, op. cit.*, p. 42.

question des conditions sociales d'exercice de la capacité de la parler.

L'enjeu de la défense de cette thèse n'est pas, pour Bourdieu, d'invalider totalement les propositions de Chomsky. Il s'agit en réalité d'élaborer des matériaux à l'aide desquels construire un nouveau concept de compétence linguistique qui n'est pas vraiment chomskyen sur le fond. Bourdieu est en effet attaché à montrer que c'est l'usage que les individus parviennent à faire ou non de leur capacité de parler qui leur permet de se distinguer les uns des autres, ce qui n'est pas du tout le propos de Chomsky. Ainsi, par exemple, il relève que

> certaines catégories de locuteurs sont privées de leur capacité de parole dans certaines situations – et ils reconnaissent cette exclusion à la manière de ce paysan qui, pour expliquer pourquoi il n'avait jamais pensé à se présenter comme maire de son village, m'avait déclaré : « Mais je ne sais pas parler ! » [1].

Bourdieu redéfinit ici la compétence linguistique en termes sociaux et politiques, comme ce qui autorise et légitime à parler. La parole est pour lui le produit de la rencontre entre un *habitus* linguistique, un ensemble de dispositions à parler construit socialement et inscrit dans le corps par l'éducation, et un « marché linguistique ». Ce marché est un système de rapports de force symboliques, qui revient à attribuer différents prix aux différentes manières de parler, suivant des critères de pouvoir, car « tout se passe comme si, en chaque situation particulière, la norme linguistique (la loi de formation des prix) était imposée par le détenteur de la compétence la plus proche

---

1. P. Bourdieu, L. Wacquant, *Invitation à la sociologie réflexive*, *op. cit.*, p. 198.

de la compétence légitime, c'est-à-dire par le locuteur dominant dans l'interaction »[1].

Dans cette perspective, un paysan, pour autant qu'il développe une manière de parler qui n'est pas celle de la « langue légitime », c'est-à-dire de la langue imposée par l'État et relayée par les institutions scolaires, peut ne se reconnaître aucune légitimité à se présenter comme un représentant potentiel de cet État. Le problème sur lequel Bourdieu met l'accent n'est donc pas celui de sa capacité de parler, c'est-à-dire de produire une phrase compréhensible, mais celui de sa capacité à produire une phrase susceptible d'être écoutée.

En cela, Bourdieu défait complètement le questionnement linguistique de Chomsky. Même si, comme lui, il utilise le lexique de la compétence linguistique, c'est dans un sens nouveau, politique et non grammatical.

> La compétence suffisante pour produire des phrases susceptibles d'être comprises peut être tout à fait insuffisante pour produire des phrases susceptibles d'être *écoutées*, des phrases propres à être reconnues comme *recevables* dans toutes les situations où il y a lieu de parler. Ici, encore, l'acceptabilité sociale ne se réduit pas à la seule grammaticalité. Les locuteurs dépourvus de la compétence légitime se trouvent exclus en fait des univers sociaux où elle est exigée, ou condamnés au silence. Ce qui est rare, donc, ce n'est pas la capacité de parler qui, étant inscrite dans le patrimoine biologique, est *universelle donc essentiellement non distinctive*, mais la compétence nécessaire pour parler la langue légitime qui, dépendant du patrimoine social, retraduit des distinctions sociales dans la logique proprement

1. *Ce que parler veut dire, op. cit.*, p. 77.

symbolique des écarts différentiels ou, en un mot, de la distinction[1].

Il est stratégique de dire qu'un linguiste comme Chomsky, qui étudie la langue de façon autonome par rapport à ses conditions sociales de production, de reproduction et d'utilisation, commet une erreur de méthode consistant à accepter « tacitement la définition officielle de la langue officielle d'une unité politique : cette langue est celle qui, dans les limites territoriales de cette unité, s'impose à tous les ressortissants comme la seule légitime, et cela d'autant plus impérativement que la circonstance est plus officielle »[2]. En effet, comment Chomsky peut-il réellement rendre compte de la fonction d'expression de la pensée, jouée par le langage, s'il traite ce dernier comme un objet purement théorique, sans faire cas de la *praxis* qu'il engage pourtant ? Bourdieu, en utilisant pour lire Chomsky, une distinction entre *logos* et *praxis* que son projet linguistique n'appelle pas en tant que telle, met ainsi en place un nouveau modèle de rationalité[3]. Il secondarise la question de Chomsky de la logique interne du fonctionnement de l'esprit, au profit de la question de la logique de la pratique sociale de la parole. Il ne considère plus les structures cognitives, au cœur du questionnement de Chomsky. Il se place d'un point de vue pratique.

L'adoption de cette perspective déflationniste sur l'innéisme de Chomsky lui sert à construire ses propres hypothèses en matière linguistique concernant les

1. *Ce que parler veut dire*, *op. cit.*, p. 42.
2. *Ibid.*, p. 27.
3. P. Bourdieu, L. Wacquant, *Invitation à la sociologie réflexive*, *op. cit.*, p. 192.

fonctions du langage et les modalités de son acquisition. Il construit ainsi son concept d'*habitus* linguistique par opposition à celui de compétence linguistique en un sens chomskyen :

> l'habitus linguistique grossièrement défini se distingue d'une compétence de type chomskyen par le fait qu'il est le produit des conditions sociales et par le fait qu'il n'est pas simple production de discours mais production de discours ajusté à une « situation », ou plutôt ajusté à un marché ou à un champ[1].

Selon Bourdieu, si la parole est exécution, comme le soutient Saussure, et d'après lui, aussi, Chomsky, en tant qu'il construit le concept de performance, cependant, « ce qui se passe au niveau de l'exécution n'est pas simplement déductible de la connaissance de la compétence »[2]. Comme Bourdieu se préoccupe des conditions à même de faciliter l'action de la transmission d'un message, il ne peut pas ne pas pointer le rôle déterminant joué par les situations sociales dans lesquelles s'insère le locuteur, puisqu'elles vont le conduire à adopter une manière de parler plutôt qu'une autre, en fonction de ce qu'il a à dire, de son identité propre et de celle de ses auditeurs. Dans cette perspective, le modèle chomskyen est bel et bien insuffisant : « la connaissance de la seule compétence linguistique ne permet pas de prévoir ce que sera la valeur d'une performance linguistique sur un marché »[3].

---

1. P. Bourdieu, « Le marché linguistique », *Questions de sociologie*, Paris, Minuit, 1984, p. 121.
2. *Ibid.*, p. 122.
3. *Ibid.*, p. 123.

Mais souligner l'urgence d'une « observation attentive du cours du monde »[1], c'est, du même coup, requalifier la compétence linguistique en des termes qui ne sont plus seulement linguistiques, en vue de rendre intelligible la pratique culturellement construite de la parole. Cette compétence se donne alors comme « capacité statutaire » :

> la compétence linguistique n'est pas une simple capacité technique mais une *capacité statutaire* qui s'accompagne le plus souvent de la capacité technique, ne serait-ce que parce qu'elle en commande l'acquisition par l'effet de l'assignation *statutaire* (« noblesse oblige »), à l'inverse de ce que croit la conscience commune, qui voit dans la capacité technique le fondement de la *capacité statutaire*. La compétence légitime est la capacité *statutairement reconnue* à une personne autorisée, une « autorité », d'employer, dans les occasions officielles (*formal*), la langue légitime, c'est-à-dire officielle (*formal*), langue autorisée qui fait autorité, parole accréditée et digne de créance ou, d'un mot, *performative*, qui prétend (avec les plus grandes chances de succès) à être suivie d'effet[2].

Dans ce passage, Bourdieu à la fois substitue la question du pouvoir du discours à celle de sa structure et de son sens et affirme que le pouvoir reconnu à ce discours n'a pas de fondement linguistique en dernier recours.

1. « L'observation attentive du cours du monde devrait pourtant incliner à plus d'humilité, tant il est clair que les pouvoirs intellectuels ne sont jamais aussi efficients que lorsqu'ils s'exercent dans le sens des tendances immanentes de l'ordre social, redoublant alors de manière indiscutable, par l'omission ou la compromission, les effets des forces du monde, qui s'expriment aussi à travers eux » (*Méditations pascaliennes, op. cit.*, p. 11).

2. *Ce que parler veut dire, op. cit.*, p. 64. Nous soulignons.

Autrement dit, il reprend de manière critique la théorie d'Austin du performatif; il soutient en l'occurrence que c'est parce qu'une personne a avec elle l'autorité de l'institution que ses paroles peuvent avoir une force illocutoire. Pour Bourdieu, les formules prononcées par cette personne ne peuvent avoir, par exemple, force de conseil, que parce que cette personne est mandatée dans ce but, c'est-à-dire pour prononcer cette classe de discours, notamment en tant que prêtre, professeur, ou poète. Pour le dire encore autrement, « le pouvoir des mots réside dans le fait qu'ils ne sont pas prononcés à titre personnel par celui qui n'en est que le "porteur" »[1].

À partir de là, si l'efficacité d'une parole tient au statut social du locuteur et à la reconnaissance dont il doit jouir, la compétence linguistique ne peut plus être purement psychologique, comme le souhaitait Chomsky; elle a à voir avec le capital culturel de ce locuteur en tant qu'il constitue l'expression symbolique de ce statut, et elle est logiquement indissociable de la performance par laquelle ce locuteur rend manifeste ce pouvoir. L'auditoire qui perçoit le message le produit socialement, en identifiant le statut de qui le prononce ainsi que l'éventuel écart social entre ce locuteur et celui ou ceux auxquels il s'adresse.

> Ce qui circule sur le marché linguistique, ce n'est pas « la langue », mais des discours stylistiquement caractérisés, à la fois du côté de la production, dans la mesure où chaque locuteur se fait un idiolecte avec la langue commune, et du côté de la réception, dans la mesure où chaque récepteur contribue à *produire* le

---

1. *Ibid.*, p. 107.

message qu'il perçoit et apprécie en y important tout ce qui fait son expérience singulière et collective[1].

Si Bourdieu rend compte de la perception qu'a l'auditeur d'un discours dans les termes d'une production, c'est parce qu'il pense que, même dans ce contexte, c'est moins la grammaticalité que les rapports de force symboliques qui comptent.

Finalement, de Chomsky à Bourdieu, d'une réflexion sur les structures logiques de l'esprit et leur expression linguistique à une étude des enjeux sociologiques de l'acte de parler, construite, en partie, à l'aide d'une réduction de la première à une promotion arbitraire du subjectif et du psychologique, au détriment de rapports de force supposément seuls objectivables et mesurables, se joue un changement dans les modalités de position d'un monde commun. De ce changement, la différence de statut réservé à Descartes par ces deux auteurs permet de prendre la mesure.

DESCARTES, « INUTILE ET INCERTAIN » ?

Bourdieu manifeste une préférence générale pour Pascal par rapport Descartes, qu'il explicite dans un texte au titre pourtant doté de résonances cartésiennes — les *Méditations pascaliennes*[2] :

> J'avais pris l'habitude, depuis longtemps, lorsqu'on me posait la question, généralement mal intentionnée, de mes rapports avec Marx, de répondre qu'à tout prendre, et s'il fallait à tout prix s'afficher, je me dirais plutôt pascalien : je pensais notamment à ce qui concerne le

1. *Ce que parler veut dire*, *op. cit.*, p. 16.
2. *Méditations pascaliennes*, *op.cit.*

pouvoir symbolique, côté par où l'affinité apparaît le mieux, et à d'autres aspects de l'œuvre, moins aperçus, comme la révocation de l'ambition du fondement. Mais surtout, j'avais toujours su gré à Pascal, tel que je l'entendais, de sa sollicitude, dénuée de toute naïveté populiste, pour le « commun des hommes » et les « opinions du peuple saines » ; et aussi de sa volonté, qui en est indissociable, de chercher toujours la « raison des effets », la raison d'être des conduites humaines en apparence les plus inconséquentes et les plus dérisoires – comme « courir tout le jour après un lièvre » –, au lieu de s'en indigner ou de s'en moquer, à la manière des « demi-habiles », toujours prêts à « faire les philosophes » et à tenter d'étonner par leurs étonnements hors du commun à propos de la vanité des opinions de sens commun [1].

Il y va ici d'une tentative de justification philosophique de l'orientation intellectuelle du travail de Bourdieu comme sociologue, c'est-à-dire d'une présentation des raisons fondamentales de ses méthodes de travail. Dans ce cadre, Bourdieu recourt à la philosophie paradoxalement non pas parce qu'il lui reconnaîtrait une fonction surplombante par rapport à la sociologie, mais, au contraire, parce qu'il se méfie du « rêve d'omnipotence » [2] classiquement caractéristique de cette discipline. Dans les *Méditations pascaliennes*, il entend expliquer en effet que son travail procède d'une interrogation sur « les limites et les pouvoirs de la pensée » que de nombreux philosophes détachent, selon lui, à tort, d'une réflexion sur « les conditions de son exercice » [3]. C'est précisément

1. *Ibid.*, p. 10.
2. *Ibid.*, p. 11.
3. *Ibid.*, p. 11.

là qu'est le sens de sa référence à Pascal, en tant que
celui-ci incarne l'expression d'une méfiance à l'égard
du discours bien souvent dogmatique et péremptoire
du philosophe, notamment quand il affirme que « se
moquer de la philosophie, c'est vraiment philosopher »[1].
La philosophie pascalienne est donc un outil adapté
pour travailler « au retour du refoulé », c'est-à-dire à
l'exigence d'objectivation de la sociologie, qui ne peut
s'accomplir pleinement qu'associée à un effort de lucidité
sur le choix des instruments à l'aide desquels on entend
rendre intelligible les faits que l'on observe.

En s'appuyant sur Pascal pour « expliciter les
principes du *modus operandi* » qu'il a mis en œuvre
dans son travail, Bourdieu rend explicite « l'idée de
l'"homme" » qu'il a, par la même occasion, engagée dans
ses choix scientifiques[2]. Il a en effet acquis la conviction

> que le monde social serait mieux connu, et le discours
> scientifique à son propos mieux compris, si l'on
> parvenait à se convaincre qu'il n'y a pas beaucoup
> d'objets qui soient plus difficiles à connaître, notamment
> parce qu'il hante les cerveaux de ceux qui s'appliquent
> à l'analyser, et qu'il cache sous les apparences les
> plus triviales, celles de la banalité quotidienne pour
> quotidiens, accessible au premier enquêteur venu, les
> révélations les plus inattendues sur ce que nous voulons
> le moins savoir de ce que nous sommes[3].

Son idée est que l'homme ne se définit pas tant du
point de vue de ce qui le distingue de l'animal sur le plan

---

1. B. Pascal, *Pensées*, Ph. Sellier (éd.), Paris, Garnier, 2010,
fragment 671, p. 496.

2. *Méditations pascaliennes*, *op. cit.*, p. 19.

3. *Ibid.*, p. 19-20.

cognitif, que du point de vue pratique, en tant que ses actions obéissent à une rationalité spécifique, intelligible dans un cadre historique et politique. Le présupposé d'une liberté illimitée, qui sous-tend la première approche, lui paraît en effet très discutable au vu de ses analyses du fonctionnement de la société, même s'il est psychologiquement satisfaisant. En rejetant l'idée d'un intellect doté d'un pouvoir cognitif en raison de sa nature, et celle d'une relation de cause à effet entre entendement et volonté, qui serait au principe de l'action, Bourdieu développe une compréhension de la nature humaine clairement anti-cartésienne. Le rôle méthodologique joué par cette idée apparaît dans les *Méditations pascaliennes* notamment grâce à une critique de la linguistique de Chomsky, effectuée dans le contexte d'arguments qui ne portent pas directement sur le langage, la langue et la parole, mais sur la méthode à suivre pour étudier des faits sociaux.

> L'*épistémocentrisme scolastique* engendre une anthropologie totalement irréaliste (et idéaliste) : imputant à son objet ce qui appartient en fait à la manière de l'appréhender, il projette dans la pratique, comme la *rational action theory*, un rapport social impensé qui n'est autre que le rapport scolastique au monde. Prenant des formes différentes selon les traditions et les domaines d'analyse, il met du métadiscours (la grammaire, produit typique du point de vue scolastique, comme chez Chomsky), au principe du discours[1].

Dans ce passage, Bourdieu relève une tendance chez des philosophes, des linguistes, mais aussi des juristes ou des ethnologues à imputer aux agents qu'ils observent

---

1. *Ibid.*, p. 80.

leur propre vision analytique, c'est-à-dire, à faire comme si ces hommes avaient eux aussi avec leurs propres entreprises un intérêt cognitif, soit encore, à faire peu de cas de la dimension pratique de la logique de leurs actions. D'après Bourdieu, la grammaire générative de Chomsky illustre cette erreur en raison de son orientation méthodologique d'inspiration cartésienne.

Cette présentation s'explique par une compréhension du projet cartésien d'origine husserlienne, c'est-à-dire comme reposant en dernier recours sur des préoccupations qui relèvent d'une psychologie et non d'une logique, autour d'une élucidation des mécanismes de la perception et de la représentation. On le voit dans les *Méditations pascaliennes*, où la figure de Descartes construite par Bourdieu n'est, pas plus que celle de Chomsky, élaborée dans un souci de restituer la genèse et les modalités de développement de sa philosophie. Ne sont mentionnés que la *Dioptrique* et les *Principes de la philosophie*.

Bourdieu soutient que le modèle de la vision théorisé dans le premier de ces deux textes met en scène l'idée qu'il est possible d'avoir sur le monde un point de vue unique et fixe, mettant en jeu « l'adoption d'une posture de spectateur immobile installée en un point (de vue) – et aussi l'utilisation d'un cadre qui découpe, enclôt et abstrait le spectacle par une limite rigoureuse et immobile »[1]. Mais comment peut-on faire des « sujets » des « corps réduits à un pur regard, donc quelconques et interchangeables »[2]?

---

1. *Méditations pascaliennes*, *op. cit.*, p. 39.
2. *Ibid.*, p. 39-40.

Bourdieu met ainsi l'accent sur les limites théoriques du système philosophique cartésien, exposé notamment dans les *Principes*. En effet, selon lui,

> établissant une stricte division entre l'ordre de la connaissance et l'ordre de la politique, entre la scolastique « contemplation de la vérité » (*contemplatio veritati*) et l'« usage de la vie » (*usus vitae*), l'auteur des *Principes de la philosophie*, au demeurant si intrépide, reconnaît que, hors du premier domaine, le doute n'est pas de mise : à la manière de tous les sectateurs modernes du scepticisme, de Montaigne à Hume, il s'est toujours abstenu, au grand étonnement de ses commentateurs, d'étendre à la politique – on sait avec quelle prudence il parle de Machiavel – le mode de pensée radical qu'il avait inauguré dans l'ordre du savoir. Peut-être parce qu'il pressentait qu'il se serait condamné, conformément aux prévisions de Pascal, à cette ultime découverte, bien faite pour ruiner l'ambition de tout fonder en raison, que « la vérité de l'usurpation », « introduite autrefois sans raison, est devenue raisonnable »[1].

Dans ce passage, Bourdieu n'accorde aucun crédit à l'image, développée dans la *Lettre-préface* à la traduction française des *Principes*, de la philosophie comme arbre, dont les racines (la métaphysique) et le tronc (la physique), théoriques, conduisent au déploiement de branches pratiques (la médecine, la mécanique et la morale). Il ne tient pas compte du fait que Descartes pense que la théorie est au service de la pratique. Il fait ainsi état d'une rupture que Descartes aurait instituée entre la science, d'un côté, et « l'usage de la vie », de

---

1. *Ibid.*, p. 137-138.

l'autre, en réservant ses propositions « radicales » au premier domaine et en ne disant presque rien du second.

Cette lecture n'est pas sans justification textuelle. D'une part, dans le *Discours de la méthode*, Descartes fait précéder l'exposé des règles de sa méthode d'un avertissement bien connu :

> Je ne saurais aucunement approuver ces humeurs brouillonnes et inquiètes, qui, n'étant appelés, ni par leur naissance, ni par leur fortune, au maniement des affaires publiques, ne laissent pas d'y faire toujours, en idée, quelque nouvelle réformation. Et si je pensais qu'il y eût la moindre chose en cet écrit, par laquelle on me pût soupçonner de cette folie, je serais très marri de souffrir qu'il fût publié [1].

Par là, il reconnaît tout à la fois qu'il aurait eu la possibilité d'écrire des textes de philosophie politique et qu'il n'a pas souhaité se lancer dans la carrière, par refus de la posture de conseiller du prince.

D'autre part, si dans son œuvre, il élabore quand même quelques remarques de philosophie politique, ce n'est que ponctuellement, dans sa correspondance, à l'occasion d'une demande de la princesse Élisabeth, soucieuse son avis sur *Le Prince*. Il s'exprime alors en termes nuancés. Il refuse la disjonction entre morale et politique opérée par Machiavel [2]. Mais, en tout état de cause, il ne déploie pas de méthode pour analyser la société et penser la politique, comme il élabore une méthode de la science.

---

1. *Discours de la méthode*, AT VI, p. 14-15 ; *OC* III, 2009, p. 90.
2. À Élisabeth de septembre 1646, AT IV, p. 486-494 ; *OC* VIII-2, p. 260-264.

Quoi qu'il en soit, l'orientation plus épistémologique que politique de la philosophie cartésienne ne fait pas problème en tant que telle pour Bourdieu : ce dernier reconnaît la pertinence du projet cartésien en matière de science. Mais il s'interroge sur certains de ses présupposés conceptuels. En l'occurrence, il s'étonne de ce que Descartes n'aille pas jusqu'à proposer de mettre en place à propos de la société la démarche sceptique qui est la sienne dans le domaine scientifique, et où elle sert de propédeutique. Il analyse ce silence comme l'expression d'une conviction souterraine de Descartes selon laquelle cette manière de faire ne fonctionnerait pas dans ce cas.

Comment comprendre une telle interprétation, qui, pour le coup, n'est pas étayée textuellement ? Comme l'indice d'un désaccord de Bourdieu avec l'idée de Descartes que ce qui est donné à l'homme c'est une raison très puissante, et que le simple bon usage de celle-ci garantit une vie bonne. Pour Bourdieu, cette idée procède du présupposé selon lequel on peut rendre compte des fondements de la rationalité humaine par une simple hypothèse quant au fait que la nature a doté tous les hommes de raison, et selon lequel il faudrait juste apprendre à utiliser la nature en soi pour bien vivre. À ses yeux, cette hypothèse est contre intuitive : non seulement les conditions de vie de l'homme le déterminent, mais ces déterminations contingentes peuvent mettre à mal l'idée de l'homme comme être rationnel de part en part. Telles seraient donc les limites de l'intellectualisme cartésien : la raison n'explique pas tout, parce qu'elle ne peut pas tout.

Ces limites, particulièrement visibles dans le cadre politique, en tant que celui-ci repose souvent sur des fondements pas toujours légitimes, et souvent même sur un simulacre de justice, expliquent que Bourdieu préfère Pascal à Descartes. L'auteur des *Pensées* soutient en effet que ce qui est donné à l'homme ce ne sont pas seulement certaines facultés; c'est aussi un certain état de choses, soit, notamment des rapports de force, parfois violents, dans lesquels il se trouve pris sans l'avoir désiré nécessairement, et contre l'arbitraire desquels il ne peut pas forcément grand-chose. En convoquant Pascal, Bourdieu signale que pour lui tout se passe, sur le plan philosophique, comme si l'homme cartésien était désincarné : Descartes ne se soucie que de l'équipement intellectuel de l'homme, pas de ses conditions de vie. Il soutient également que tout se passe, sur le plan méthodologique, comme si la philosophie cartésienne ne faisait que transfigurer le réel, le « mythologiser ». Descartes aurait une approche trop « ambitieuse » de la raison, parce qu'il créditerait celle-ci de tous les pouvoirs, alors que de nombreuses situations doivent leur cohérence non pas à leur rationalité intrinsèque, mais à l'habitude, aux coutumes qui les fondent en les colorant de naturalité, ainsi que Pascal l'a mis en évidence.

Est-ce à dire alors qu'il faille invalider le rationalisme comme option méthodologique?

> Est-il un seul philosophe soucieux d'humanité et d'humanisme qui n'accepte pas le dogme central de la foi rationaliste, et de la croyance démocratique, selon lequel la faculté de « bien juger », comme disait Descartes, c'est-à-dire de discerner le bien du mal, le vrai du faux, par un sentiment spontané et immédiat, est une aptitude universelle d'application universelle?[1]

1. *Méditations pascaliennes, op. cit.*, p. 100.

Dans ce passage, Bourdieu convoque de manière opératoire la caractérisation de la raison donnée dans le *Discours de la méthode*, en l'interprétant sur le registre psychologique qui n'est pas le sien chez Descartes. Selon lui en effet, la conviction que tout homme est doté de raison conduit Descartes à penser que tout homme a la capacité de produire une opinion personnelle, quel que soit le domaine qu'il prend en vue. À partir de là, il peut présenter le rationaliste comme celui qui croit que l'homme applique uniformément les instruments cognitifs qui sont les siens aux diverses situations dans lesquelles il se trouve.

Cette approche lui semble problématique : dans un monde social marqué par les variations, voire les ruptures, toutes les opinions ne se voient jamais accorder le même crédit, elles ne bénéficient pas toutes de tolérance, car elles ne sont pas l'émanation d'individus interchangeables. C'est l'une des conclusions majeures des recherches de Bourdieu : l'aptitude à former de telles opinions dépend en réalité du capital scolaire, ainsi que du poids du capital culturel par rapport au capital économique. Le rationaliste, en tant qu'il serait du côté de la position *a priori* d'un universel, ne pourrait pas rendre compte du fait que les citoyens n'ont pas au même degré la maîtrise des instruments de production politique, parce qu'ils n'occupent pas tous la même place dans l'espace public. Inapte à saisir le relatif, l'ici et le maintenant, il serait victime de « l'illusion intellectualiste », c'est-à-dire de sa confiance en l'idée qu'à supposer que tous les hommes soient dotés de raison, ils peuvent s'en servir immédiatement correctement.

Il est très clair que cette présentation procède d'un déplacement du propos cartésien en matière de raison, qui revient à faire dire à Descartes le contraire de ce qu'il dit. Certes, au début du *Discours*, Descartes prend bien acte du fait de la diversité des opinions. Mais c'est pour mieux stigmatiser la prétention au vrai de chacun de leurs auteurs. En indiquant que « le bon sens est la chose du monde la mieux partagée : car chacun pense en être si bien pourvu, que ceux même qui sont les plus difficiles à contenter en toute autre chose, n'ont point coutume d'en désirer plus qu'ils en ont »[1], après Montaigne, selon lequel « on dit communément que le plus juste partage que nature nous ait fait de ses grâces c'est celui du sens : car il n'est aucun qui ne se contente de ce qu'elle lui en a distribué »[2], Descartes souligne ironiquement la trop bonne opinion que les hommes ont d'eux-mêmes, et il se reconnaît même dans ce défaut[3]. De la sorte, non seulement il soutient que toutes les opinions ne se valent pas, contrairement à ce que Bourdieu croit lire chez lui. Mais surtout, il signale au lecteur que son propos est moins d'enquêter sur l'opinion que sur les modalités de construction du discours scientifique, c'est-à-dire sur les modalités de sortie du régime d'opinion. Si donc, il tient bel et bien compte de considérations subjectives, comme Bourdieu le relève, c'est pour mieux les mettre à distance

---

1. *Discours de la méthode*, *op. cit.*, AT VI, p. 1-2 ; *OC* III, p. 81.

2. Montaigne, *Essais*, *op. cit.*, p. 657.

3. « Aux jugements que je fais de moi-même, je tâche toujours de penser vers le côté de la défiance, plutôt que vers celui de la présomption. […] Je sais combien nous sommes sujets à nous méprendre en ce qui nous touche, et combien les jugements de nos amis doivent nous être suspects, lorsqu'ils sont en notre faveur » (*Discours de la méthode, op. cit.*, p. 3 ; *OC* III, p. 82-83).

au profit d'un questionnement logique sur la méthode à suivre pour parvenir à utiliser véritablement la raison en soi, une chose étant d'être doué de raison, une autre, de savoir en faire usage.

C'est pourquoi, il fait précéder son énoncé des règles de la méthode de l'avertissement suivant :

> Pour ce que nous avons tous été enfants avant que d'être hommes, et qu'il nous a fallu longtemps être gouvernés par nos appétits et nos précepteurs, qui étaient souvent contraires les uns aux autres, et qui, ni les uns ni les autres ne nous conseillaient peut-être pas toujours le meilleur, il est presque impossible que nos jugements soient si purs ni si solides qu'ils auraient été si nous avions eu l'usage entier de nos raisons dès le point de notre naissance, et que nous n'eussions jamais été conduits que par elle [1].

En affirmant que raisonner est l'objet d'un apprentissage, il refuse par anticipation l'idée que Bourdieu attribue au rationalisme et selon laquelle la raison opère par « sentiment spontané et immédiat ». Sans cela, il ne critiquerait pas les appétits, qui font former des premières notions – inexactes – des choses, et les précepteurs, dont les règles enseignées sont acceptées du fait de l'autorité de leurs auteurs, non d'un examen rationnel. Il ne rejetterait pas la précipitation et la prévention [2]. Donc à la différence de ce que soutient Bourdieu, pour Descartes, la raison, comprise psychologiquement, n'est pas toute-puissante en l'esprit ; et comprise logiquement, elle n'est pas non plus un réservoir d'outils tout faits et déjà prêts à l'emploi.

---

1. *Discours de la méthode*, AT VI, p. 13 ; *OC* III, p. 89.
2. *Ibid.*, AT VI, p. 18 ; *OC* III, p. 93.

Que Bourdieu s'écarte de la lettre du propos de Descartes et même, qu'il le remodèle pour une large part, s'explique par le contexte philosophique dans lequel il se trouve et par les objectifs théoriques qui sont les siens. Il est critique à l'égard de la thèse de la conscience comme moyen d'une compréhension claire et de soi et du monde parce qu'il est à la fois critique de la phénoménologie et influencé par elle dans sa lecture de Descartes. Et cette lecture l'aide à construire le point de vue pratique sur le monde dont il estime avoir besoin pour comprendre le fonctionnement réel de la société. La rupture de Bourdieu avec ce qu'il appelle tantôt « les philosophies de la conscience (et dont l'expression paradigmatique se trouve chez Descartes) »[1], tantôt, la « philosophie intellectualiste (et intellectualo-centrique) de l'action »[2], sa dénonciation d'une anthropologie comme « imaginaire »[3] jouent un rôle opératoire essentiel dans la construction de sa propre pensée : elles lui permettent d'élaborer une autre anthropologie, dans lequel l'homme n'est pas un « acteur libre de tout conditionnement économique et social »[4]. Cette démarche est donc essentielle sur le fond.

C'est sur la forme qu'elle retiendra notre attention, en ce qu'elle procède de la conviction que si on fait de l'homme une figure de la subjectivité, on ne se donne pas les moyens de le comprendre véritablement. On est réduit à analyser ses choix dans les termes de la préférence, forcément relative et donc arbitraire. Il nous semble en effet que c'est une conviction partagée par Descartes et que c'est simplement le cadre dans lequel Bourdieu

---

1. *Méditations pascaliennes*, *op. cit.*, p. 94.
2. *Invitation à la sociologie réflexive*, *op. cit.*, p. 168.
3. *Ibid.*, p. 171.
4. *Ibid.*

découvre le cartésianisme qui lui interdit d'apercevoir sa communauté de vue avec le philosophe.

En défendant cette hypothèse, nous n'entendons pas « réconcilier » Bourdieu avec Descartes. Cela n'aurait aucun sens à nos yeux et cela ne servirait à rien dans la mesure où le fait est qu'ils élaborent deux réponses très différentes face à cette difficulté qu'ils explorent tous les deux, chacun dans un contexte intellectuel et culturel donné. Tous deux se demandent comment faire pour parler correctement de l'homme, soit d'un être dont les structures cognitives se forment d'une manière telle qu'il est tout sauf acquis qu'elles lui assurent une compréhension correcte du monde. L'un répond à cette question en réfléchissant sur la logique de la connaissance, l'autre sur la logique de la pratique, c'est-à-dire en cherchant à redoubler la réflexion par une objectivation du sujet de l'objectivation. Donc les perspectives qu'ils développent ne sont évidemment pas convergentes.

Ce sont précisément ces divergences qui nous intéressent ici, de par la richesse du questionnement méthodologique dont elles attestent. Pour Descartes, on peut appliquer l'intelligence bien conduite à la résolution de différentes questions : la maîtrise logique à laquelle on est alors parvenu permet d'examiner ces questions selon les particularités objectives qui les caractérisent, en posant sur elles un regard critique. Pour Bourdieu, les conditions matérielles de formation de ces outils ne doivent pas être méconnues, afin de limiter le risque que les catégories conceptuelles abstraites en quoi ils consistent figent le réel qu'elles doivent permettre de déchiffrer. Chez Descartes, le questionnement sur les problèmes méthodologiques posés par les prétentions cognitives qui sont spontanément celles de tout homme selon lui, sert de point de départ. Chez Bourdieu, il se trouve plutôt à l'arrivée parce que, d'après lui, il ne faut pas que l'homme devenu savant se croie rendu tout puissant par son savoir, dans la mesure où cela revient à tenir à tort pour quantité négligeable le fait qu'il est un sujet situé en un temps donné et en un espace donné, donc avec un point de vue sur le monde finalement relatif.

Si Chomsky se tourne vers Descartes plutôt que vers Bourdieu pour comprendre ce qu'est et ce que peut faire un intellectuel dans notre monde actuel, c'est parce qu'il se préoccupe de la manière dont un homme, si déterminé socialement soit-il dans la construction de sa vision du monde, peut néanmoins apprendre à prendre position sur ce monde et les événements problématiques moralement qui s'y déroulent.

L'INTELLECTUALISME, MYTHE IMPRODUCTIF SUR LE PLAN HERMÉNEUTIQUE ?

Même si les travaux de Bourdieu et de Chomsky ont des enjeux très différents, ils ont en partage un regard critique sur ce que prétend incarner et faire un intellectuel. C'est ce questionnement qui motive la rédaction des *Méditations pascaliennes* :

> Je ne me suis jamais vraiment senti justifié d'exister en tant qu'intellectuel. Et j'ai toujours essayé – et ici encore – d'exorciser tout ce qui, dans ma pensée, peut être lié à ce statut, comme l'intellectualisme philosophique. Je n'aime pas en moi l'intellectuel, et ce qui peut sonner, dans ce que j'écris, comme de l'anti-intellectualisme est surtout dirigé contre ce qu'il reste en moi, en dépit de tous mes efforts, d'intellectualisme ou d'intellectualité,

comme la difficulté, si typique des intellectuels, que j'ai d'accepter vraiment que ma liberté a des limites [1].

C'est également ce questionnement qui motive la méfiance de Chomsky, rappelée plus haut, à propos du discours du spécialiste, d'une part, et de l'intellectuel qui prétend à l'objectivité là où il participe communément à la propagande et au contrôle de l'esprit public, d'autre part [2].

En outre, tant Chomsky que Bourdieu se servent de leur positionnement institutionnel pour alerter l'opinion sur des questions de société. C'est ainsi notamment que Chomsky explique à Foucault que son statut de professeur au MIT ne saurait lui interdire un travail de militant, mais qu'au contraire, il lui permet de mieux se faire entendre [3].

C'est ainsi, entre autres, que Bourdieu, contre le point de vue unique auquel tend à se situer l'observateur de la société, dirige *La misère du monde*, ouvrage collectif qui a pour objet de faire apparaître que

> les lieux dits « difficiles » (comme aujourd'hui la « cité » ou l'école) sont d'abord *difficiles à décrire et à penser* et qu'il faut substituer aux images simplistes, et unilatérales (celles que véhicule la presse notamment), une représentation complexe et multiple, fondée sur l'expression des mêmes réalités dans des discours différents, parfois irréconciliables [4].

1. *Méditations pascaliennes, op. cit.*, p. 18.

2. N. Chomsky et C. Otero, « Propagande et contrôle de l'esprit public » [2003], *Raison et liberté. Sur la nature humaine, l'éducation et le rôle des intellectuels*, préface de J. Bouveresse, textes choisis et présentés par Th.. Discepolo et J.-J. Rosat, trad. fr. F. Cotton, A. Bandini et J.-J. Rosat, Marseille, Agone, 2010, p. 237-255.

3. N. Chomsky, M. Foucault, *De la nature humaine : justice contre pouvoir, op. cit.*, p. 509-511.

4. P. Bourdieu, « L'espace des points de vue », dans P. Bourdieu (dir.), *La misère du monde*, 1993, p. 14.

La différence de leur rapport à Descartes est un indicateur de la différence dans leur regard sur la société et leur approche du militantisme. Pour Chomsky,

> un élément fondamental de la nature humaine est le besoin de travail créatif, de recherche créatrice, de création libre sans effet limitatif arbitraire des institutions coercitives; il en découle ensuite bien sûr qu'une société décente devrait porter au maximum les possibilités de réalisation de cette caractéristique humaine fondamentale. Ce qui signifie vaincre les éléments de répression, d'oppression, de destruction et de contrainte qui existent dans toute société, dans la nôtre par exemple, en tant que résidu historique [1].

Dans ce passage, Chomsky reprend ici à son compte la question de Descartes de savoir comment un individu, nécessairement rattaché à un lieu et à un temps donnés, dépendant d'un certain état de la culture, peut se construire pleinement en faisant le meilleur usage possible de son intelligence. Il l'élabore sur le terrain politique, peu exploré par Descartes, parce que la théorie de l'homme comme être ayant à penser et à dire ce qu'il pense, qu'il élabore entre autres à partir des remarques du philosophe, n'a pas qu'une fonction explicative sur le plan cognitif. Elle lui paraît ne pouvoir se réaliser pleinement que dans certaines conditions politiques données et, pour une part, à construire. Ce faisant, il se démarque de Bourdieu, pour qui la domination n'est pas du tout un « résidu historique » mais la structure même du social. Il fait comme si la domination était un apport externe.

---

1. N. Chomsky, *Sur la nature humaine*, *op. cit.*, p. 64.

Cette manière de voir ne repose-t-elle pas sur des fondements conceptuels rationnels seulement en apparence? Comme Bourdieu le signale, il ne va pas de soi de retenir, comme Chomsky le fait à propos de Descartes, que l'homme, en tant qu'il se distingue de l'animal, n'est pas réductible à du mécanique pur, c'est-à-dire, qu'il est fondamentalement libre.

Ce qui compte ici c'est le rôle opératoire que Chomsky fait jouer à cette idée; il en fait un moyen de montrer, même lorsqu'elles sont cachées, toutes les relations du pouvoir politique qui contrôle actuellement le corps social, l'opprime ou le réprime. Son argument est moral :

> ce serait une grande honte d'écarter totalement la tâche plus abstraite et philosophique de reconstituer le lien entre un concept de la nature humaine qui donne son entière portée à la liberté, la dignité et la créativité, et d'autres caractéristiques humaines fondamentales, et de le relier à une notion de la structure sociale où ces propriétés pourraient se réaliser et où prendrait place une vie humaine pleine de sens [1].

Donc pas plus que Bourdieu, il ne considère la subjectivité comme première; pas plus que Bourdieu, il ne confère à la subjectivité la primauté ontologique que les phénoménologues lui reconnaissent.

Mais, il ne reconnaît pas la même fonction discursive à la philosophie. Descartes fournit à Bourdieu les matériaux d'une critique de la légitimité de la prétention à l'objectivité des philosophes, en tant qu'ils adopteraient une position surplombante par rapport au réel. Descartes fournit à Chomsky les instruments logiques dont, selon

---

1. *Ibid.*, p. 72.

lui, tout homme gagne à faire usage s'il veut avoir sur son temps un regard sinon objectif, du moins lucide.

La relation de Chomsky avec le travail de Descartes met ainsi au jour les concepts inventés par les philosophes, du point de vue de leur efficacité. Elle montre que l'efficacité de ces concepts est mesurable à leur reprise et à leur réélaboration par d'autres afin de rendre compte de phénomènes pas forcément pris en vue par leur auteur quand il les a façonnés à l'origine, et ce, même dans des contextes non philosophiques.

DESCARTES, CHOMSKY : LA PARADOXALE ACTUALITÉ DE LA CONCEPTION CLASSIQUE DE LA NATURE HUMAINE

> Jamais dans la culture occidentale l'être de
> l'homme et l'être du langage n'ont pu coexister et
> s'articuler l'un sur l'autre. Leur incompatibilité a
> été l'un des traits fondamentaux de notre pensée.[1]

Quel sens philosophique reconnaître finalement au recours de Chomsky à Descartes ? Le recours de Chomsky à Descartes pour élaborer des questions non seulement linguistiques, mais aussi politiques, signale qu'à ses yeux, il est possible de ne pas indexer une théorie de l'homme sur une théorie du sujet. Telle est l'idée que nous défendrons ici, au terme de notre parcours.

CHOMSKY OU LA DÉSUBJECTIVATION DE L'HOMME CARTÉSIEN

On peut se servir comme d'un outil des hypothèses sur la question de la nature humaine à l'âge classique, forgées par Michel Foucault dans *Les mots et les choses*. Certes, à de nombreux égards, Chomsky et Foucault sont

---

1. M. Foucault, *Les Mots et les choses*, Paris, Gallimard, 1966, p. 350.

en désaccord quant à la manière dont il convient d'aborder cette question. Cependant, les coordonnées conceptuelles thématisées par Foucault pour la construire, aident à qualifier par, contraste, la perspective de Chomsky sur la nature humaine.

Rappelons que selon *Les Mots et les choses*, texte paru la même année que *La linguistique cartésienne*,

> Avant la fin du XVIIIe siècle, l'*homme* n'existait pas. Non plus que la puissance de la vie, la fécondité du travail, ou l'épaisseur historique du langage. C'est une toute récente créature que la démiurgie du savoir a fabriquée de ses mains, il y a moins de deux cents ans : [...]. Bien sûr, on pourra dire que la grammaire générale, l'histoire naturelle, l'analyse des richesses étaient bien en un sens des manières de reconnaître l'homme, mais il faut distinguer. [...]. Mais [...] le concept même de la nature humaine et la manière dont il fonctionnait excluait qu'il y eût une science classique de l'homme [1].

D'après Foucault, au XVIIe siècle les philosophes évoquent l'homme dans les termes d'une capacité de représentation, dont ils analysent les propriétés et les formes, parce qu'ils n'ont qu'une compréhension fonctionnelle de l'homme. Ils abordent l'homme du point de vue de sa place dans la nature et ils caractérisent cette place en termes épistémologiques, parce que le contexte du développement d'une approche mécanique de la nature les contraint à raisonner dans les termes d'une recherche des unités opératoires en lesquelles se décompose cet ordre unique de la nature. À leurs yeux, l'homme ne pourrait donc pas se définir en lui-même

---

1. M. Foucault, *Les Mots et les choses*, *op. cit.*, p. 319-320. Nous soulignons.

et pour lui-même, du point de vue de ce qui lui permet de s'extraire du règne de la nature, mais de par le rôle d'agent d'intelligibilité qu'il joue en son sein.

L'angle choisi pour parler de l'homme, celui de sa situation dans la nature d'un point de vue logique, empêcherait ainsi les philosophes de l'âge classique de dégager ce qui fait sa consistance. Il leur permettrait de déterminer la mécanique intellectuelle assurant à l'homme une connaissance de cette nature. Dans le meilleur des cas, ces auteurs pourraient présenter l'homme comme une espèce vivante, ayant des besoins et des désirs, ainsi que des capacités intellectuelles telles que la mémoire et l'imagination. De la sorte, ils donneraient « une place privilégiée aux humains dans l'ordre du monde » [1]. Mais ils n'iraient pas plus loin. Ils ne s'attacheraient pas à expliquer ce qu'est *concrètement* un homme, parce qu'ils considèreraient comme imperceptibles les différences entre les individus membres de cette espèce et que la question de la spécificité du mode de vie des hommes ne se poserait pas vraiment à leurs yeux.

De cette absence de primauté donnée à l'homme, la perspective selon laquelle le langage est analysé à l'âge classique témoignerait exemplairement. En ce sens, Foucault soutient que l'adoption à partir de Port-Royal d'une disposition binaire des signes revenant à relier signifiant et signifié confère à l'étude du langage une portée immédiatement épistémologique. Elle conduit en effet à mettre les mots au service du déploiement d'une pensée qui peut connaître le monde. Penser ainsi le langage reviendrait à assigner comme seule tâche à l'homme le déchiffrement de tout ce qui se produit dans

---

1. M. Foucault, *Les Mots et les choses*, *op. cit.*, p. 329.

son environnement. Dans ce cadre, l'homme ne pourrait être appréhendé qu'en creux, sa posture le faisant aller constamment au-delà de lui-même. Les théories du discours de l'époque moderne, seraient donc en même temps ce qui fait que l'homme n'a rien en propre[1]. Parce que l'homme pense, il dit ce qui lui apparaît et ce qui est. Aborder l'homme comme un être pensant et parlant empêcherait de faire de ce « sujet qui connaît » « objet pour un savoir »[2]. L'adoption de cette perspective reviendrait en effet à tenir pour quantité négligeable tout ce à quoi tient l'épaisseur d'une vie humaine, à savoir, pour Foucault, la vie dans son dynamisme désirant, le travail, en tant que conséquence de lois économiques, et la connaissance de langues, qui sont le produit d'une histoire.

Chomsky se sert de plusieurs des concepts mis en œuvre par Foucault pour défendre la thèse inverse à la sienne. En effet, pour lui, quand un philosophe de l'âge classique comme Descartes cherche la différence spécifique de l'homme par rapport à l'animal et qu'il la trouve dans le langage, en tant que signe d'une pensée dont l'homme serait seul dépositaire, il se donne bel et bien les moyens de construire une théorie de l'homme. Comme on l'a vu, en tant que le fait de la parole justifie de ne pas réduire l'homme à une machine corporelle, il constitue un argument fondamental au service de la définition cartésienne de l'homme comme composé d'âme et de corps. Cette approche anthropologique fondée sur une analyse des limites du paradigme mécaniste est essentielle à l'économie du propos de Chomsky dans

1. M. Foucault, *Les Mots et les choses*, *op. cit.*, p. 322.
2. *Ibid.*, p. 323.

le domaine linguistique : la démonstration scientifique du lien intrinsèque entre l'homme et le langage, établie dans le contexte d'une étude mécaniste de la nature ne montre pas seulement que, contrairement à ce que dit Foucault, l'être de l'homme et celui du langage sont loin de s'opposer. Elle autorise Chomsky à considérer comme très consistante une approche physicaliste et biologique de l'être de l'homme. C'est en ce sens qu'il s'intéresse à la philosophie cartésienne. Il la voit comme une illustration exemplaire des progrès de l'âge classique dans les sciences de la nature, rendus possibles par une application de l'esprit humain méthodologiquement renouvelée par l'invention du paradigme mécaniste. Selon lui, la recherche philosophique de Descartes ne le conduit pas seulement à mettre un accent fonctionnel sur l'esprit humain, en tant qu'opérateur du savoir. Dans le cadre d'une tentative d'explication systématique de ce qui relève du corps, qui aboutit en l'occurrence à la conclusion de l'extra-corporéité de la cause du langage, Descartes met en lumière le fait que l'homme se définit fondamentalement par sa capacité à prendre position et le fait du caractère linguistiquement structuré de cette capacité. À partir de là, en gardant de la substance pensante cartésienne l'idée de structure mentale fixe, tout en mettant entre parenthèses l'immatérialité de cette structure, Chomsky peut voir dans le fonctionnement de l'esprit humain ce qui constitue l'homme et qui lui permet de se construire comme tel. Il n'a pas à opposer une intériorité à une extériorité.

Chomsky parvient à extraire Descartes d'une histoire de la subjectivité, dans laquelle Foucault, parmi de nombreux autres, l'inscrit toujours, parce que l'orientation philosophique de son travail est très différente de celle de ce dernier. Foucault analyse les choses à partir du projet anthropologique de Kant[1], essentiel à ses yeux. D'après lui, au début du XVIIIe siècle, la critique du mécanisme cartésien conduit à différencier au sein d'une nature toujours considérée comme une, ce qui est pour le corps le physique de ce qui est pour les corps la physique. On pourrait élaborer une doctrine de la connaissance de l'homme, à partir du moment où « le physique en l'homme serait de la nature, sans être de la physique »[2]. Cette connaissance peut même se dédoubler en connaissance physiologique et en connaissance du point de vue pragmatique. C'est ainsi que Kant est soucieux de ce second aspect : « La connaissance physiologique de l'homme tend à l'exploration de ce que la *nature* fait de l'homme ; la connaissance pragmatique de ce que l'homme, en tant qu'être de libre activité, fait ou peut et doit faire de lui-même »[3]. Kant entend ici produire une connaissance de l'homme comme citoyen du monde. La connaissance générale de l'homme précèderait en effet la connaissance locale qu'elle ordonne. Elle procèderait d'une observation des propriétés humaines relevant de la pratique, effectuée en référence à des exemples découverts dans l'histoire, les biographies, le théâtre et les romans, et dont les traits fondamentaux correspondent à la nature humaine[4].

1. Sur la difficulté qu'il y a à restituer ce qui constituerait pour Kant la pensée cartésienne comme telle, voir l'avant-propos de M. Fichant et J.-L. Marion (dir.), *Descartes en Kant*, Paris, P.U.F., 2006, p. 7-12.
    2. M. Foucault, introduction à sa traduction de Kant, *Anthropologie d'un point de vue pragmatique*, présentation de D. Defert, F. Ewald, F. Gros, Paris, Vrin, 2008, p. 71.
    3. Kant, *Anthropologie d'un point de vue pragmatique*, *op. cit.*, p. 83.
    4. *Ibid.*, p. 84-85.

Dans ce contexte, l'émergence de recherches sur ce qu'est l'homme empiriquement et sur ce qu'il peut faire dans le monde vont de pair avec la compréhension de ce qu'il est requis par une diversité phénoménale et avec la question de savoir comment cette diversité peut lui apparaître comme une positivité. Apparaît ainsi l'idée d'homme comme être qui sait qu'il pense quand il pense, c'est-à-dire comme être doté d'une conscience de soi [1].

Dans l'*Anthropologie*, Kant montre en effet que l'homme peut se prendre pour objet de ses pensées, dans la mesure où chaque pensée est accompagnée du savoir de cette pensée, du savoir que c'est nous qui la formulons. Cette thèse, proche en apparence de celle du *cogito* cartésien, s'en distingue en réalité. Comme Kant le précise par ailleurs, dans la *Critique de la raison pure*, nous n'avons aucun droit à caractériser le référent de « je » dans « je pense » comme une substance dont tout l'attribut est de penser, sans quoi nous opérons un glissement de propriétés logiques de « je » aux propriétés réelles d'une substance pensante [2]. Le développement de la connaissance de cette conscience de soi, de ce qui en l'homme rend possible la connaissance est pour Kant

1. « Posséder le Je dans sa représentation : ce pouvoir élève l'homme infiniment au-dessus de tous les autres êtres vivants sur terre. Par-là, il est une personne ; et grâce à l'unité de la conscience dans tous les changements qui peuvent lui survenir, il est une seule et même personne, c'est-à-dire un être entièrement différent, par le rang et la dignité, de choses comme le sont les animaux sans raison, dont on peut disposer à sa guise » (*ibid.*, p. 83).
2. Il dénonce cette illusion de la psychologie rationnelle, quand il étudie le paralogisme de l'idéalité dans la *Critique de la raison pure*, trad. fr. A. Tremesaygues et B. Pacaud, Paris, P.U.F., 1944, notamment p. 310-311. Sur ce que cette dénonciation signale s'agissant de la relation entre Descartes et Kant voir B. Longuenesse, « *Cogito* kantien et *cogito* cartésien », dans *Descartes en Kant, op. cit.*, p. 241-271.

essentiel philosophiquement. Ce travail permet en effet d'établir l'homme comme étant à la fois du côté de la recherche du vrai, c'est-à-dire de l'adéquation avec la nature, accessible empiriquement, et du côté d'efforts pour user au mieux de sa liberté, dans un monde où il est à lui-même sa propre fin et auquel il donne son sens. L'anthropologie est ainsi pour Kant ce vers quoi la philosophie doit tendre tout entière[1].

CHOMSKY OU L'ABSENCE DE SOLITUDE DE L'HOMME CARTÉSIEN

Dans le cadre d'un travail sur Chomsky, et alors que l'heure est venue pour nous de conclure, notre propos ne saurait être de commenter les erreurs de Foucault dans sa datation des débuts de l'anthropologie, pas plus que son absence d'attention quant aux formes réelles et précises, prises par l'idée d'homme à l'âge classique. Cela reviendrait à répéter des points connus de longue date. Mais surtout, cela ne permettrait pas de dégager la spécificité du geste de Chomsky. On l'a vu, Chomsky

---

1. « Le domaine de la philosophie en ce sens cosmopolite se ramène aux questions suivantes :

Que puis-je savoir ?
Que dois-je faire ?
Que m'est-il permis d'espérer ?
Qu'est-ce que l'homme ?

À la première question répond la métaphysique, à la seconde la morale, à la troisième la religion, à la quatrième l'anthropologie. Mais au fond, on pourrait tout ramener à l'anthropologie, puisque les trois premières questions se rapportent à la dernière » (Kant, *Logique*, trad. fr. L. Guillermit, Paris, Vrin, 1989, p. 25). Foucault propose un commentaire de ce passage dans son édition de l'*Anthropologie*, notamment p. 51-54.

ne fait pas un usage matériel, mais un usage formel de la philosophie. Il ne se place pas dans la perspective d'une histoire de la philosophie évaluant les différentes doctrines en les rapportant à l'état présent des savoirs. Il manie la philosophie, classique en l'occurrence, comme un instrument aidant à la construction et au déploiement d'une pensée, même située en dehors de l'espace de la philosophie. Il est guidé en cela par la conviction du rôle critique joué par les outils logiques développés par les philosophes modernes. Ce parti pris l'autorise à mobiliser de manière autonome les concepts de mécanisme et de liberté, à l'aide desquels Descartes distingue l'homme de l'animal, parce que ces concepts lui suffisent pour inventer sa propre théorie de l'homme. Chomsky est en effet convaincu que les concepts et les questions forgés par Descartes ont le pouvoir de rendre intelligibles d'autres objets que ceux à l'occasion de l'étude desquels ils ont été mis au point à l'origine.

Cette démarche ne va pas sans faire question cependant. Une chose est de dire que le rapport instrumental à la philosophie de Chomsky l'autorise à reconnaître une actualité de la conception classique de la nature humaine. Une autre est de comprendre le caractère paradoxal qu'il reconnaît à cette actualité. Pour Chomsky en effet, cette conception de la nature humaine, forgée dans un cadre métaphysique[1] remis en question quand l'idée moderne d'homme comme subjectivité se constitue, conserve, de ce fait même, une utilité logique majeure : elle permet de ne pas réduire l'homme à une figure de la subjectivité.

---

1. Nous avons vu dans notre premier chapitre quel bénéfice, aux yeux de Chomsky, la science tire toujours de la métaphysique, même au XXᵉ siècle.

Ce refus de Chomsky est la conséquence de son analyse des remarques de Descartes sur le langage, car ces remarques montrent que, contrairement à ce qui est communément admis, l'homme cartésien n'est jamais seul et qu'il a même besoin des autres pour exercer au mieux son libre arbitre.

Comme nous l'avons vu, la question de savoir comment faire pour mettre sous les yeux d'autrui ce dont on est intimement convaincu soi-même est au cœur des propos de Descartes sur le langage. L'analyse des enjeux logiques, rhétoriques et grammaticaux des propositions de Descartes en matière de langage nous a ainsi permis de montrer qu'il intègre la dimension de l'intersubjectivité à ses recherches en matière de théorie de la connaissance.

Il va même très loin dans cette perspective. Non seulement il cherche à donner à l'esprit qui connaît les moyens de faire voir à autrui ce qu'il voit lui-même, ce qui révèle qu'il pose un monde commun à l'horizon de sa philosophie. Mais encore, même là où apparemment il se replie sur l'intériorité, il ménage une place fondamentale à l'altérité[1]. Construire la connaissance selon le paradigme de la vision comme il le fait, c'est en effet reconnaître le rôle de modèle théorique à la rhétorique, en tant qu'elle a pour fonction traditionnelle d'exposer un objet, de le mettre sous les yeux[2]. L'étude

---

1. C'est une chose que Foucault ne relève pas.
2. Foucault ne repère pas ce motif. Devant Chomsky, en 1971, il affirme donc : « Selon Descartes, l'esprit n'était pas très créatif. Il voyait, percevait, il était illuminé par l'évidence. En outre, le problème que Descartes n'a jamais résolu ni entièrement maîtrisé était de comprendre comment on pouvait passer de l'une de ces idées claires et distinctes, de l'une de ces intuitions à une autre, et quel statut donner à l'évidence dans ce passage. Je ne peux pas voir de création, ni au moment où l'esprit, selon Descartes, saisit la vérité, ni dans le passage d'une vérité

de la connaissance entreprise par Descartes le conduit donc à engager la dimension du discours, et même à s'interroger sur la pertinence d'une langue universelle, parce qu'il relève que les efforts faits par les hommes en vue de la production du savoir entraînent des échanges linguistiques, parce que ces efforts sont indissociables d'une réflexion sur les ressorts logiques et rhétorique de la persuasion et parce qu'ils peuvent être facilités par le choix de certains termes plutôt que d'autres.

Dans ce cadre, est-il question de l'homme ? Pas une seule fois, si l'on entend par là une entité abstraite de ses conditions concrètes de coexistence avec d'autres hommes. Constamment, si l'on comprend que pour Descartes, l'homme est un être qui ne se réduit pas à son corps, duquel il est cependant indissociable, un être qui ne s'identifie pas à l'animalité qu'il porte en lui malgré tout. Descartes ne se contente pas en effet de lui assigner une nature. Il soutient surtout que l'homme se soucie du mode de vie le plus adapté à la réalisation de sa nature : employer toute sa vie à cultiver sa raison et s'avancer autant que possible en la connaissance de la vérité[1]. Or, ainsi qu'il le précise alors, l'homme n'est pas seulement inspiré en son choix par une « revue sur les diverses occupations qu'ont les hommes en cette vie »[2]. Il peut aussi se faire aider par eux en vue de la poursuite de cette fin. C'est ce que signale la fin du *Discours de la méthode* à travers une référence au projet baconien de construction d'une communauté scientifique :

à l'autre » (*Sur la nature humaine, op. cit.*, p. 479). Foucault passe ici complètement à côté des enjeux logiques et rhétoriques de la démarche de Descartes.

1. *Discours de la méthode*, AT VI, p. 27 ; *OC* III, p. 99.
2. *Ibid.*

pour ce qui est des expériences qui peuvent y servir, un homme seul ne saurait suffire à les faire toutes ; mais il n'y saurait aussi employer utilement d'autres mains que les siennes, sinon celles des artisans, ou telles gens qu'il pourrait payer, et à qui l'espérance du gain, qui est un moyen très efficace, ferait faire exactement toutes les choses qu'il leur prescrirait [1].

L'homme cartésien n'est donc pas une pure intériorité. Chomsky, en revendiquant une inscription cartésienne de son propos, se donne les moyens de refuser à son tour cette idée. Il le dit notamment en réagissant à une présentation des enjeux de son travail proposée par Foucault lors de leur débat de 1971, dont nous avons rappelé les enjeux dans notre premier chapitre : « pour moi [Foucault], il s'agit d'effacer le *dilemme du sujet connaissant*, tandis que lui [Chomsky] souhaite faire réapparaître le dilemme du sujet parlant » [2]. Autant la première partie de cette affirmation ne soulève aucune difficulté, autant la seconde ne va pas du tout de soi. Tout d'abord, Foucault rappelle ici la perspective qui est la sienne dans *L'archéologie du savoir*. Dans ce texte, il explique qu'il s'attache aux configurations des formations discursives de différentes époques de l'histoire des savoirs, parce qu'il trouve inutile de faire référence à un sujet de l'énonciation. Pour lui, l'homme qui s'exprime est pris dans le langage et l'épaisseur de mots. À ce titre, il n'est pas « le sujet originaire de tout devenir et de toute pratique » [3]. Dans ces conditions, il ne saurait y avoir de « dilemme du sujet connaissant » ; il n'y a pas lieu de s'interroger sur ce qui peut expliquer

1. *Discours de la méthode*, AT VI, p. 72 ; *OC* III, p. 129.
2. *Sur la nature humaine*, *op. cit.*, p. 482. Nous soulignons.
3. *L'Archéologie du savoir*, Paris, Gallimard, 1969, p. 23.

que des singularités géniales émergent dans l'histoire pour refuser ce qui est alors établi, pour faire changer les méthodes et faire progresser les savoirs.

Le problème est alors que Chomsky ne dit pas le contraire et que Foucault ne voit pas que, comme lui, il refuse la posture du sujet. Pour Foucault, Chomsky se consacre en effet à mettre au jour « le dilemme du sujet parlant », c'est-à-dire à expliquer comment l'individu peut manipuler le système des règles qui forme sa langue. Or cette interprétation est erronée : selon Chomsky, ces règles n'étant pas des règles d'usage mais des règles génératives, sont présentes en l'esprit de tout homme. Certes, elles peuvent s'actualiser différemment. Mais ces différences ne sont pas fondées en substance. Elles sont conjoncturelles. Elles tiennent seulement à la différence des contextes linguistiques dans lesquels les hommes se trouvent au moment où ils apprennent à parler.

Comme Descartes, Chomsky n'a donc pas recours à l'idée de sujet, pour rendre compte du fonctionnement de l'homme, et de son fonctionnement mental en l'occurrence. S'il est cartésien, c'est dans la mesure où, à l'instar de Descartes, il est convaincu que l'homme a à rechercher les conditions les plus propices à l'actualisation de sa nature, c'est-à-dire encore, dans la mesure où il articule un questionnement sur l'homme en termes d'essence à un questionnement sur l'homme en termes d'existence.

Finalement, ce modèle théorique n'est même pas tant essentiel en linguistique[1] qu'en morale et en politique. Il

---

1. Il convient encore une fois de ne pas oublier les critiques rencontrées par le projet linguistique de Chomsky, en tant qu'il prétend s'ancrer dans une nature humaine, elle-même comprise en termes biologiques.

pousse en effet à rechercher pour tous les hommes un cadre de vie leur permettant de se réaliser, c'est-à-dire de vivre heureux et libres. C'est pourquoi Chomsky peut définir ainsi les deux tâches de l'intellectuel : « essayer de créer une vision d'une société future juste » et « comprendre clairement la nature du pouvoir, de l'oppression, de la terreur et de la destruction dans notre propre société »[1]. Penser l'homme en rationaliste cartésien, c'est-à-dire en termes de capacités données à tous à la naissance, c'est du même coup appeler au développement de ces facultés en vue de leur plein exercice, c'est-à-dire de la critique des erreurs, en tant qu'elles sont des obstacles au bonheur et à la liberté.

---

1. *Sur la nature humaine, op. cit.*, p. 496-497.

Remerciements

Je remercie André Charrak de m'avoir proposé d'écrire cet ouvrage pour la collection qu'il dirige. Je le remercie pour tous les échanges que nous avons eus à l'occasion de la préparation de ce livre. Qu'il me soit permis de dire mon immense admiration pour son travail et l'importance capitale que son regard sur mon propre travail a toujours eue pour moi.

Par ailleurs, des colloques « Réflexions philosophiques autour de la nature et les fondements des sciences » et « Le projet de la philosophie au Moyen-âge et à l'âge classique », organisés en décembre 2015 par Shinichiro Higashi (Tokai University) à Tokyo, au Princeton Bucharest Seminar in Early-Modern Philosophy qui s'est tenu à Alba Iulia (Roumanie) en juillet 2016 en présence notamment de Sorana Corneanu et de Richard Serjeantson, en passant par deux séances du séminaire du Groupe de Philosophie Moderne de l'Université Paris Nanterre dirigé par Claire Etchegaray, Claire Schwartz et Philippe Hamou (en décembre 2015 et en mars 2018), par le colloque « Fortune de la Philosophie Cartésienne au Brésil » organisé à Bruxelles en novembre 2016 par le Groupe Belge Francophone d'Études Cartésiennes, par le colloque « Descartes : image, imaginaire et imagination. Et sa réception chez les cartésiens », organisé à l'Université de Strasbourg par Jil Muller et Frédéric de Buzon en mars 2017, et par la séance de mars 2018 du séminaire d'histoire des idées du Labex COMOD organisé par Pierre Girard, je remercie tous les chercheurs qui m'ont donné l'occasion de présenter de premières versions de ce travail. Je remercie tous ceux qui ont eu la bonté d'échanger avec moi à leur sujet.

Je voudrais dire ma gratitude à Igor Agostini, Ronan de Calan, Laurent Gerbier, Quentin Grimal, Bastien Guerry, Pierre-François Moreau et Sandrine Roux, pour leur disponibilité quand je les ai sollicités sur des points précis et à l'occasion de la finalisation de ce volume.

Je remercie enfin tous mes élèves, sur lesquels pendant plusieurs années j'ai testé plusieurs des idées autour desquelles l'ouvrage a finalement pris forme. En particulier, je tiens à dire tout ce que je dois à mes étudiants en ECT2 et ECE2 du lycée Moissan à Meaux (77, Académie de Créteil), promotion 2016-2017 : sans l'occasion d'un cours de culture générale sur la notion de parole, mue par les nécessités du programme des concours d'entrée en école de commerce, ce livre n'aurait tout simplement jamais vu le jour.

BIBLIOGRAPHIE

SOURCES

Avant 1800

ARISTOTE, *Les Politiques*, trad. fr. P. Pellegrin, Paris, GF-Flammarion, 1993.

ARNAULD A. et P. NICOLE, *La logique ou l'art de penser*, P. Clair et F. Girbal (éd.), Paris, Vrin, 1993.

BACON F., *Novum organum*, trad. fr. M. Malherbe et J.-M. Pousseur, Paris, P.U.F., 1986.

– *Du progrès et de l'avancement des savoirs*, avant-propos, trad. et notes de M. Le Dœuff, Paris, Tel-Gallimard, 1991.

– *The Oxford Francis Bacon* XI, *The* Instauratio magna *Part II* : Novum organum *and Associated Texts*, G. Rees, M. Wakely (eds.), Oxford, Clarendon Press, 2004.

BAILLET A., *Vie de monsieur Descartes* [1691], Paris, Éditions des Malassis, 2012.

BESNIER P., *La réunion des langues ou l'art de les apprendre toutes par une seule* (1674), V. Lo Cascio (ed.), Dordrecht, Foris, 1984, fac-similé.

CHARRON P., *De la sagesse*, Leyde, chez Les Elseviers, 1646.

CONDILLAC É. Bonnot de, *Essai sur l'origine des connaissances humaines*, J.-Cl. Pariente et M. Pécharman (éd.), Paris, Vrin, 2014.

– *Traité des systèmes*, texte revu par F. Markovits et M. Authier, Paris, Fayard, 1991.

– *Traité des animaux*, introduction F. Dagognet, Paris, Vrin, 1987.

– *Grammaire*, dans Condillac, *Œuvres Complètes Tome V*, Réimpression de l'édition de Paris, 1821-1822, Genève, Slatkine Reprints, 1970.

CORDEMOY G. de, *Discours physique de la parole* [1668], Genève, Slatkine reprints, 1973.

– *Six discours sur la distinction et l'union du corps et de l'âme. Discours physique de la parole*, K. Sang Ong-Van-Cung (éd.), Paris, Vrin, 2016,

COSTE P., dans *Discours sur la philosophie où l'on voit en abrégé l'histoire de cette science*, dans P. S. Régis, *Cours entier de philosophie, ou système général selon les principes de M. Descartes, contenant la logique, la métaphysique, la physique et la morale*, 3 vol., Amsterdam, aux dépens des Huguetan, 1691.

D'ALEMBERT (LE ROND) J., Discours préliminaire de l'*Encyclopédie*, M. Malherbe (éd.), Paris, Vrin, 2000.

DALGARNO G., *Ars signorum, vulgo Character universalis et Lingua Philosophica*, London, Hayes, 1661.

DESCARTES R., *Œuvres*, C. Adam et P. Tannery (éd.), 11 vol., Paris, Vrin-CNRS, 1964-1974, abrégé sous la forme : *AT* + tome en romain + page.

– *Œuvres complètes,* J.-M. Beyssade et D. Kambouchner (dir.), en cours de parution, Paris, Tel-Gallimard, abrégé sous la forme *OC* + tome en romain + page.

– *Recherche de la vérité par la lumière naturelle de René Descartes*, E. Lojacono (dir.), textes établis par E. Jan Bos, lemmatisation et concordances du texte français par F. A. Meschini, Index et concordances du texte latin et néerlandais par F. Saita, Milano, Fr. Angeli, 2002.

– *L'Entretien avec Burman*, trad. fr. J.-M. Beyssade, Paris, P.U.F., 1981.

DIDEROT D. et J. (LE ROND) D'ALEMBERT (dir.), *Encyclopédie ou Dictionnaire raisonné des sciences, des arts et des métiers*, Paris, Briasson-David l'aîné-Le Breton-Durand, 1751-1772 [28 vol., dont 17 vol. de *Discours* de 1751 à 1765 et 11 vol. de planches de 1762 à 1772], réimpr. en fac-similé Stuttgart-Bad Cannstatt, Friedrich Frommann Verlag, 1966-1967 (1re édition), 1988 (2nde édition).

GASSENDI P., *Disquisitio metaphysica seu dubitationes adversus Renatii Cartesii metaphysicam et responsa*, trad. fr. B. Rochot, Paris, Vrin, 1962.

HOBBESS TH., *Léviathan*, trad. fr. F. Tricaud, Paris, Dalloz, 1999.

LA BOÉTIE É. DE, *De la servitude volontaire* ou *Contr'un suivi de sa réfutation par Henri de Mesmes*, éd. et présent. N. Gontarbert, suivi de *Mémoire touchant l'édit de janvier 1562*, présent. A. Prassoloff, Paris, Gallimard, 1993

LE GRAND A., *An Entire Body of Philosophy according to the Principles of the famous Renate Descartes*, London, Thoemmes Continuum, 2003, fac-similé.

LEIBNIZ G. W., *Opuscules et fragments inédits*, L. Couturat (éd.), Paris, Alcan, 1903.

LOCKE J., *Essai philosophique concernant l'entendement humain*, trad. fr. P. Coste, É. Naert (éd.), Paris, Vrin, 1989.

MALEBRANCHE N., *De la recherche de la vérité*, III, II, 4, texte établi, présenté et annoté par G. Rodis-Lewis, Paris, Gallimard, « Bibliothèque de la Pléiade », 1979.

MERSENNE PÈRE, *Correspondance de Peiresc*, Ph. Tamizey de Larroque (éd.), Paris, Alphonse Picard, 1894, fac-similé XIX.

– *Correspondance du P. Marin Mersenne religieux minime*, commencée par Mme Paul Tannery, publiée et annotée par C. de Waard avec la collaboration de B. Rochot, Paris, Éditions du CNRS 1969 (1re éd. 1946), t. 2, p. 329.

Montaigne M. de, *Essais*, P. Villey et V. Saulnier (éd.), préfacé par M. Conche, Paris, P.U.F., « Quadrige », 2004, t. 1 et 2.

Pascal B., *Pensées*, Ph. Sellier (éd.), Paris, Garnier, 2010.

Poisson N., *Commentaires ou remarques sur la méthode de monsieur Descartes*, Vandosme, S. Hip, 1670.

Rapin R., *Réflexions sur la philosophie ancienne et moderne* Paris, Muguet-Barbin, 1676.

Régis P.-S., *Système de philosophie contenant la logique, métaphysique, physique et morale*, Paris, Denys Thierry, 1690.

Rousseau J.-J., *Discours sur l'origine et les fondements de l'inégalité parmi les hommes*, dans B. Gagnebin et M. Raymond (dir.), *Œuvres Complètes III. Du Contrat social. Écrits politiques*, Paris, Gallimard, « Bibliothèque de la Pléiade », 1964.

– *Lettre à Christophe de Beaumont, Œuvres complètes IV. Émile. Éducation. Morale. Botanique*, B. Gagnebin et M. Raymond (éd.), Paris, Gallimard, « Bibliothèque de la Pléiade », 1969.

– *Essai sur l'origine des langues*, dans J-J. Rousseau, *Œuvres Complètes V. Écrits sur la musique, la langue et le théâtre*, édition publiée sous la direction de B. Gagnebin et M. Raymond, Paris, Gallimard, « Bibliothèque de la Pléiade », 1995.

Voltaire, *Lettres philosophiques*, O. Ferret et A. McKenna (éd.), Paris, Classiques Garnier, 2010.

Wilkins J., *An Essay towards a Real Character and a Philosophical Language*, London, Royal Society, 1668.

Wotton W., *Reflections upon Ancient and Modern Learning*, London, J. Leake, 1694.

Après 1800

BARTHES R., *L'aventure sémiologique*, Paris, Seuil, 1985.

BERGOUNIOUX G., *Le moyen de parler*, Paris, Verdier, 2004.

BLOOMFIELD L., *Le langage* [1933], trad. fr. J. Gazio, avant-propos de F. François, Paris, Payot, 1970.

BLUMENBERG H., *La légitimité des temps modernes*, trad. fr. M. Sagnol, J.-L. Schlegel, D. Trierweiler, avec la collaboration de M. Dautrey, Paris, Gallimard, 1999.

BOURDIEU P., *Ce que parler veut dire. L'économie des échanges linguistiques*, Paris, Fayard, 1982.

– *Questions de sociologie*, Paris, Minuit, 1984.

– *Sociologie générale*, vol. 1, *Cours au Collège de France 1981-1983*, Paris, Seuil, 2015.

– *Méditations pascaliennes* [1997], Paris, Seuil, 2003.

— et L. WACQUANT, *Invitation à la sociologie réflexive* [1992], Paris, Seuil, 2014.

– (dir.) *La misère du monde*, Paris, Seuil, 1993.

CASSIRER E., *La philosophie des formes symboliques. 1. Le langage* [1953], trad. fr. O. Hansen-Love et J. Lacoste, Paris, Minuit, 1972.

CHOMSKY N., « Un compte rendu de *Verbal Behavior* de B. F. Skinner », trad. fr. F. Dubois-Charlier, *Langages*, 1969.

– *Aspects de la théorie syntaxique* [1965], trad. fr. J.-Cl. Milner, Paris, Seuil, 1971.

– *La linguistique cartésienne. Un chapitre de l'histoire de la pensée rationaliste* [1966], trad. fr. N. Delanoë et D. Sperber, Paris, Seuil, 1969.

– *Le langage et la pensée* [1968], trad. fr. J.-L. Calvet, Paris, Payot, 2001.

— et M. FOUCAULT, *De la nature humaine : justice contre pouvoir*, entretien dirigé par F. Elders, trad. fr. A. Rabinovitch, dans M. Foucault, *Dits et écrits II. 1954-1988*, D. Defert et F. Ewald (éd.), Paris, Gallimard, 1994, p. 472-473.

– *Réflexions sur le langage* [1975], trad. fr. J. Milner, B. Vautherin et P. Fiala, Paris, Champs-Flammarion, 1981.

– *Langue, linguistique, politique. Dialogues avec Mitsou Ronat* [1977], trad. fr. M. Ronat, Paris, Champs-Flammarion, 2015.

— et E. HERMAN, *La fabrique du consentement. De la propagande médiatique en démocratie* [1988], trad. fr. D. Arias, Marseille, Agone, 2008.

– *L'AN 501. La conquête continue* [1993], trad. fr. C. Labarre, Québec, Éditions Ecosociété, 2016.

— et C. OTERO, « Propagande et contrôle de l'esprit public » [2003], *Raison et liberté. Sur la nature humaine, l'éducation et le rôle des intellectuels*, préface de J. Bouveresse, textes choisis et présentés par Th. Discepolo et J.-J. Rosat, trad. fr. F. Cotton, A. Bandini et J.-J. Rosat, Marseille, Agone, 2010, p. 237-255.

COMTE A., *Cours de philosophie positive*, Première Leçon, Présentation et notes par M. Serres, F. Dagognet, A. Sinaceur, Paris, Hermann, 1975.

DERRIDA J., *Du droit à la philosophie*, Paris, Galilée, 1990.

– *L'animal que donc je suis*, Paris, Galilée, 2006.

HEGEL G. W. F., *Leçons sur l'histoire de la philosophie*, trad. fr. P. Garniron, Paris, Vrin, 1985.

HUSSERL E., *Philosophie première I. Histoire critique des idées*, trad. fr. A. L. Kelkel, Paris, P.U.F., 1990 (1970, 1re édition).

LÉVI-STRAUSS CL., *Anthropologie structurale II*, Paris, Plon, 1973.

RYLE G., *La notion d'esprit. Pour une critique des concepts mentaux* [1949], trad. fr. S. Stern-Gillet, préface de F. Jacques, Paris, Payot, 1978.

SAUSSURE F. DE, *Cours de linguistique générale*, publié par Ch. Bally et A. Séchehaye avec la collaboration d'A. Riedlinger, édition critique préparée par T. de Mauro, postface de L.-J. Calvet, Paris, Payot, 2005.

WHITEHEAD A. N., *Science and the modern world*, New York, Macmillan, 1925.

SOURCES SECONDAIRES

AARSLEFF H., *From Locke to Saussure. Essays in the Study of Language and Intellectual History*, Minneapolis, University of Minnesota Press, 1982.

AGOSTINI I., *L'idea di Dio in Descartes. Dalle* Meditationes *alle* Responsiones, Milano, Mondadori Education, 2010.

ANTOINE-MAHUT D., « Langage et pouvoir chez Géraud de Cordemoy », *Langage et pouvoir à l'âge classique*, P.-F. Moreau et J. Robelin (éd.), Besançon, Presses universitaires franc-comtoises, 2000.

– (sous le nom de Kolesnik-Antoine), *Descartes, une politique des passions*, Paris, P.U.F., 2011.

ARIEW R., « Descartes, les premiers cartésiens et la logique », *Revue de métaphysique et de morale* 49, *Philosophie des XVIᵉ et XVIIᵉ siècles*, 2006.

– *Descartes and the First Cartesians*, Oxford, Oxford University Press, 2014.

– « La Logique de Port-Royal, les premiers cartésiens et la scolastique tardive », *Archives de philosophie* 78, 2015.

– « The Nature of Cartesian Logic », *Perspectives on Science* 29(3), 2021, p. 255-291.

ASHWORTH E. J., *Language and Logic in the Post-Medieval Period*, Dordrecht-Boston, D. Reidel, 1974.

– « Locke on Language », *Canadian Journal of Philosophy* 14, 1984.

AUROUX S., *La sémiotique des Encyclopédistes*, Paris, Payot, 1979.

– *La logique des idées*, Paris, Bellarmin-Vrin, 1993.

– *La raison, le langage et les normes*, Paris, P.U.F., 1998.

– *La question de l'origine des langues*, suivi de *L'historicité des sciences*, Paris, P.U.F., 2007.

ARMOGATHE R., G. BELGIOIOSO, C. VINTI (a cura di), *La biografia intellettuale di René Descartes attraverso la Correspondance*: atti del Convegno « Descartes e l'"Europe savante" », Perugia, 7-10 ottobre 1996, Napoli, Vivarium, 1999.

BLITMAN D., *Le langage est-il inné? Une approche philosophique de la théorie de Chomsky sur le langage*, préface de J.-Y. Pollock, Besançon, Presses Universitaires de Franche-Comté, 2015.

BIARD J. (dir.), *Le langage mental du Moyen Âge à l'âge classique*, Leuven, Peeters, 2009.

BLANCHÉ R. et J. DUBUCS, *La logique et son histoire*, Paris, Armand Colin, 1996.

BOCHENSKI M., *Formale Logik*, Freiburg-München, Karl Alber Verlag, 1956.

BUICKEROOD J., « The Natural History of the Understanding : Locke and the Rise of Facultative Logic in the Eighteenth Century », *History and Philosophy of Logic* 6, 1985.

BRICMONT J. et J. FRANCK (dir.), *Chomsky*, Paris, Flammarion, 2007.

BUZON F. DE, « L'homme et le langage chez Montaigne et Descartes », *Revue philosophique de la France et de l'étranger*, t. 182, n°4, *Descartes et la tradition humaniste*, octobre-décembre 1992.

CAHNÉ P. A., *Un autre Descartes. Le philosophe et son langage*, Paris, Vrin, 1980.

CASSAN É., *Les chemins cartésiens du jugement*, Paris, Champion, 2015.

– « Descartes et la logique » dans F. de Buzon, É. Cassan et D. Kambouchner (dir.), *Lectures de Descartes*, Paris, Ellipses, 2015, p. 75-94.

– « Descartes, théoricien des mœurs? Éléments pour une compréhension renouvelée de l'homme cartésien », dans F. Toto, L. Simonetta et G. Bottini (dir.), *Entre nature et histoire. Mœurs et coutumes dans la philosophie contemporaine*, Paris, Classiques Garnier, 2017, p. 93-107.

– « Introduction: Logic and Methodology in the Early Modern Period », *Perspectives on Science* 29(3), 2021, p. 237-254.

CHARRAK A., *Empirisme et métaphysique : l'Essai sur l'origine des connaissances humaines de Condillac*, Paris, Vrin, 2003.

– *Empirisme et théorie de la connaissance*, Paris, Vrin, 2009.

– « La critique du syllogisme dans Bacon et Descartes », *Les études philosophiques* 4, *Les logiques de Descartes*, 2005.

– *Rousseau. De l'empirisme à l'expérience*, Paris, Vrin, 2013.

CHOUILLET J., « Descartes et le problème de l'origine des langues au XVIIIe siècle », *XVIIIe siècle* 4, 1972.

COTTINGHAM J., « "A Brute to the Brutes?": Descartes' Treatment of Animals », *Philosophy*, vol 53, n°206, octobre 1978, p. 551-559.

– « "The Only Sure Sign" : Thought and Language in Descartes », *Thought and Language*, J. Preston (ed.), Cambridge, Cambridge University Press, 1997, p. 29-50.

DELORCA F., « Chomsky et Bourdieu : une rencontre manquée », dans J. Bricmont et J. Franck (dir.) *Chomsky*, Paris, Flammarion, 2007.

DI BELLA S., « Language », *in* L. Nolan (ed.), *The Cambridge Descartes Lexicon*, Cambridge, Cambridge University Press, 2016, p. 434-440.

DOMINICY M., *La naissance de la grammaire moderne. Langage, logique et philosophie à Port-Royal*, Bruxelles, Mardaga, 1984.

ECO U., *Ricerca della lingua perfecta nella cultura europea*, Roma, Laterza, 1993.

FICHANT M., *Science et métaphysique dans Descartes et Leibniz*, Paris, P.U.F., 1998.

FUMAROLI M., « *Ego scriptor* : *rhétorique et philosophie dans le* Discours de la méthode », dans *Problématique et réception du* Discours de la méthode *et des* Essais, textes réunis par H. Méchoulan, Paris, Vrin, 1988.

– *L'âge de l'éloquence. Rhétorique et « res literaria » de la Renaissance au seuil de l'époque classique*, Genève, Droz, 2009.

– « La diplomatie au service de la méthode. Rhétorique et philosophie dans le *Discours de la méthode* », *La diplomatie de l'esprit. De Montaigne à La Fontaine*, Paris, Tel-Gallimard, 1998.

GARBER D., *Corps cartésiens. Descartes et la philosophie dans les sciences*, trad. fr. O. Dubouclez, Paris, P.U.F., 2004.

GILLOT P., *L'esprit, figures classiques et contemporaines*, Paris, CNRS Editions, 2007.

GILSON É., *Discours de la méthode. Texte et commentaire*, Paris, Vrin, 1925.

GOUHIER H., *La pensée métaphysique de Descartes*, Paris, Vrin, 2000.

GUÉNANCIA P., *Descartes et l'ordre politique. Critique cartésienne des fondements de la politique*, Paris, P.U.F., 1983, rééd. Paris, Tel-Gallimard, 2012.

GUEROULT M., *Descartes selon l'ordre des raisons*, 2 vol., Paris, Aubier, 1953.

HARNOIS G., *Les théories du langage en France de 1660 à 1821*, *Études françaises* 17, 1929.

HOWELL W. S., *Logic and Rhetoric in England 1500-1700*, Cambridge, Cambridge University Press, 1956.

JOLY A., « La linguistique cartésienne : une erreur mémorable », dans A. Joly et J. Stefanini (dir.), *La grammaire générale des modistes aux idéologues*, Lille, Publications de l'université de Lille III, 1977.

– « Cartesian or Condillacian Linguistics? », *in* S. Auroux et D. Buzzetti (eds.), *Language and Logic in the XVIII*th *century*, *Topoi* 4, n°2, 1985.

KAMBOUCHNER D., *Le style de Descartes*, Paris, Manucius, 2013.

– «L'horizon politique », dans D. Kambouchner, É. Cassan et F. de Buzon (*dir.*), *Lectures de Descartes*, Paris, Ellipses, 2015.

KNEALE I. W. et M., *The Development of Logic*, Oxford, Clarendon Press, 1962.

KRETZMAN N., « The Main Thesis of Locke's Semantic Theory », *in* I. C. Tipton (ed.), *Locke on Human Understanding*, Oxford, Oxford University Press, 1977. Première publication dans *Philosophical Review* 77, 1968.

LAPORTE J., *Le rationalisme de Descartes*, Paris, P.U.F., 1945

– Recension de la *Grammaire générale et raisonnée* de Port-Royal, par R. Lakoff, *Language* 45, n°2, 1969, p. 343-364.

LEWIS R., *Language, Mind and Nature. Artificial Languages in England from Bacon to Locke*, Cambridge, Cambridge University Press, 2007.

MARION J.-L., *Questions cartésiennes : méthode et métaphysique*, Paris, P.U.F., 1991.

– *Questions cartésiennes II : sur l'ego et sur Dieu*, Paris, P.U.F., 1996.

MIWA M., « Rhétorique et dialectique dans le *Discours de la méthode* », dans *Problématique et réception du* Discours de la méthode *et des* Essais, H. Méchoulan (dir.), Paris, Vrin, 1988.

MORI G., « Hobbes, Descartes, and Ideas : A Secret Debate », *Journal of the History of Philosophy* 50, n°2, 2012.

OTT W. R., *Locke's Philosophy of Language*, Cambridge, Cambridge University Press, 2004.

PANACCIO C., *Le discours intérieur. De Platon à Guillaume d'Ockham*, Paris, Seuil, 1999.

PARIENTE J.-Cl., « Grammaire générale et grammaire générative », *L'analyse du langage à Port-Royal. Six études logico-grammaticales*, Paris, Minuit, 1985, originellement paru dans *Actes de la recherche en sciences sociales* 5-6, novembre 1975.

PÉCHARMAN M., « De quel langage intérieur Hobbes est-il le théoricien? », *Le langage mental du Moyen Âge à l'âge classique*, J. Biard (dir.), Leuven, Peeters, 2009.

PETRESCU L., « Scholastic Logic and Cartesian Logic », *Perspectives on Science* 26(5), 2018, p. 533-547.

PRANTL K., *Geschichte der Logik im Abendlande*, 4 vol, 1855-1870 ; réimpr à Leipzig en 1927 chez G. Fock, puis en 3 vol, Graz, Akad. Druck und Verlagsantalt, 1955.

RABOUIN D., *Mathesis universalis : l'idée de mathématique universelle d'Aristote à Descartes*, Paris, P.U.F., 2009.

RAUZY J.-B., *La doctrine leibnizienne de la vérité. Aspects logiques et ontologiques*, Paris, Vrin, 2001.

REYNAUX V., *Les idées innées, de Descartes à Chomsky*, Paris, Classiques Garnier, 2018.

Risse W., *Bibliographia Logica I 1472-1800*, Hildesheim, Olms, 1965.

– *Die Logik der Neuzeit*, 2 vol., Stuttgart-Bad Cannstatt, Frommann Verlag, 1970.

Robinet A., *Le langage à l'âge classique*, Paris, Klinsieck, 1978.

Rodis-Lewis G., « La conception de « l'homme » dans le cartésianisme », dans *L'anthropologie cartésienne*, Paris, P.U.F., 1990.

Rossi P., *Clavis universalis, arts de la mémoire, logique combinatoire et langue universelle de Lulle à Leibniz*, trad. fr. P. Vighetti, Paris, Jérôme Millon, 1993.

Salmon V., « Caractéristiques et langues universelles », dans S. Auroux (dir.) *Histoire des idées linguistiques*, t. 2, Liège, Mardaga, 1992.

– « Recension de *La linguistique cartésienne* par V. Salmon », *Journal of Linguistics*, 1969, p. 165-187.

Savini M., *Johannes Clauberg : Methodus cartesiana et ontologie*, Paris, Vrin, 2011.

Scholz H., *Abriss der Geschichte der Logik*, Friburg-München, Karl Alber Verlag [1931[1,] 1959[2]] ; trad. fr. E. Cournet, F. de Laur, J. Sebestik, *Esquisse d'une histoire de la logique*, avant-propos de J. Vuillemin, Paris, Aubier, 1968.

Scribano E., « La conoscenza di Dio nelle lettere di Descartes », in *La biografia intellettuale di Descartes*, R. Armogathe, G. Belgioioso, C. Vinti (a cura di), Napoli, Vivarium, 1999, p. 433-454.

Séris P., *Langages et machines à l'âge classique*, Paris, Hachette, 1995.

Simonetta D., « Histoire de l'idée d'intuition intellectuelle à l'âge classique (1600-1770, France et Angleterre) », soutenue à l'université Paris I le 2 décembre 2015 et à paraître.

Verbeek T. (éd.), *Querelle d'Utrecht*, Paris, Les Impressions nouvelles, 1988.

INDEX DES NOMS

274 INDEX DES NOMS

TABLE DES MATIÈRES

DANS LA MÊME COLLECTION

GERBIER L., *Les raisons de l'empire. Les usages de l'idée impériale depuis Charles Quint*, 2016.

ANDRAULT R., *La raison des corps. Mécanisme et sciences médicales*, 2016.

PLAUD S., *Expression et coordination. De Leibniz à Wittgenstein*, 2018.

Achevé d'imprimer en février 2023
sur les presses de
La Manufacture - Imprimeur – 52200 Langres
Tél. : (33) 325 845 892

N° imprimeur : 230117 - Dépôt légal : février 2023
Imprimé en France